투자가를 위한

알기 쉬운 증권경제론

투자가를 위한

알기 쉬운

증권경제론

서병학 지음

Σ 시그마프레스

투자가를 위한 알기 쉬운 증권경제론

발행일 2012년 10월 5일 1쇄 발행

지은이 서병학
발행인 강학경
발행처 **㈜시그마프레스**
편집 이상화
교정·교열 김선정
등록번호 제10−2642호

주소 서울특별시 영등포구 양평로 22길 21
　　　선유도코오롱디지털타워 A401∼403호
전자우편 sigma@spress.co.kr
홈페이지 http://www.sigmapress.co.kr
전화 (02)323−4845, (02)2062−5184∼8
팩스 (02)323−4197

ISBN 978−89−97927−47−0

＊ 책값은 책 뒤표지에 있습니다.

차 례

누구나 한 번쯤은 증권투자에 관심을 갖게 된다. 많은 사람들이 증권투자에 나름대로의 매력을 느끼며, 해보고 싶은 유혹을 느낀다. 증권투자는 확실히 묘한 매력이 있다.

어떤 기업을 골라 주식을 사고 그 주식의 가격이 오르면 돈을 번다. 많이 오르면 많이 벌 수 있다. 뭔가 흥미진진해보이며 한 번쯤 해보고 싶은 마음이 들지 않는가? 특히 돈을 벌 수 있다는 요소는 누구에게나 강력하게 어필할 수 있는 조건이다. 그런 매력 때문에 수많은 사람들이 증권투자를 했으며 지금도 하고 있고 앞으로도 할 것이다.

그러나 그 매력 뒤에는 피할 수 없는 가시가 존재한다. 바로 손실이라는 가시이다. 문제는 언젠가는 누구나 예외 없이 이 가시에 찔리게 된다는 점이다. 찔리는 횟수와 깊이는 다를 수 있지만 분명한 것은, 반드시 언젠가는 이 가시에 찔리게 되어 있다. 그리고 그 가시에 깊숙이 찔리는 순간, 엄청난 비극이 기다리고 있다.

이렇듯 증권투자의 매력 뒤에는 엄청난 위험도 도사리고 있다. 위험은 매력과 언제나 공존한다. 동전의 양면과도 같다. 그러나 언제나 그렇듯이 많은 사람들은 매력에 혹한 나머지 그 뒷면을 잘 보지 못한다. 아니, 보려고 하지 않는다는 표현이 더 정확할 것이다. 증권투자의 '돈을 벌 수 있다'는 매력에 도취되어 '돈을 잃을 수 있다'는 위험을 등한시하고 있는 것이다. 이것이 개인투자가들의 가장 큰 실패의 원인이다.

증권투자의 매력에만 정신이 팔린 나머지 많은 사람들이 너무나도 용감하게(?) 증권투자에 뛰어들지만 대부분은 씁쓸한 기억만을 뒤로 한 채 시장에서 사라진다. 모두들 증권투자의 매력 뒤에 있는 가시의 존재를 무시한 탓이다.

대부분의 개인투자가들은 투자에 있어 의욕이 앞선 나머지 별 준비도 없이 투자에 곧장 뛰어든다. 이는 무기도 정보도 없이 그냥 적을 무찌르겠다는 일념으로 적진에 뛰어드는 행위와 다름없다. 위험천만한 일이다. 안타까운 일이지만 너무나도 많은 개인투자가들이 이런 위험천만한 일을 별 생각 없이 하고 있다.

현명한 투자가라면 최소한 본인이 하는 행위가 상당히 위험할 수 있다는 점을 인식해야 한다. 순식간에 가시에 찔려 상처를 입을 수 있다는 사실을 염두에 두어야 한다. 투자는 신중한 자세가 요구된다.

그래서 필요한 것이 사전 지식이다. 증권투자는 투자에 필요한 지식과 정보를 얻는 것에서부터 시작해야 한다. 최소한 몰라서 당하는 일은 없어야 하기 때문이다. 시장에 관한 지식, 증권투자에 앞서 살펴야 할 점들, 시장의 흐름을 이해하는 방법 등은 반드시 알아야 할 기초 사항이다.

물론 기본 지식이 있다고 해서 반드시 증권투자에 성공하는 것은 아니다. 아무리 많은 지식을 가지고 있다 하더라도 실전매매에서는 실패할 수 있다. 이는 구구단을 안다고 해서 반드시 수학을 잘한다고 볼 수 없는 것과 마찬가지이다. 하지만 구구단도 모르고 수학을 하겠다는 것도 우스운 일 아닌가?

필자는 어떤 일이든 본격적인 시작에 앞서 미리 살펴봐야 할 사항이 반드시 있다고 본다. 조금이라도 사전 지식이 있는 상태에서 시작하는 것과 아무것도 모른 채로 뛰어드는 것은 분명 차이가 있기 때문이다.

증권투자 역시 마찬가지이다. 본격적인 시작에 앞서 최소한 이해하고 들어가야 할 사항이 있다. 본격적인 수학 공부에 앞서 구구단이 필요하듯이 말이다. 특히 증권투자와 같이 손실의 위험이 도사리고 있는 경우에는 사전 지식이 더욱 중요하다. 덮어놓고 시작하기에는 실패의 위험부담이 너무 크다.

주위의 많은 분들이 주식투자를 하고 싶은데, 초보자가 볼 수 있는 책이 무엇이냐고 묻곤 한다. 그런데 시중의 증권투자 관련 서적은 대부분 기술적 분석에 치우치거나 혹은 중급 정도의 수준을 요하는 것들이 많다. 그리고 어떠한 특정 기법에 의존하는 경향의 책들도 많다. 한편, 교과서적인 증권투자론이니 하는 서적들은 일반인이 이해하기 어려운 수식이나 이론들로 가득하다. 실질적으로는 그다지 도움을 주지 못하는 내용들이다.

특히 증권시장 전반에 관한 내용과 분석들을 두루 안내해주는 서적은 거의 전무한 실정이다. 실제로 개인투자가들 중에는 유상증자가 무엇인지 잘 모르는 사람도 많다. 물론 주식투자와 직접적인 관련이 없다고 보는 사람도 있겠지만, 유상증자는 증권시장에서 중요한 한 부분이다. 따라서 몰라서는 곤란하다. 어려운 내용은 아니지만 그렇다고 무시할 내용도 아니다. 증권투자와 관련해서 어려운 내용은 아니더라도 몰라서는 곤란한 것들이 의외로 많다.

그래서 필자는 개인투자가들이 본격적인 투자에 앞서 최소한 이 정도는 알아야 한다고 생각하는 부분을 한 권의 책으로 정리하기로 했다. 증권투자에 관련된 내용들은 무궁무진하다. 증권시장과 관련된 내용들도 세세하게 살피자면 끝도 없다. 투자 이론만 하더라도 실로 다양하며, 실전 투자와 관련된 기법들 역시 헤아릴 수 없을 정도로 많다.

그러나 어떤 것이든 기본과 기초를 모르고는 응용 분야를 제대로 알 수 없다. 그래서 뭐든지 기본기가 중요하다고 하는 것이다. 필자는 그런 기본기가 되는 내용들을 소개하는 데 역점을 두었다.

이 책은 크게 증권시장, 기본적 분석, 기술적 분석에 관한 부분으로 구성되어 있다.

제1장 '증권시장의 이해'에서는 증권시장 전반에 관한 사항을 개괄적으로 살펴본다. 일단 금융시장 내에서 증권시장의 위치를 살펴보고 증권시장은 경제에서 어떤 역할을 하며 이 시장에는 누가 어떤 방식으로 참가하고 있는지 알아본다.

제2장 '기본적 분석'은 증권분석 방법 중에서 상당히 중요한 내용이다. 기본적 분석의 대상이 되는 분야를 경제, 산업, 기업 순으로 나누어 핵심 사항을 정리했

다. 기본적 분석은 개인투자가들이 소홀히 하기 쉬운 부분인데 상당히 중요한 부분이다. 그래서 기본적 분석의 중요성과 함께 각 분석의 필요성을 강조했다. 특히 주식시장에 영향을 미치는 각종 경제변수들을 분석하였는데 이는 실전 투자에 많은 도움이 되리라 생각한다.

제3장 '기술적 분석'은 차트 분석에 관한 내용이다. 기술적 분석에도 상당히 다양한 내용들이 있는데 그 중에서도 가장 기본이 되는 내용인 봉차트, 이동평균선을 중심으로 살펴본다. 그리고 실전에서 나타나는 신뢰도 높은 패턴을 분석하여 차트분석을 통한 실전매매가 가능하게끔 구성하였다.

모든 내용은 투자가라면 최소한 알고 있어야 할 사항들로 엮었다. 그리고 되도록 쉽게 쓰기 위해 많은 노력을 했다. 이 책은 증권투자를 생각하고 있거나 현재 증권투자를 하고 있는 투자가 중에서 자세를 다시 가다듬으려는 분들에게 도움이 되리라고 생각한다. 무엇보다 증권투자를 할 때 몰라서 발생하는 손실을 예방해주리라 확신한다. 또한 증권 관련 자격증 시험 준비에 앞서 주요 개념들을 먼저 쉽게 이해하려는 학생들에게도 도움이 될 것이다.

이 책은 입문서이다. 영어 교재로 말하자면 기초 영문법이다. 어떤 분야든 기본이 충실해야 응용 단계를 쉽게 이해할 수 있다. 그리고 기초를 단단히 하면 할수록 쉽게 무너지지 않는 법이다.

개인투자가들이 증권투자의 기본기를 갖추는 데 이 책이 조금이라도 도움이 되었으면 하는 마음이 간절하다.

끝으로 출판 업계의 어려운 상황에도 불구하고 이 책의 출판을 흔쾌히 수락해주신 (주)시그마프레스의 강학경 사장님을 비롯하여 고영수 부장님께 감사의 말씀을 드린다. 그리고 편집에 애써주신 김선정 씨를 비롯한 편집부 여러분과 교정을 도와준 제자 신승호 군에게도 감사의 뜻을 전한다.

저자 서병학

증권시장의 이해

이 장에서는 증권시장이란 무엇인지에 관하여 살펴본다. 증권시장은 어떻게 규정되며 또한 기업들은 증권시장에서 어떻게 자금을 조달하는지에 관하여 포괄적으로 알아본다. 그리고 주식시장의 매매거래 제도에 관해서도 살펴본다.

증권시장

1) 금융시장

우리가 많이 접하는 경제 용어 중 하나가 금융시장(financial market)이다. 우리는 신문이나 뉴스에서 "금융시장이 불안하다." 라든지 "금융시장에 미칠 충격을 최소화하겠다." 같은 말을 접하게 된다. 이처럼 금융시장이란 말은 상당히 자주 듣는 용어라서 대부분 무슨 의미인지 짐작은 할 수 있을 것이다. 그러나 금융시장의 명확한 개념을 알고 있는 사람은 그리 많지 않은 것 같다. 구체적으로 살펴보자.

금융시장이란 한마디로 '돈이 거래되는 시장'이다. 너무 단순할 수 있으나 한마디로 표현하자면 그렇다. 자동차 시장에서 거래되는 것이 자동차이고 반도체 시장에서 거래되는 것이 반도체라면 금융시장에서 거래되는 것은 돈이다. 즉, 자금이 거래되는 시장인 것이다.

어떤 시장이든 수요자와 공급자가 있듯이 금융시장에도 자금을 필요로 하는 수요자와 자금을 공급하는 공급자가 있다. 그런데 자동차 시장이나 반도체 시장과는 조금 다른 측면이 있다. 자동차 시장이나 반도체 시장은 자동차나 반도체를 필요로 하는 사람, 즉 수요자가 돈을 지급하고 자동차나 반도체를 사는 것으로 거래가 끝난다. 그러나 금융시장은 자금이 필요한 수요자에게 자금을 제공하고 공급자는 나중에 다시 그 자금을 돌려받음으로써 거래가 끝난다. 공급자에게 다시 자금이 상환되어야 비로소 거래가 종결되는 것이다. 이것이 금융시장이 여타 실물시장과 다른 점이다.

그리고 자금을 제공한 공급자는 수요자에게 자금을 공급하고 수요자로부터 무언가를 받는다. 그 무언가가 재미있는 것이다. 아주 다양하고 성질도 제각각이다. 금융 용어로 이것을 '금융상품'이라고 한다. 여기에는 어음, 채권, 주식 등이 있다. 금융시장에서는 이같은 금융상품이 거래되는 것이다.

결국 금융시장이란, 금융상품 거래를 통해 수요자는 필요한 자금을 조달하고 공급자는 자금을 운용하는 곳을 말한다.

2) 금융시장의 종류

금융시장은 거래되는 금융상품의 만기나 특징, 거래 단계 및 거래 장소 등을 기준으로 여러 유형으로 분류된다.

일반적인 분류 방법 중 하나가 만기에 따른 분류인데 만기가 1년 미만인 금융상품이 거래되는 시장을 단기금융시장, 1년 이상의 금융상품이 거래되는 시장을 장기금융시장이라고 한다. 만기 1년을 기준으로 단기와 장기로 구분하는 것이다. 금융시장의 분류에서 상당히 자주 사용되는 분류 방법이다. 그만큼 중요한 분류방법이기도 하다.

그런데 여기서 한 가지 알아야 할 사항이 있다. 만기 1년 미만의 시장은 보통 단기금융시장이라고 말하는데 비해 1년 이상의 시장은 장기금융시장이라는 말보다는 자본시장이라는 말을 더 많이, 훨씬 일반적으로 사용하는 것 같다. 그리고 최근에는 단기금융시장을 자금시장이라고 부르기도 한다. 그래서 금융시장을 단기금융상품이 거래되는 **자금시장**(money market)과 장기금융상품이 거래되는 **자본시장**(capital market)으로 구분하기도 한다. 하지만 의미상으로는 어디까지나 단기금융시장과 장기금융시장의 구분이다.

자금시장에는 콜(call)시장, 환매조건부채권(RP)시장, 양도성예금증서(CD)시장, 기업어음(CP)시장 등이 있다. 아무래도 만기가 짧다보니 일시적인 자금의 과부족을 조정하기 위해 활용되는 성격이 강하다.

자본시장은 채권시장과 주식시장으로 구성되어 있다. 그런데 주식과 채권 모두 증권이므로 자본시장은 다른 말로 **증권시장**이라고 부르기도 한다. 자본시장과 증권시장은 모두 같은 개념이다. 용어가 조금 복잡해졌는데 다시 한 번 정리하면 다음과 같다.

> 단기금융시장＝자금시장(Money Market)
>
> 장기금융시장＝자본시장(Capital Market)＝증권시장

우리가 다루고자 하는 주식시장은 증권시장에 속한 시장이다. 많은 사람들이 증권하면 주식만 떠올리는데 사실 채권도 훌륭한 증권이다. 증권이란 채권과 주식 모두를 말하며 증권시장에는 채권시장과 주식시장이 있다는 사실을 기억하기 바란다. 지금부터는 증권시장에 관하여 조금 더 자세히 살펴보자.

3) 증권시장

앞에서도 언급하였지만 증권시장은 장기로 자금을 조달하는 시장이다. 하루 이틀 돈을 빌리려고 이용하는 시장이 아니다. 자금시장, 즉 단기금융시장이 일시적으로 필요한 자금의 융통을 위해 이용되는 시장이라면 증권시장은 좀 더 장기적인 용도의 자금을 얻기 위한 시장이다. 그래서 공장 건설이라든지 시설 투자와 같은 장기적인 용도의 자금은 증권시장에서 조달하게 된다.

이는 국가경제 발전이라는 차원에서도 매우 중요한 의미를 갖는다. 왜냐하면 자본시장이 발달하고 제대로 작동을 해야 경제의 성장 동력인 투자가 원활히 이루어지기 때문이다.

다음의 내용은 증권시장의 정의를 좀 더 학문적이고 포괄적으로 설명한 내용이다.

증권시장이란 유가증권이 정부나 기업 등의 발행 주체로부터 투자자에게 공급되고 다시 많은 투자자 상호 간에 유통(매매)되는 경제사회 관계를 총칭하여 말한다. 따라서 증권시장은 자금을 유통시키는 시장이라는 의미에서 금융시장의 일환으로 이해된다. 화폐시장은 임금 등 인건비, 원자재 구입비 등 운전자금 같은 단기자금을 공급하는 데 비하여, 증권시장은 공장 건설이나 기계 설비자금 등 장기자금을 조달해주는 역할을 한다는 뜻에서 자본시장이라고도 한다.

이러한 증권시장은 여유 자금을 가지고 좀 더 높은 수익을 추구하려는 경제주체에게 좋은 자금 운용의 기회를 제공한다. 미래수익이 높을 것으로 예상되는 기업이 발행한 증권을 구입함으로써 단기금융시장에서보다 높은 투자 수익을 기대하는 것이다. 물론 그만큼의 위험도 감수해야 한다. 미래는 어떻게 될지 아무도 모르며 특히 장기적일수록 예측하기 힘든 측면이 있기에 증권시장에서 위험이란 언제나 존재한다.

아무튼 기업 입장에서는 더욱 높은 수익을 추구하는 자금 공급자들 덕분에 장기투자 재원을 조달할 수 있으며 대규모 시설 투자가 가능해지는 것이다. 이는 증권시장이 경제에서 가지는 중요한 기능이다. 증권시장이 없다면 아무리 좋은 아이디어와 기술이 있어도 자금이 없어서 상품화되기 어려울 것이며 대규모 자금을 요하는 대량생산과 대규모 프로젝트는 불가능할 것이다.

4) 증권시장의 분류

앞에서도 언급하였지만 증권시장은 크게 채권시장과 주식시장으로 분류된다. 그리고 다시 각각의 시장은 발행시장(primary market)과 유통시장(secondary market)으로 분류된다.

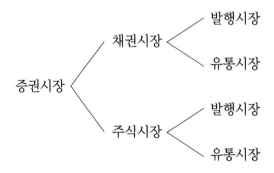

발행시장은 증권을 발행하는 기관이 처음으로 발행증권을 매입자에게 매각하는 시장을 말한다. 추상적인 의미인데, 최초로 발행자와 매수자가 거래하는 것이

라고 이해하면 될 것이다.

유통시장은 이미 발행된 증권이 투자가들 사이에서 거래되는 시장을 말한다. 유통시장은 발행기관의 자금 조달과는 직접 상관이 없는, 이미 증권을 보유한 사람들이 팔거나 사는 시장이다. 우리들이 잘 알고 있는 증권거래소는 유통시장이다. 유통시장이 발달되어야 증권을 팔고자 하는 사람은 현금화하기 쉽고 증권을 사려는 사람 역시 쉽게 증권을 구입할 수 있게 된다. 증권의 유동성이 높아지는 것이다. 그리고 이러한 증권의 매매를 통하여 시장가격과 거래량이 결정된다.

채권시장   2

1) 채권

채권(債券, bond)이란 정부, 공공 기관, 민간 기업 등이 비교적 장기로 불특정 다수로부터 거액의 자금을 조달하기 위하여, 정해진 이자와 원금의 지급을 약속하면서 발행하는 유가증권을 말한다. 쉽게 말하자면 얼마를 빌렸으니 언제까지 갚겠다는 차용증서이다.

그러나 보통의 차용증서와는 달리 채권은 법적인 제약과 보호를 받는다. 일단 채권은 아무나 발행할 수 없다. 채권의 발행은 일반 채무증서와는 달리 발행 주체 및 한도가 관련 법률에 의해 제한을 받는다. 채권을 발행할 수 있는 회사는 법률로 정해져 있으며 발행 과정도 엄격한 절차를 통과해야만 한다.

채권은 또한 발행 당시에 얼마의 이자를 주겠다고 명시한 확정이자부유가증권(fixed income security)이다. 따라서 채권을 만기까지 보유하고 있으면 정해진 이자를 수익으로 취할 수 있다.

그러나 만기 전에 보유 채권을 매각할 경우 가격 변동에 따른 자본이득이나 손실이 발생할 수 있다. 이 부분이 일반인들에게는 생소한 부분이다. 주식의 가격이 매일매일 변한다는 사실은 잘 알고 있지만 채권 가격도 매일 변한다는 사실은 일반인들에게 다소 생소한 것 같다. 채권도 엄연한 증권으로서 가격이 매일 변한다. 다만 주가의 변동보다는 작은 폭으로 변한다. 하지만 어쨌든 채권도 가격이 변하는 만큼 비싸게 사서 싸게 파는 일이 생길 수 있으므로 채권 매매로 손실을 볼 수 있다. 물론 만기까지 얌전히 갖고 있으면 손실을 볼 일은 없을 것이다.

그러나 채권 발행자가 부도를 내게 되면 원리금 회수가 곤란해질 가능성이 존재한다. 이를 지급불능 위험(default risk)이라 한다. 이 위험은 채권의 아주 근본적인 위험이다. 따라서 채권은 발행 주체, 즉 누가 발행한 채권인가가 아주 중요하다. 신용도가 높은 주체가 발행하였는가 그렇지 않은 주체가 발행하였는가에 따라 그 채권을 보는 시각이 달라지게 된다.

채권에는 만기라는 것이 존재한다. 언제 원금과 이자를 갚을 것인지 명시되어 있는 것이다. 따라서 채권은 원리금의 상환일이 미리 정해져 있는 기한부 증권이다. 실제로 거래되고 있는 채권을 보면 잔존기간이라는 것이 있는데 이는 만기까지의 남은 기간을 말한다. 잔존기간은 투자를 결정할 때 고려하는 중요한 요소 중의 하나이다. 만기가 길수록 높은 이자수익을 기대할 수 있다.

채권은 만기 이전에 시장에서 얼마든지 매각하여 현금화할 수 있다. 그런데 그러기 위해서는 유통시장이 발달해야 한다. 즉 시장에 채권을 사겠다는 사람들이 많아야 팔기가 쉽고 그만큼 유동성 확보가 용이하게 되는 것이다.

금융이 발달한 나라에서는 채권시장이 규모도 크고 참가자들도 많고 다양하기 때문에 유동성이 풍부하여 채권의 매도, 매수가 활발히 일어나지만 금융시장이 발달하지 못한 나라에서는 채권 물량도 없거니와 사려는 사람도 없어 유동성 확보가 곤란하다.

2) 채권의 종류

채권은 일종의 채무증서이므로 채무의 조건은 자금을 조달하는 자금 수요자와 자금을 공급하는 자금 공급자의 필요에 따라 다양한 방식으로 정해질 수 있다. 따라서 여러 형태의 채권이 존재하게 된다.

일반적으로 채권은 발행 주체, 원리금 상환기간, 이자 지급방법, 원금 상환방법, 보증 여부 등에 따라 분류되는데 각각 살펴보기로 하자.

(1) 발행 주체에 따른 분류

채권 발행을 통해 자금을 조달할 수 있는 법적 지위가 부여된 경제주체별 분류 방법이다. 한마디로 누가 발행했느냐에 따른 분류이다.

채권의 발행 주체는 크게 정부, 지방자치단체, 주식회사, 금융기관, 특수법인으로 나누는데 정부가 발행한 채권은 일반적으로 **국채**라고도 한다. 국채에는 국고채, 국민주택채권 같은 것이 있다.

지방자치단체 역시 지방재정법에 의거하여 채권을 발행한다. 각 시·도에서 발행하는 지역개발공채, 서울도시철도공채, 인천, 대구, 대전, 광주 등의 도시철도공채 등이 그것이다. 이러한 채권을 **지방채**라고 부른다.

상법상의 주식회사가 발행하는 것이 **회사채**이다. 기업이 자금 조달을 위해 발행하는 채권이다. 주식회사 중에서도 금융기관이 발행하는 채권은 금융채라고 따로 부르는데 산업금융채권, 종합금융채권, 여신전문업법에 의해 카드, 리스, 할부금융사들이 발행하는 채권, 은행들이 발행하는 은행채 등이 있다.

그리고 특수법인이라고 하는 특별법에 의해 설립된 법인이 발행하는 채권이 있다. 일반 상법에 의한 회사가 아니라 특수 목적에 의해 설립된 회사이므로 저마다 설립 근거가 되는 특별법이 있다. 한국전력, 토지공사, 예금보호공사 등이 그러한데 이러한 특수법인들이 발행하는 채권을 **특수채**라고 한다. 특수채에는 한국도로공사채권, 한국수자원공사채권, 한국가스공사채권, 한국자산관리공사채권 등이 있다.

통상적으로 국채, 지방채 및 특수채를 포괄하여 국공채라고 부르기도 한다. 회사채보다는 안전성이 높다고 여겨진다.

(2) 원리금에 대한 제3자 보증 여부에 따른 분류

채권의 원리금을 누군가가 보증해주느냐에 따른 분류이다. 회사가 부도가 나도 채권의 원리금을 누군가가 대신 갚아주는 것이 보증사채(guaranteed bond)이고 그렇지 않은 것이 무보증사채(non-guaranteed bond)이다. 일반적으로 보증자는 금융기관인데 은행, 신용보증기금이나 신용보험회사가 담당한다.

현재 우리나라 전체 회사채의 99%는 무보증사채이다.

(3) 옵션에 따른 분류

채권에는 기본적 채무 관계 이외에 옵션이 붙는 경우가 있다. 회사채의 경우 발행 기업이 채권에 옵션을 붙이는데 어떤 옵션을 붙이느냐에 따라 전환사채(Convertible Bond, CB)라든지 신주인수권부사채(Bond with Warrant, BW) 등으로 나뉜다. 전환사채와 신주인수권부사채는 모두 주식과 관련이 있는 채권이므로 자세히 살펴보도록 하자.

전환사채는 회사채 소유자가 자기 의사에 따라 보유 채권을 발행기업의 보통주로 전환할 수 있는 선택권이 부여된 채권이다. 즉, 채권이 주식으로 전환되는 것이다. 물론 이는 전환사채 소유자의 의사에 따른다. 주식으로의 전환을 원하지 않으면 그냥 채권으로 남게 된다. 전환사채 소유자는 주식시장이 활황을 보여 주가가 전환가격보다 높아지면 시세 차익을 기대할 수 있으므로 주식으로 전환하려 한다. 그렇지 않고 주식시장의 침체로 주가가 전환가격보다 낮아지면 주식으로 전환하지 않고 그냥 채권인 채로 발행 당시 확정된 이자를 받게 된다. 이때 전환사채의 이자율은 일반적으로 보통 회사채에 비해 낮은 편이다. 전환사채는 발행회사의 입장에서는 낮은 이자를 지급하고 자금을 조달할 수 있기 때문에 주식 활황기 때 자금 조달 수단으로 이용한다.

신주인수권부사채는 지정된 기간에 정해진 행사가격으로 일정한 수의 보통주를 매입할 수 있는 선택권, 즉 신주인수권이 부여된 사채이다. 발행회사가 채권 소유자에게 신주를 발행하는 경우 미리 약정된 가격에 따라 일정한 수의 신주 인수를 청구할 수 있는 권리가 부여된 것이다. 보통 회사채의 경우와 마찬가지로 일정한 이자를 받으면서 만기에는 회사채 금액을 상환받을 수 있다. 또한 동시에 자신에게 부여된 신주인수권을 가지고 주식시가가 발행가액보다 높은 경우, 회사 측에 신주의 발행을 청구할 수 있는 것이다. 물론 청구하지 않아도 그만이다.

발행회사 입장에서 보면 신주인수권을 부여함으로써 회사채에 대한 투자 수요를 유발시켜 자금 조달을 촉진시킬 수 있다는 점과 신주인수권에 대한 대가로 저리로 자금 조달을 할 수 있다는 장점이 있다.

(4) 이자 및 원금 지급방법에 따른 분류

채권의 이자를 언제 어떠한 방법으로 지급하느냐에 따라 몇 가지로 구분된다. 복리채, 단리채, 할인채, 이표채의 네 가지 형태이다. 각각의 내용과 만기상환금액 구하는 방법을 알아보자. 채권의 액면금액, 연단위 표면이율, 만기의 네 가지 조건을 알면 만기상환금액을 구할 수 있다.

> 액면금액 : F   연단위 표면이율 : i   만기연수 : N   만기상환금액 : S

① 복리채

이자를 원금에 가산하여 복리로 재투자한 뒤, 만기상환 때 원금과 이자를 함께 지급하는 채권을 말한다. 이자가 원금에 전입되어 원금화되는 것이다. 다음은 복리채의 만기상환금액을 계산하는 식이다.

〈연단위 재투자 복리채〉

1년에 한 번씩 이자를 원금에 더하는 방법의 복리채 계산 공식이다.

$$S = F \times (1+i)^N$$

⟨3개월 단위 재투자 복리채⟩

3개월마다 이자를 원금에 전입시키는 경우이다. 따라서 1년에 4번의 재투자가 이루어지는 셈이 된다. 재투자 횟수를 m번이라고 하면 다음과 같은 식으로 구할 수 있다.

$$S = F \times (1 + \frac{i}{m})^{m \times N}$$

예를 들어 만기 기간 3년, 표면이율 8%, 3개월 단위 재투자 복리채인 경우의 만기상환 원리금액은 다음과 같다.

$$10,000 \times (1 + \frac{0.08}{4})^{4 \times 3} = 12,683$$

② 단리채

원금에 대해서만 이자액을 단리로 계산하여 원금과 이자를 만기에 일시에 지급하는 채권이다. 따라서 단리채는 발생된 이자가 재투자되는 과정을 거치지 않는다. 만기상환금액을 구하는 식은 다음과 같다.

$$S = F \times (1 + i \times N)$$

③ 할인채

액면가격에서 상환일까지 이자를 미리 공제한 후 매출하는 채권이다. 이자 상당액을 미리 액면가격에서 차감해서 발행하므로 발행가격이 액면가격보다 낮다. 결국 발행가격과 액면가격의 차액을 이자라고 볼 수 있는데 만기에 액면가격을 상환받게 되는 것이다. 우리나라에서 발행되는 대표적인 할인채로는 한국산업은행이 발행하는 산업금융채권과 한국은행이 발행하는 통화안정증권이 있다.

할인채는 만기상환금액이 액면가이므로 발행가액을 구하게 되는데, 식은 다음과 같다.

$$발행가액 = F \times (1 - i \times N)$$

④ 이표채

정해진 단위 기간마다 이자를 주기적으로 지급하는 채권을 말한다. 액면가로 채권을 발행하고, 표면이율에 따라 연간 지급해야 하는 이자를 일정 기간 나누어 지급하는데 쿠폰본드(coupon bond)라고도 한다. 채권에 이자표(쿠폰)가 붙어 있어 이런 이름이 붙었다.

이자 지급 기간은 1개월, 3개월, 6개월 단위 등이 있다. 이 가운데 3개월 단위가 가장 많고, 6개월 단위는 만기 5년이 넘는 국고채 등에서 발행된다. 한국의 회사채는 대부분 매 3개월 단위로 이자가 지급된다. 매회 지급되는 이자는 연간 이자를 연간 이자 지급 횟수로 나누면 된다.

예를 들어 표면이율 연 10%, 만기 3년인 회사채의 경우에 매 3개월마다 지급되는 이자는 액면가 10,000원을 기준으로 250원이다. 1년에 이자가 1,000원 발생하므로 3개월마다, 즉 1년에 4회 지급해야 하므로 1,000원을 4로 나눈 250원을 3개월마다 지급하게 되는 것이다. 그리고 3년(36개월)이 되는 만기일에 원금과 함께 지급한다.

3) 채권의 발행시장

채권의 발행시장은 앞에서도 언급하였듯이 채권을 발행하는 기관이 처음으로 발행채권을 매입자에게 매각하는 시장을 말한다. 채권 발행을 통해 자금을 조달하려는 채권 발행자가 그 채권에 투자하려는 매입자에게 채권을 파는 시장이다. 채권이 처음 세상에 데뷔하는 시장인 것이다.

채권의 발행 방법은 크게 사모(私募)발행과 공모(公募)발행 두 가지로 구분할 수 있다. **사모발행**은 채권의 발행자가 직접 소수의 투자자와 사적 교섭을 통해 채권을 매각하는 방식이다. 일반적으로 유동성이 낮은 회사채의 경우가 많은데 이 경우, 투자자는 은행, 투신, 보험사와 같은 기관투자가이다. 우리나라의 증권거래법은 모집과 매출의 대상이 50인 미만일 경우 사모로 간주하고 있다. 공모채권보다 발행 이율이 높고 만기가 상대적으로 짧은 경우가 많다.

공모발행은 불특정 다수의 투자가를 대상으로 채권을 발행하는데 이는 다시 직접모집과 간접모집으로 구분된다. 직접모집은 투자가들에게 직접 채권을 매출하는 것이다. 직접모집은 다시 매출발행과 공모입찰발행으로 구분된다. 매출발행은 발행 조건(만기, 이율, 원리금 지급방법)을 미리 정하고 투자가들에게 매도한 금액 전체를 발행총액으로 삼는다. 대표적인 예가 한국산업은행이 산업금융채권을 매출할 때 자사의 지점에서 판매하는 방식이다. 채권의 만기, 이율 등을 미리 정해서 고객들에게 파는 것이다. 이는 지점망을 통해 투자가들에게 직접 판매할 수 있기에 가능한 방식이다.

공모입찰발행은 미리 발행 조건을 정하지 않고 가격이나 수익률을 다수의 투자가들로부터 입찰 응모를 받아 그 결과를 기준으로 발행 조건을 결정하는 방식으로 국고채 및 통화안정증권이 여기에 해당된다.

한편, 간접모집은 발행기관을 통한 모집이다. 채권의 발행업무는 일반적으로 발행대행회사가 대행해준다. 전문기관이 대신해서 발행업무를 수행하는 것이다. 대부분 금융투자회사가 이 업무를 담당한다. 금융투자회사는 이러한 대행업무를 해주고 수수료를 받는데 이는 금융투자회사의 중요한 비즈니스 중 하나이다. 이렇게 발행업무를 대신해주는 기관을 발행기관이라고 부른다. 우리나라의 발행기관은 거의 금융투자회사라고 이해하면 된다. 발행기관은 발행업무를 대행해줄 뿐 아니라 채권을 인수하기도 한다. 즉 발행자로부터 채권 자체를 매수하는 것이다. 일단 전액을 인수한 다음 개인투자가와 같은 일반 투자가들에게 다시 파는 것이 보통이다.

다음의 [표 1.1]은 채권의 종류별 발행잔액을 표시한 것이다. 2009년 6월 말 기

| 표 1.1 채권 종류별 발행잔액 추이(기말 잔액 기준) | | | | | | (단위 : 10억 원, %) | |

	1998	2000	2001	2002	2003	2006	2009. 6
국채	41,573	71,226	82,390	98,271	135,784	257,752	306,495
	(13.7)	(16.2)	(15.5)	(16.1)	(20.5)	(31.4)	(29.3)
지방채	6,527	9,333	9,155	8,762	9,229	11,461	14,082
	(2.2)	(2.1)	(1.7)	(1.4)	(1.4)	(1.4)	(1.3)
금융채	49,091	51,306	61,359	104,421	107,802	165,127	240,801
	(16.2)	(11.6)	(11.6)	(17.1)	(16.3)	(20.1)	(23.0)
특수채	37,820	109,012	143,767	133,183	116,107	93,084	150,015
	(12.5)	(24.7)	(27.1)	(21.9)	(17.6)	(11.3)	(14.4)
회사채	122,682	133,649	154,400	180,049	187,356	134,441	167,815
	(40.4)	(30.3)	(29.1)	(29.6)	(28.3)	(16.4)	(16.1)
통화안정증권	45,673	66,378	79,121	84,278	105,497	158,390	165,677
	(15.1)	(15.1)	(14.9)	(13.8)	(15.9)	(19.3)	(15.9)
총계	303,366	440,902	530,193	608,963	661,775	820,255	1,044,885

출처 : 『우리나라의 금융시장』(한국은행)

준 채권 발행잔액은 1,040조 원을 넘고 있다. 종류별로 살펴보면 국채가 306조 원으로 전체의 약 29%를 차지하고 있으며 금융채가 241조 원으로 23%를 차지하고 있다. 국채와 금융채의 비중이 상대적으로 큰 것을 알 수 있다.

4) 회사채 발행 동향

위의 [표 1.1]을 보면 회사채의 비중이 꾸준히 눈에 띄게 감소하고 있다는 사실을 알 수 있다. 기업의 회사채 발행잔액 비중이 1998년의 40%에서 2006년에는 그 절반보다 낮은 수준인 16%로 감소해 있다. 기업들이 채권 발행을 줄이고 있는 것이다. 외환위기 직후 회사채를 통한 자금 조달이 급증하기도 했으나, 2001년을 정점으로 회사채의 순상환 기조로 인해 감소세가 지속되고 있다.

　[그림 1.1]에서도 알 수 있듯이 국내 기업의 회사채 발행을 통한 자금 조달은

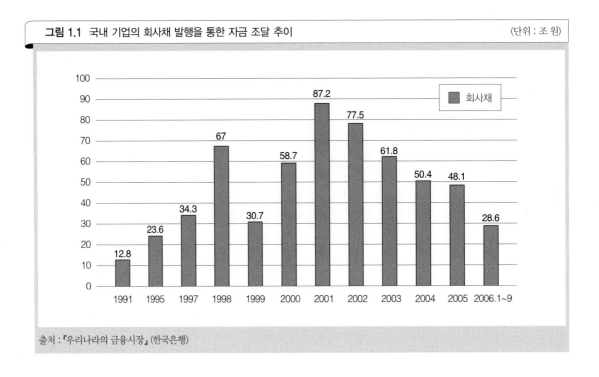

그림 1.1 국내 기업의 회사채 발행을 통한 자금 조달 추이 (단위 : 조 원)

출처 : 『우리나라의 금융시장』(한국은행)

2001년 이후 꾸준히 감소하고 있다. 이렇게 회사채의 비중이 감소하는 이유는 무엇일까?

회사채 감소 추세는 경제의 환경 변화와도 맞물려 있는 현상이므로 살펴볼 필요가 있다. 일단 회사채의 발행이 줄었다는 사실만으로 유추해볼 수 있는 것이 크게 두 가지가 있다. 자금 조달 방법의 변화와 자금 조달 자체의 변화이다.

우선 자금 조달 방법의 변화라는 측면에서 살펴보자. 자금 수요자 입장에서 보면 회사채 발행이 아닌 다른 방법으로 자금을 조달한다는 것이다. 자금 조달 방법은 여러 가지가 있다. 회사채 말고도 주식 발행이라든지, 차입이라든지 하는 방법으로 자금을 조달할 수 있다. 자금을 조달하려는 기업 입장에서는 회사채를 발행하지 않아도 더욱 유리한 방법으로 자금 조달이 가능하다면 굳이 회사채를 발행하려고 하지 않을 것이다. 이렇게 되면 회사채 발행이 감소하게 된다.

한편, 자금 공급자의 입장에서 보면, 회사채 매수가 위험하다고 판단되면 자금 공급자, 즉 투자가들이 회사채를 매수하려 들지 않을 것이다. 이런 상황에서는 회사채 시장이 위축되며 기업들도 회사채를 발행하려고 하지 않을 것이다. 팔리지 않을 회사채를 발행할 필요가 없는 것이다. 실제로 외환위기 직후 투자가들의 위험자산 기피 성향이 강해졌고 상대적으로 위험도가 높은 회사채의 발행 여건이 악화되었다.

다음으로 들 수 있는 것이 자금 조달 자체의 변화이다. 즉, 자금수요 자체가 감소하였다는 점이다. 자금을 조달할 필요가 없으니 당연히 회사채 발행도 줄어들게 되는 것이다.

1990년대 들어 외환위기 이전까지 국내 기업의 투자 활동은 상당히 활발하게 이루어졌고 이에 따라 자금부족 규모(총투자−총저축)가 큰 폭으로 증가하였다. 1990년에서 1997년 사이의 자금부족 규모는 1980년대(6.4조 원)에 비해 6.3배 늘어난 연평균 40.5조 원을 기록하였다. 이 시기의 기업들의 왕성한 자금수요를 알 수 있다.

그러나 외환위기 이후 사정이 달라지기 시작했다. 외환위기 이후인 1998~2004년에 국내 기업의 자금부족 규모는 연평균 35.6조 원으로 1990~1997년의 40.5조 원에 비해 약 5조 원이 감소하였다. [그림 1.2]는 국내 기업의 자금부족률 추이를 나타낸 것이다. 2000년대에 들어와서는 1990년대와는 확연히 다른 모습을 보이고 있다.

외환위기 이후 국내 기업의 연평균 내부 자금 증가율(8.6%)이 투자 증가율(2.4%)을 상회하고 있다. 이러한 자금부족액의 축소는 기업의 내부 자금 규모 증

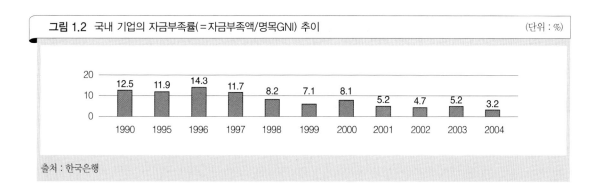

그림 1.2 국내 기업의 자금부족률(=자금부족액/명목GNI) 추이 (단위 : %)

출처 : 한국은행

가에 기인하는 바가 크다. 기업의 내부 자금 축적 수준인 총 저축액(순저축 고정 자본 소모)은 2004년 110.8조 원으로 외환위기 이전인 1997년의 50조 원 대비 2.2 배나 증가했다. 자금 부족액이 줄면서 국내 기업의 연평균 자금부족률(＝자금 부족액/명목GNI)은 1996년의 14.3%를 정점으로 하락세를 지속하고 있는 것이 다. 기간별로 보면, 국내 기업의 연평균 자금 부족률은 1990~1997년 12.2%에서 1998~2004년에는 5.9%로 절반 수준 이하로 하락하고 있다.

이와는 대조적으로 기업들의 현금보유비율은 꾸준히 상승하고 있다. 다음의 [그림 1.3]은 국내 비금융 상장기업의 현금보유비율을 나타낸 것이다. 2000년대 에 들어 상승하고 있음을 알 수 있다. 현금보유비율은 (현금＋현금 등가물＋단기 금융상품)/총자산으로 계산된다.

이러한 기업들의 현금보유비율의 증가는 자금수요 감소와 직결되며 이는 다시 채권 발행 감소로 이어지는 것이다. 그렇다면 이렇게 기업들의 현금 비중이 상승 한 이유는 무엇일까? 기업들은 외환위기를 겪으면서 현금 확보의 중요성을 절실 히 인식하게 되었고 이후 기업들이 철저한 이익 중심 경영체계로 전환한 것이 주 요 원인으로 볼 수 있다.

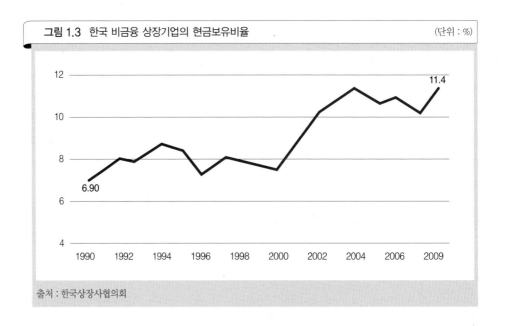

그림 1.3 한국 비금융 상장기업의 현금보유비율   (단위 : %)

출처 : 한국상장사협의회

그리고 이와 함께 기업들이 설비투자에 상당히 인색해졌다. 기업들이 설비투자에 신중해지면서 자금수요도 크게 줄어든 것이다. 실제로 외환위기 이후 국내 설비투자 규모는 정체되어 있는 상황이다. 국내 기업의 설비투자 결정에 있어 자금 조달상의 어려움이 미치는 영향은 약화되는 추세이다. 2001년 이후 외부 자금 부족이 설비투자 집행의 어려움이라고 응답한 기업의 비율은 2002년 이후 하락세를 보이고 있다. 자금부족 때문에 투자를 못하는 일이 줄어들고 있는 것이다.

[그림 1.4]는 국내 총투자율을 나타낸 것이다. 1997년 외환위기를 기점으로 크게 감소한 것을 알 수 있다.

2000년대에 들어와 우리나라의 회사채 발행 감소는 위에서 살펴본 바와 같이 기업의 투자 감소에 기인하고 있는 측면이 적지 않다. 기업의 투자 감소는 자금수요의 감소로 이어지며 결국 채권을 발행하여 자금을 조달할 일도 없다는 것이다.

이러한 현상은 최근의 한국 경제를 이해하는 데 있어 중요한 시사점을 준다. 기업의 투자 감소는 궁극적으로 경제성장률의 저하, 이로 인한 실업의 증가로 직결되기 때문이다.

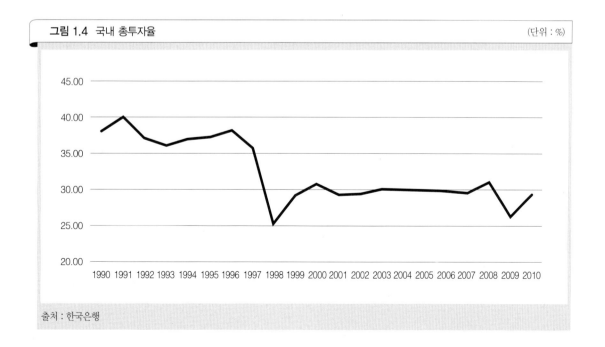

그림 1.4 국내 총투자율 (단위 : %)

출처 : 한국은행

5) 회사채 신용평가

기업이 회사채를 발행하기 위해서는 신용평가를 받아야 한다. 이는 회사채 발행을 위해서 사전에 반드시 거쳐야 하는 필수 과정이다. 현재 무보증 회사채 발행기업들은 2개 이상의 신용평가회사로부터 기업의 사업성, 수익성, 현금 흐름, 재무안정성 등을 기초로 회사채 상환능력을 평가받고 있다.

이는 투자가에게 원리금 회수 가능성 정도에 대한 정보를 제공하기 위함인데 회사채 발행 금리를 정하는 데 결정적인 영향을 미친다.

회사채의 평가등급은 AAA, AA, A, BBB, BB, B, CCC, CC, C, D의 10개 등급으로 구분된다. 물론 AAA가 가장 좋고 D가 가장 좋지 않은 등급이다. AAA에서 BBB까지는 원리금 상환능력이 양호하다고 여겨지는 투자등급이고 BB에서 C등급은 상환능력이 의심되는 투기등급이다. D는 상환불능등급이다. 발행되는 회사채의 대부분이 A등급 이상 회사채로서 2009년 상반기 기준 전체 회사채 발행액

표 1.2 회사채 신용등급 현황		(2009년 6월 말 기준)
등급	정의	해당 기업수
투자등급		384
AAA	원리금 지급 확실성이 최고 수준	51
AA	원리금 지급 확실성이 매우 높지만 AAA등급에 비해 다소 낮음	93
A	원리금 지급 확실성이 있지만 장래의 환경변화에 다소 영향을 받을 가능성이 있음	144
BBB	원리금 지급 확실성이 있지만 장래의 환경변화에 따라 저하될 가능성이 내포되어 있음	96
투기등급		146
BB	원리금 지급 능력에 당면 문제는 없으나 장래의 안정성 면에는 투기적 요소가 내포	40
B	원리금 지급 능력이 부족하여 투기적임	72
CCC	원리금의 채무불이행이 발생할 위험 요소가 내포되어 있음	33
CC	원리금의 채무불이행이 발생할 가능성이 높음	1
C	원리금의 채무불이행이 발생할 가능성이 극히 높음	0
D	현재 채무불이행 상태	0
합계		530

의 92.6%를 차지하고 있다. [표 1.2]는 회사채의 신용등급 현황을 나타낸 것이다.

6) 채권의 유통시장

채권의 유통시장은 일단 발행시장을 거쳐 발행이 완료된 채권들이 거래되는 시장으로서 채권에 유동성을 부여해주고 채권의 가격 형성을 가능하게 한다.

채권의 유통시장은 크게 장외시장과 장내시장으로 구분되는데 현재 대부분의 채권 거래는 장외시장에서 증권회사의 중개를 통해 이루어지며 장내시장에서의 거래 비중은 미미하다. 실제로 2009년 6월 기준으로 장내시장의 거래 비중은 8%에 불과하다.

이렇게 채권의 유통시장에서 장외거래의 비중이 큰 것은 우리나라뿐만이 아니며, 미국이나 일본 등 대부분의 나라들이 그렇다. 이것은 채권의 특성상 워낙 종목이 다양하고 거래 조건 또한 표준화되어 있지 않아 증권거래소의 자동매매 시스템을 통해서는 원활한 거래가 곤란하기 때문이다.

장내시장은 한국거래소 내에 일반 채권시장과 국채 전문 유통시장이 개설되어 있다. 일반 채권시장에서는 전환사채와 소액 국공채의 장내거래가 의무화되어 있어 채권 거래가 비교적 활성화되어 있다.

2009년 상반기 중 장외시장에서의 채권 종류별 거래 비중을 보면 국채가 월평균 241조 원으로 55%, 통화안정증권이 100조 원으로 23%를 차지하고 있다. 반면 특수채는 5%, 회사채는 3%이다. 우리나라 채권 유통시장에서 거래되는 대부분의 채권은 국채와 통화안정증권이라는 이야기이다.

7) 채권투자의 수익과 위험

채권투자의 수익은 크게 세 가지로 나뉜다. 우선 채권의 보유기간에 발생하는 이자수익이 있다. 이는 채권의 이자 지급 증권이라는 원천적인 성질에서 유래하는 기본적인 수익이다.

그리고 채권을 매도했을 때의 매수금액과 매도금액의 차이인 자본이득이 있다. 앞에서도 언급하였지만 채권 역시 유가증권의 일종이므로 가격이 변동한다. 따라서 채권의 매입금액과 매도금액의 차이에 의해 수익이 발생할 수 있다는 것이다.

마지막으로 발생 이자를 재투자하여 추가로 발생하는 수익인 재투자수익이다.

반면에 채권에 투자함으로써 발생할 수 있는 위험에는 무엇이 있을까? 가장 큰 위험은 **채무불이행** 위험이다. 채권의 발행주체가 채무를 이행하기 어려운 지급불능 위험을 말한다. 이것은 채권투자뿐만 아니라 모든 금융거래에 수반되는 본질적인 위험이다. 이 위험은 채권 발행자의 신용 수준에 의해 결정된다.

그리고 가격변동 위험이 있는데 이는 채권시장에서의 채권가격 변화에 따른 위험이다. 채권 투자 후 만기수익률이 상승하면 채권가격은 하락하고 만기수익률이 하락하면 채권가격은 상승하는데 구입가격보다 싼 가격으로 매도하였을 경우 자본손실이 발생한다.

다음으로 유동성 위험이 있다. 채권의 유동성이란 채권 보유자가 채권을 현금화시킴에 있어 화폐가치의 손실 없이 즉시 현금화할 수 있는 정도를 말한다. 유동성 위험이 있는 경우란, 유통시장에서 참여자의 수가 많지 않아 거래량이 크지 않고 이에 따라 가격이 불연속적으로 형성되는 경우이다. 유동성 위험이 있으면 보유 채권을 현금화하는 데 어려움을 겪을 뿐만 아니라 거래에 있어 가격상의 불이익을 겪을 가능성도 있다.

만기까지의 수익률이 확정된 경우 인플레이션은 채권으로부터 얻는 이자수입의 실질 가치를 감소시킨다. 이런 위험을 인플레이션 위험이라고 한다. 인플레이션 위험은 채권의 만기가 길수록 커지는 경향이 있다.

8) 채권의 가격과 수익률의 관계

채권가격과 관련해서는 여러 가지 사항들이 많다. 채권가격을 계산하는 것부터 시작하여 채권가격의 정리, 그리고 위험도 측정까지 다양한 내용들이 있다. 채권가격은 채권에서 발생되는 현금 흐름, 잔존기간 및 만기수익률 등에 의해 영향을 받는다. 이 중에서 채권가격과 수익률의 관계는 증권경제에 있어 아주 기본적이고 중요한 내용이므로 반드시 알고 있어야 한다.

채권가격은 수익률과 반대 방향으로 움직인다. 동일한 조건을 가진 채권의 경우, 수익률이 오르면 채권가격은 하락하고 수익률이 내리면 채권가격은 상승한다. 즉, 서로 반대로 움직이는 것이다. 경제 관련 뉴스를 보면 "미국 국채 수익률이 상승하였다."라는 기사가 나오곤 하는데 이것은 미국 국채의 가격이 하락하였다는 의미이다. 채권가격과 수익률의 관계를 그래프로 그리면 다음과 같다.

그림 1.5 채권가격과 수익률의 관계

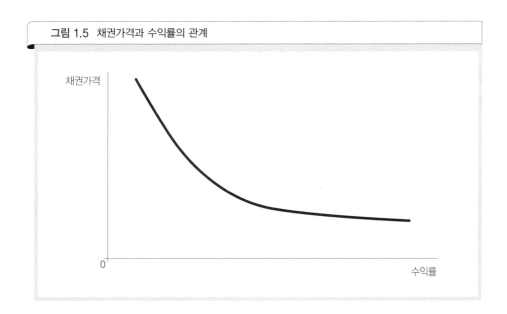

주식시장 **3**

1) 주식

주식(株式, stock)은 채권과 같이 유가증권이다. 다만 주식회사만이 발행할 수 있는 유가증권이다. 주식회사는 자본 단체이므로 자본 없이는 성립할 수 없는데 그 자본을 이루는 단위가 주식이다. 회사의 성립을 위해 출자한 것을 표시하는 출자증권이 주식인 셈이다. 그리고 그 소유자를 주주(株主)라고 한다. 주주는 출자한 금액을 한도로 회사에 대한 경제적 책임(유한책임)을 진다.

주식에는 자본을 구성하는 분자로서의 금액이라는 뜻과, 주주의 회사에 대한 권리·의무의 단위인 주주권(株主權)이라는 뜻이 있다. 주주가 출자자로서 회사에 대하여 갖는 지분(持分)의 의미가 있는 것이다.

주식은 성격상 채권과 많이 다르다. 위에서도 언급하였지만 자본조달 형태에 있어 주식은 출자증권이다. 반면에 채권은 대부증권, 즉 빌린 것을 표시하는 증권이다. 따라서 채권은 타인자본인 부채가 되는 반면, 주식은 자기자본이 된다.

증권의 존속기간이라는 측면에서 보면 채권은 만기가 존재하므로 한시적인 성격이지만 주식은 거의 영구적이다. 회사가 존속하는 한 함께 존속하는 것이다.

채권 소유자는 채권 보유의 대가로 약속된 이자를 받는다. 이는 채권 발행 시에 확정된 이자이며 발행자가 지급을 약속한 것이므로 회사가 이익을 내든 손실을 내든 상관없이 지급하여야 한다. 주식은 투자한 대가로 배당이라는 것을 받을 수 있는데 이는 확정적인 것이 아니라 가변적인 것이다. 회사의 사정에 따라 받을 수도 있고 못 받을 수도 있다.

그리고 주식은 채권과 달리 원금 상환의 의무가 없다. 채권은 만기가 되면 발행자가 원금을 상환하여야 하나 주식은 만기라는 것이 없을 뿐만 아니라 원금을 상환할 의무도 없다. 쉽게 말해서 채권은 돈을 빌려주었다는 증권이고 주식은 회사를 설립하는 데 참여했다는 증권이다.

2) 주식의 분류

(1) 보통주와 우선주

주식은 몇 가지 특징에 따라 분류되는데 가장 중요한 구분이 보통주와 우선주 (preferred stock)의 구분이다. 보통주와 우선주로 구분하는 기준은 배당이나 잔여 재산 분배에 있어 우선순위이다. **보통주**는 말 그대로 일반적인 주식을 말한다. 이 익배당이나 잔여재산 분배 등에서 표준이 되는 주식이다.

그에 비해 우선주는 이익배당이나 잔여재산 분배 등에서 우선적 지위를 인정받 는 주식이다. 기업이 배당을 하거나 해산할 경우의 잔여재산 배분 등에서 다른 주 식보다 우선적 지위를 가지는 주식이지만 대개의 경우 의결권이 부여되지 않는 다. 의결권이 없는 대신 보통주보다 배당률이 높다. 신문이나 HTS에서 주식 종목 중에 '우'라고 표시된 것이 우선주이다. 우선주는 의결권을 주지 않는 대신 보통 주보다 높은 배당을 지급하므로, 발행기업 입장에서는 기존 주주들의 경영권을 보호하면서 자금 조달을 쉽게 할 수 있는 이점이 있고 투자자 입장에서는 높은 배 당금을 지급받을 수 있는 이점이 있다.

우선주 소유자는 주주총회에서의 의결권을 포기해야 한다. 회사 경영에는 참 여할 수 없다는 의미이다. 이 때문에 우선주는 대개 회사의 경영 참가에는 관심이 없고, 배당 등 자산소득에 관심이 높은 투자자를 대상으로 발행된다. 투자자 입 장에서는 높은 배당을 기대할 수 있고, 회사 입장에서는 경영권 위협 없이 자금을 조달할 수 있다.

그러나 실제로 우리나라 시장에서 우선주는 인기가 별로 없는 편이다. 대주주 는 의결권을 행사할 수 있는 보통주 보유를 선호하기 때문에 의결권을 행사하지 못하는 우선주에는 관심이 적고 개인 투자자 역시 우선주를 선호하지 않는다. 어 차피 의결권이야 소액주주들에게는 별 의미가 없는 것이고 문제는 배당인데, 배 당률 자체가 그다지 높지 않기 때문에 우선주에 대한 특별한 메리트가 별로 없다.

우리나라 기업은 대체로 배당에 인색한 편이다. 배당을 하지 않는 경우도 많고 하더라도 시가배당이 아닌 액면가배당을 더 많이 한다. 우선주 배당도 보통주보다 액면가의 1% 정도를 더 높게 받는 경우가 일반적이다. 게다가 우선주는 보통주를 상대로 배당을 실시할 경우에만 배당을 받을 수 있다. 이런 이유로 우선주는 대개 보통주보다 주가가 싼 편이다. 발행가의 경우 보통주보다 15% 정도 할인되고, 시세도 보통주보다 대략 30% 정도 낮다.

하지만 선진국의 사정은 다르다. 주주의 권리를 요구하는 목소리가 강해 배당, 특히 시가배당이 많은 편이라 배당수익이 나쁘지 않다. 그래서 배당수익을 노리는 우선주 투자가 많은 편이다. 그러다 보니 우선주 시세가 보통주보다 높은 경우도 있다. 하지만 우리나라에서 우선주는 외국과는 달리, '우선'되지 않는 것이 현실이다.

우선주 자체에 대하여 상법상 발행한도에 대한 제한 규정은 없으나, 우선주는 일반적으로 무의결권주로 발행되는데 상법상 무의결권주의 발행 제한이 있으므로 우선주의 발행에 제한이 있는 것으로 인식되고 있다. 상법상 의결권이 없는 주식은 발행주식 총수의 25%를 초과할 수 없다.

(2) 액면주와 무액면주

액면가란 주식에 표시되어 있는 가격을 말한다. 주식에 액면가를 기재하였는가, 그렇지 않았는가에 따라 액면주와 무액면주로 나뉜다. 액면주는 그 주식의 액면가액이 정관과 주권에 명시된 반면, 무액면주는 주권에 액면가액이 기재되지 않고 다만 주식 수만을 기재한 주식이다.

상법에서 주식회사의 자본은 그 금액이 동일한 주식으로 분할하여야 하고 한 주의 금액은 100원 이상으로 하도록 하고 있다. 여기에서 말하는 한 주의 금액이 주식의 액면가인데 이는 각 회사의 정관에서 정하고 있다.

우리나라에서는 일반적으로 액면가 500원, 5,000원이 가장 많고 100원, 2,500원, 10,000원도 있다. 예를 들어 회사의 자본금이 1억 원이고 액면가가 5,000원이라면 그 회사는 20,000주의 주식을 발행한 것이 된다.

다만 주권상장법인, 코스닥상장법인이 액면금액 5,000원 미만인 주식을 발행하는 경우에는 1주의 금액을 100원, 200원, 500원, 1,000원, 2,500원으로 해야 한다. 액면가는 액면 병합 및 분할의 방법으로 변경이 가능하다.

무액면주는 주권에 액면금액을 기재하지 않고 단지 회사의 총자본에 대한 비율만을 표시한 주식이다. 미국, 캐나다, 이탈리아, 일본 등에서는 액면주의 발행과 더불어 무액면주의 발행이 허용되고 있다. 특히 미국에서는 무액면주의 발행이 보편화되어 있다.

실질적으로 주식의 액면가는 주권에 인쇄된 금액에 지나지 않는다. 액면가란 회사에 대한 채권을 표시하는 것도 아니고 그 주식의 실질가치를 표시하는 것도 아니다. 주식의 실질 가치는 주식시장에서 정해지는 것이다.

3) 주식의 발행시장

주식시장은 기업공개 및 유상증자를 통해 주식이 새로이 공급되는 발행시장 (primary market, issuing market)과 이미 발행된 주식이 투자가들 사이에서 거래되는 유통시장으로 나누어진다. 우리가 흔히 주식시장이라고 말하는 것은 유통시장을 의미한다.

발행시장은 증권이 자금의 수요자인 발행기업으로부터 자금의 공급자인 최초의 투자가에게 이전되는 시장을 말한다. 새로운 주식이 처음으로 출현하는 시장이다.

주식 발행 방법은 크게 공모발행과 사모발행, 두 가지로 구분하고 발행에 따른 위험부담과 사무 절차를 담당하는 방법에 따라 직접발행과 간접발행으로 다시 분류한다.

공모발행은 발행회사가 불특정 다수인을 상대로 동일한 가격과 조건으로 주식을 공개적으로 발행하는 방식이다. 자본시장법에서는 불특정 다수인을 50인 이상으로 규정하고 있다. 반면에 사모발행은 발행회사가 특정한 수요자를 대상으로 주식을 발행하는 방식이다. 일반적으로 공모발행은 다수의 대상을 상대로 하여 업무가 복잡하므로 간접발행의 형태를 취하고, 사모발행의 경우에는 비용 절감이 가능한 직접발행의 형태를 취한다.

직접발행은 발행회사가 발행 위험을 부담하고 발행 사무도 직접 하는 방식이다. 발행대행회사의 도움 없이 모든 업무를 스스로 하는 방식이므로 직접모집 혹은 자기모집이라고도 한다. 발행 규모가 작고 소화에 무리가 없는 경우에 이용되며 우리나라에서는 회사 설립 시에 활용되고 있다.

간접발행은 주식을 발행하는 회사가 발행 대행회사라는 중개인을 통해 주식을 발행하는 방식이다. 발행 대행회사는 전문적인 지식과 경험이 있는 금융투자회사가 담당한다. 발행회사는 원칙적으로 주식 발행에 관련한 위험과 사무를 금융투자회사에게 부담시키고 그 대가로 수수료를 지급한다. 우리나라에서는 기업공개 및 유상증자 시 이 방식에 의존한다.

간접발행은 발행 대행회사의 역할 범위에 따라 모집주선, 잔액인수, 총액인수로 구분한다. 모집주선은 발행회사가 발행 위험을 부담하고 발행 대행회사는 발행에 관련한 사무만 담당하는 방식이다. 잔액인수는 주식응모 총액이 모집 총액에 미치지 못했을 경우 발행대행회사가 팔리지 않은 주식을 인수하는 방식이다. 그리고 총액인수는 발행금액 전액을 발행대행회사가 인수하는 방식인데, 인수에 따른 자금 부담과 인수한 주식을 다시 팔 때까지 보유해야 하는 등, 다른 방식에 비해 발행 대행회사의 위험부담이 크다.

4) 주식시장을 통한 자금 조달

기업이 자금을 조달하는 방법에는 여러 가지가 있다. 은행에서 차입을 하는 방법도 있고 증권시장에서 증권 발행을 통해 자금을 조달하는 방법도 있다. 증권시장에서 자금을 조달하는 방법은 앞에서도 살펴본 채권시장에서 회사채 발행을 통한 자금 조달 방법과 주식시장에서 주식 발행을 통해 자금을 조달하는 방법이다.

기업이 주식시장을 통하여 자금을 조달하는 방법에는 크게 기업공개와 유상증자의 두 가지 방법이 있다. 기업공개는 주식을 처음으로 일반 투자가들에게 팔아서 자금을 확보하는 방법이고 유상증자는 주식을 더 발행해서 팔아 자금을 조달하는 방법이다. 이 두 가지 방법은 주식시장에서 자금 조달과 관련한 중요한 사항이다. 실질적으로 기업이 주식시장을 통해서 자금을 조달하는 방법이기도 하며 또한 주식시장에도 영향을 주기 때문이다. 두 가지 방법에 관하여 자세히 살펴보기로 하자.

(1) 기업공개

기업을 공개한다는 말은 기업이 일반 투자가들, 즉 회사 밖의 불특정 다수의 사람들에게 처음으로 자기 회사의 주식을 판매한다는 의미이다. 영어로 IPO라고도 하는데 I는 Initial의 약자이다. Initial은 '처음의'라는 의미이다. PO는 Public Offering의 약자인데 이는 주식을 일반인들에게 판매하는 공모(공개모집)의 의미이다. 즉 IPO는 주식을 처음으로 외부 투자가들에게 판매한다는 뜻이다. 기업은 기업공개(Initial Public Offering)를 통해 외부 투자가들에게 처음으로 주식을 팔게 되는 것이다.

법률적인 의미에서의 기업공개는 '상장을 목적으로 50인 이상의 여러 사람들을 대상으로 주식을 파는 행위'를 말한다. 대주주 개인이나 가족들이 가지고 있던 주식을 일반인들에게 널리 팔아 분산시키고 기업 경영을 공개하는 것이다.

기업공개의 방법은 이미 발행하였던 구주(舊株)를 매출하는 경우와 새로 발행하는 신주(新株)를 모집하는 두 가지 방법이 있다. 전자의 경우에는 자본금이 증가되지 않는 데 비하여 후자의 경우에는 자본금이 증가하게 된다.

기업공개는 일정 규모 이상의 기업이 상장 절차 등을 밟기 위해 주로 행한다. 일반 투자가들이 주식을 자유로이 거래할 수 있어야 하므로, 일단 증권거래소에 상장하는 것을 전제로 하는 것이 일반적이다.

주식을 일반 투자가들에게 판매하려면 주식에 시장성과 환금성이 확보되어야 하는데 이를 위해 증권거래소 상장이 필요하다. 주식이 상장되면 거래소 매매를 통해 자유로이 매매할 수 있고 가격도 그때그때 결정되기 때문에 일반 투자가들 입장에서 매매가 편리해진다.

따라서 상장을 전제로 기업공개를 해야 일반 투자가들이 주식을 구입할 수 있다. 투자가들이 주식을 사게끔 하기 위해 상장을 한다고 보는 것이 현실적인 설명이 될 것이다. 기업공개를 원활히 하기 위해서 상장이라는 수단이 활용되는 것이다.

1999년 8월 이전까지는 한국에서 기업공개와 상장이 사실상 동일한 의미로 사용되어왔기 때문에 공개 요건(상장 요건)이 상당히 까다로웠고 코스닥 등록 또는 거래소 상장 요건을 갖춘 기업에게만 기업공개(신주공모)를 허락했다. 그러나 1999년 8월에 법령 개정을 통해 기업공개와 상장이 분리되었다.

공개와 상장의 분리란, 기업공개에 대한 심사업무는 금융감독원에서 담당하고 거래소 상장이나 코스닥 등록의 심사는 금융투자협회에서 담당하는 이원 체제를 말한다. 따라서 상장 요건을 갖추지 못한 기업이라도 기업공개를 통해 쉽게 필요한 자금을 조달할 수 있게 되었다. 이처럼 기업공개와 상장을 분리해 심사하는 제도를 실질상장심사제도라고 한다.

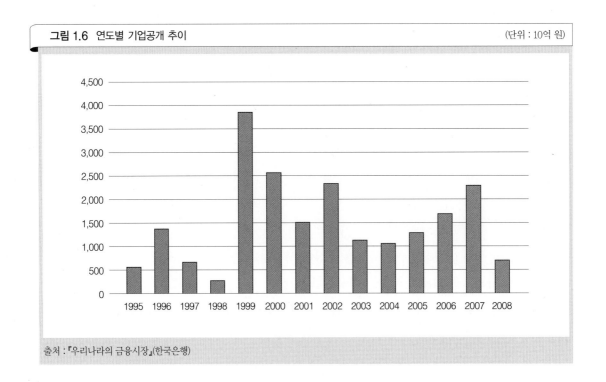

그림 1.6 연도별 기업공개 추이   (단위 : 10억 원)

출처 : 『우리나라의 금융시장』(한국은행)

(2) 유상증자

유상증자는 주식회사의 가장 대표적인 자금 조달 방식이다. 기업이 자금을 조달하는 데는 은행 대출, 채권 발행, 자본금 조달 등 크게 세 가지 방법이 있는데 그중 기업들이 가장 선호하는 방법이 자본금 조달, 즉 유상증자이다. 이는 자금 조달 비용이 상대적으로 저렴하기 때문이다.

주식을 발행해 이를 투자가들에게 팔고 일정한 금액을 받는 유상증자는 단순히 돈을 빌리는 대출이나 채권에 비해 장점이 많다. 우선 원금과 이자 상환의 부담이 없다. 주식은 상환 의무가 없기 때문에 특히 중장기적인 전략 사업에 투자할 때 유용하다. 만기를 정해 돈을 빌릴 경우 투자 성과도 나기 이전에 자금을 상환해야 한다는 부담이 있지만 증자의 경우 발행만 순조롭게 이뤄진다면 이후 자금 운용에 여유를 가질 수 있다. 또한 자본금은 회계상 회사의 안정성을 담보하는 지표이기 때문에 증자는 기업신용도를 제고하는 효과도 가져온다.

그러나 문제점도 있다. 실제로는 실적이 좋지 못한 기업이 부진한 실적을 증자로 보충해 건전성을 유지하려는 상황이 종종 발생하기 때문이다. 그래서 시장에서는 유상증자 소식이 악재로 인식되는 경우가 많다. 즉, 시장에서 '오죽 자금이 없었으면 증자를 할까?'라고 인식되는 것이다. 이는 곧 '이 회사 자금 사정이 안 좋은 모양이다.'라고 해석되기 때문에 유상증자 뉴스에 주가가 하락하는 일이 많다.

유상증자를 시행하려면 우선 해당 회사 이사회의 결의를 거쳐야 한다. 이사회에서는 발행할 주식의 수, 배정기준일, 청약일정 등을 정한다. 유상증자는 어떤 방식으로 하느냐에 따라 몇 가지로 분류된다. 크게는 기존 주주를 중심으로 신주를 배정하는가 아니면 기존 주주는 배제하고 배정하느냐로 구분할 수 있다.

주주와 우리사주조합에게 신주를 배정하고 실권주가 발생하면 이사회의 결의에 따라 그 처리 방침을 정하는 것이 주주배정방식이다. 그리고 주주배정방식과 동일한 방식이나 실권주가 발생할 경우 일반 투자가들을 대상으로 청약을 받고 청약이 미달되면 이사회의 결의에 따라 결정하는 방식이 주주우선공모방식이다. 주주배정방식과 주주우선공모방식은 모두 기존 주주를 중심으로 한 배정방식이다.

한편, 일반인을 대상으로 신주 주주를 모집하는 방식이 일반 공모방식이다. 대기업일수록 공개적으로 투자가를 모집하는 일반 공모방식을 선호한다.

이와는 달리 관계회사나 채권은행, 회사 임원 등 특정한 제3자에게 신주인수권을 주는 방식이 있는데 이를 제3자 배정방식이라 한다. 일반 공모방식과 제3자 배정방식은 기존 주주를 배제한 방식이다. 코스닥 기업의 경우 전략적인 투자가 영입 차원에서 제3자 배정이 많은 편이다. 일반 공모방식과 제3자 배정방식은 주주의 이해관계에 중대한 영향을 미칠 수 있기 때문에 정관에 명백히 나타나 있지 않으면 주주총회의 특별결의가 필요하다.

같은 증자이기는 하지만 유상증자와는 달리 돈을 받지 않는 무상증자라는 것이 있다. 무상증자는 이사회 또는 주주총회의 의결로 자본잉여금 전부, 이익준비금, 재무구조개선적립금 등 법정준비금을 자본에 전입하고 증가된 자본금에 해당하는 만큼의 신주를 발행하여 구주주에게 소유 주식 수에 비례하여 무상으로 배정하는 방식이다.

무상증자는 자금 조달을 목적으로 하는 것이 아니라 자본구성의 시정, 사내유보의 적정화 또는 주주에 대한 자본이득의 환원이라는 차원에서 총자산의 변화 없이 재무제표 상의 항목 변경을 통한 신주를 발행하는 것이다. 기존 주주 입장에서는 공짜로 주식이 늘어나는 것이다.

앞의 [그림 1.6]과 뒤의 [그림 1.7]을 살펴보면 공통점이 있다. 특정한 연도에 기업공개와 유상증자가 동시에 크게 늘어났다는 점이다. 그림을 보면 1999년과 2007년에 기업공개, 유상증자 모두 증가하고 있다. 왜일까? 이유는 기업공개, 유상증자 모두 주식시장의 시황과 관련이 있기 때문이다. 주식시장이 활황일 때에 기업공개와 유상증자를 많이 하게 되는 것이다. 아무래도 주가가 오르고 있을 때 주식이 더 잘 팔리므로 이런 시점에 기업공개와 유상증자가 몰리는 것이다. 주식의 수요자들, 즉 투자가들의 참여도가 높아지는 시기가 기업공개와 유상증자의 적기인 것이다.

[그림 1.8]은 주식시장에서의 자금 조달 금액 추이, 즉 기업공개와 유상증자의

그림 1.7 연도별 유상증자 추이   (단위 : 10억 원)

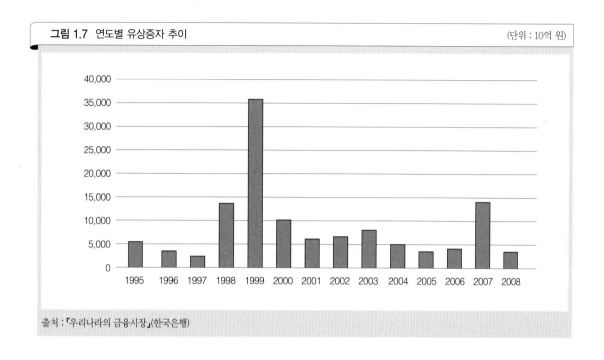

출처 : 『우리나라의 금융시장』(한국은행)

그림 1.8 주식시장에서의 자금 조달 금액 추이   (단위 : 10억 원)

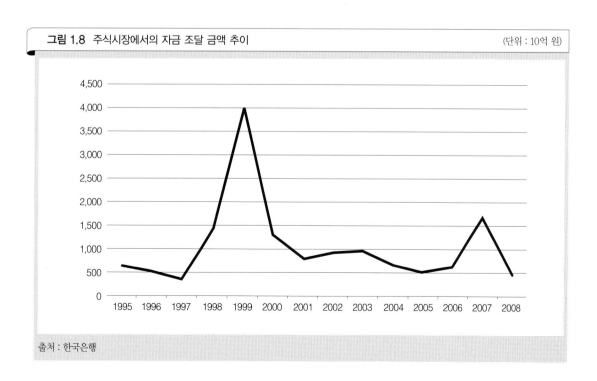

출처 : 한국은행

그림 1.9 종합주가지수(연도 말 지수)

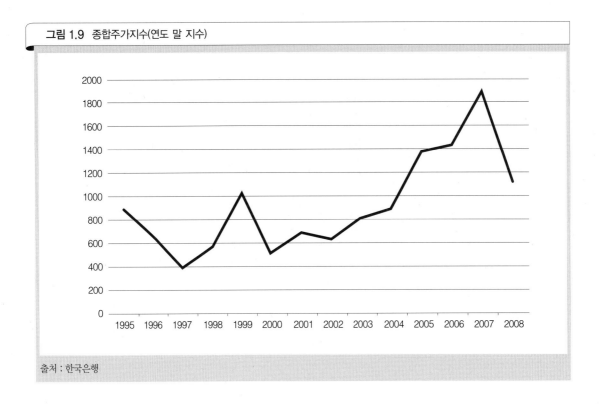

출처 : 한국은행

금액을 각각 합한 것이고 [그림 1.9]는 각 연도의 연도 말 주가지수를 표시한 것이다. 두 그림의 추세가 유사한 것을 알 수 있다. 특히 1999년은 코스닥 붐이 불었던 시기라 관련 벤처기업들의 기업공개가 유난히 많았던 시기이다. 주가지수가 폭락하였던 1997년과 2008년에는 주식시장을 통한 자금 조달 금액도 급감하고 있다. 주식시장을 통한 자금 조달은 그만큼 주식시장의 상황과 밀접한 관계가 있는 것이다.

5) 주식의 유통시장

주식의 유통시장은 이미 발행된 주식이 거래되는 시장이다. 우리가 일반적으로 말하는 주식시장이다. 유통시장에서의 주식거래는 투자가들끼리의 거래이므로 기업의 자금 조달과는 직접적인 관련은 없다. 그러나 유통시장이 발달해야 주식의 시장성과 유동성이 커지고 발행시장도 발달하게 된다. 유통시장은 주식의 유동성을 높이고 거래를 통한 주식의 가격을 형성시키는 기능을 한다.

우리나라의 유통시장은 한국거래소(Korea Exchange, KRX)이다. 종전의 한국증권거래소, 코스닥증권시장, 한국선물거래소, 코스닥위원회가 합병하여 2005년 1월 통합거래소인 한국증권선물거래소로 출범하였고 2009년 2월에 한국거래소로 이름을 변경하여 오늘에 이르고 있다. 한 나라에 몇 개의 거래소가 있는 외국과는 달리 우리나라는 법에서 단일 거래소만을 설립하도록 규정하고 있다. 일본만 하더라도 동경증권거래소, 오사카, 나고야 등 5개의 거래소 시장이 있고 미국은 우리가 잘 아는 뉴욕증권거래소(NYSE)를 비롯하여 보스톤, 시카고 등 10개의 증권거래소가 등록되어 있다.

한국거래소의 주식 유통시장은 크게 유가증권시장과 코스닥시장 및 프리보드로 구분할 수 있다. 유가증권시장은 과거의 증권거래소를 지칭하는 것인데 유가증권시장이라는 명칭에는 약간의 문제가 있는 것 같다. 왜냐하면 코스닥의 주식도 굳이 따지자면 유가증권인데 왜 유가증권시장이라는 이름을 쓰는가 하는 점이다. 혼동을 줄 여지가 있는 명칭임에는 틀림없다.

각 시장에 관해 살펴보기 전에 먼저 상장(上場)이라는 개념에 관하여 알아보자. 주식을 거래소에서 매매할 수 있도록 등록하는 것을 상장이라고 한다. 즉, 모든 주식회사의 주식이 거래소에서 거래되는 것이 아니라 거래소에 정식으로 상장된 회사의 주식에 한해서 거래되는 것이다.

그런데 상장은 아무 회사나 할 수 있는 것이 아니다. 주식시장에 상장을 하려면 상장 요건을 갖추어야 하는데 자기자본, 주식 수, 소액주주의 수에 조건이 있으며 매출액, 영업이익 등과 경영성과도 일정 수준 이상이어야 한다. 또한 거래소에 상장할 수 있는 유가증권은 주식뿐만 아니라 국채, 지방채와 같은 채권과 수익증권, 뮤추얼펀드, ETF(상장지수펀드) 등이 있다.

다음은 유가증권시장과 코스닥시장의 상장 요건과 매매거래제도에 관해 알아보기로 한다.

(1) 유가증권시장

유가증권시장에 주식을 신규로 상장하려는 기업은 자기자본이 100억 원 이상, 상장 주식 수가 100만 주 이상, 그리고 의결권 있는 소액주주가 1천 명 이상이어야 한다. 물론 매출액, 영업이익 등과 경영성과도 일정 수준 이상이어야 한다.

　유가증권시장에 상장된 기업은 상장 이후에도 일정 요건을 계속 충족하여야만 한다. 한국거래소는 상장 유가증권의 상장 요건 충족 여부와 기업 내용의 적시공시(適時公示) 실시 여부를 관찰하여 상장기업이 이를 지키지 못할 경우 상장을 폐지할 수 있다. 상장이 폐지되기 전에는 일정 기간 관리종목으로 지정, 상장폐지를 유예할 수도 있다. 예를 들어 매출액이 50억 원 미만으로 떨어지면 관리종목으로 지정되고 이 상황이 2년 이상 계속되면 상장폐지가 된다. 상장 이후에도 일정 요건을 유지하도록 요구되는 것이다.

　유가증권시장은 토요일, 일요일, 그 밖의 공휴일, 근로자의 날 및 연말일을 제외하고 매일 개장된다. 매매거래 시간은 오전 9시에서 오후 3시까지의 정규 시장과 장 개장 전 시간 외 시장(7시 30분~8시 30분) 및 장 종료 후 시간 외 시장(3시 10분~6시)으로 구분된다.

　매매가격 단위는 주가에 따라 상이한데 주가가 5,000원 미만인 경우는 5원이며 5,000원 이상 10,000원 미만인 종목은 10원이다. 주가가 10,000원 이상 50,000원 미만인 종목은 50원, 50,000원 이상 100,000원 미만인 종목은 100원, 100,000원 이상 500,000원 미만인 종목은 500원, 500,000원 이상인 종목은 1,000원이다. 따라서 2012년 현재, 주가가 100만 원이 넘는 삼성전자의 경우 호가는 1,000원 단위가 된다. 1,185,000원, 1,186,000원의 식으로 호가가 1,000원씩 올라간다.

　매매수량단위는 10주가 원칙이다. 즉, 어느 회사의 주식을 사려면 10주, 20주, 50주, 100주 같이 10주 단위로 사야한다. 하지만 주가가 5만 원 이상인 종목은 단주매매도 가능하다. 주가가 5만 원 이상의 종목은 1주나 2주도 살 수 있다.

　유가증권시장에는 주가의 급등락으로 인한 투자가의 과도한 손실을 방지하기 위해 주가의 최대 상승 폭과 하락 폭을 정해놓고 있다. 우리가 일반적으로 말하는 상한가, 하한가가 그것이다. 기준은 전일 종가의 15%이다. 전날 주가 대비 15%

상승한 가격이 상한가, 15% 하락한 가격이 하한가이다. 상한가에 도달하면 그날 은 그 이상의 가격으로 거래가 되지 않으며 하한가에 도달하면 그 이하의 가격으 로 거래되지 않는다. 가격의 상한선과 하한선이 설정되어 있는 것이다.

사실 하루에 15%의 가격 변동은 엄청난 폭의 변동으로 주로 저가주에서 자주 나타난다. 미국은 우리나라와는 달리 개별 종목에 가격제한제도를 두지 않는다. 미국의 경우 주가의 하루 변동폭에 제한이 없는 것이다.

그리고 매매거래중단제도(circuit breaker)라고 하여 종합주가지수가 전일 대비 10% 이상 하락하여 1분 이상 지속되는 경우, 20분간 모든 종목의 호가접수 및 거 래가 중단되는 제도가 있다. 20분 후에는 10분간 동시호가 접수 후 단일가격에 의 한 매매가 체결되면서 매매가 재개된다. 이 제도는 주가의 급락으로부터 시장의 안정을 도모하는 제도로 1998년 12월에 도입되었다. 일반적으로 '서킷브레이커' 라 부른다.

이 밖에도 프로그램 매매호가 효력 일시 정지제도(side car)가 있는데 이는 선물 가격이 기준가 대비 5% 이상 상승 혹은 하락하는 경우 주식시장에서 프로그램매 매 호가를 5분간 효력 정지시키는 제도이다. 일반적으로 '사이드카'라고 부른다. 서킷브레이커는 주가가 큰 폭으로 하락할 때만 적용되지만 사이드카는 큰 폭으 로 상승할 때나 하락할 때 모두 적용된다는 차이점이 있다.

어지간한 변동성이 아니고는 잘 나오지는 않지만 발생하면 큰 변동성이 있다 는 의미이다. 특히 서킷브레이커가 나올 정도의 날이라면 주가의 대폭락이 있는 날이다. 시장의 매매 제도와 관련해서 알고 있어야 할 내용이다.

(2) 코스닥시장

코스닥시장은 유가증권시장의 상장 요건에는 미달하지만 전망 있는 중소기업, 벤처기업 등에게 자금 조달의 기회를 제공하고자 생긴 시장이다. 코스닥시장은 1996년 7월에 개설된 이래 정부의 벤처기업 육성 의지와 첨단산업에 대한 투자가 들의 관심으로 크게 성장하였다.

코스닥시장은 유가증권시장보다 완화된 기준이 적용된다. 해당 기업은 자기자본이 30억 원 이상(벤처기업은 15억 원 이상)이거나 시가총액이 90억 원 이상이어야 하며 의결권 있는 주식을 소유한 소액주주의 수가 500인 이상이어야 하는 등의 요건을 충족하여야 한다. 그 밖의 매매거래 제도는 유가증권시장과 유사하다. 다른 점이 있다면 유가증권시장은 증권 관련 세금으로 증권거래세 0.15%와 농특세 0.15%가 있는 반면 코스닥시장은 거래세만 0.3% 적용되고 있다. 그리고 유가증권시장은 매매단위가 10주인 반면 코스닥시장은 1주이다.

코스닥시장은 정부의 육성 의지와 함께 1990년대 후반의 세계적인 IT 붐과 벤처기업 붐으로 비약적인 성장을 하였으나 그 후 IT버블의 붕괴와 일부 코스닥 기업들의 부도덕한 행태 등으로 크게 위축되었다.

실제로 코스닥시장은 유가증권시장에 비해 가격 변동이 크며 시장의 논리보다 몇몇 대주주의 논리로 움직이는 경우가 적지 않다. 소위 '작전'이라고 하는 주가 조작도 많이 일어나는 시장이다. 이런 점에서 코스닥시장에 투자할 경우에는 유의해야 할 점이 많다.

6) 시장 참여자

주식시장의 참여자를 크게 세 개의 주체로 구분하는데 외국인, 개인, 기관이다. 물론 이들 3대 주체 이외에 정부나 일반법인도 있지만 일반적으로는 외국인, 개인, 기관을 주요 주체로 본다.

여기서 외국인이라 함은 외국의 개인이나 기관투자가를 통틀어 말하는 것이고 개인은 말 그대로 국내의 개인투자가들을 말한다. 기관은 기관투자가들을 말하는데 증권회사, 보험회사, 투신사, 은행 등의 금융회사들이 여기에 포함된다. 일반적으로 기관투자가들은 고객으로부터 위탁받은 자금이나 회사의 자체 자금으로 투자를 한다.

[표 1.3]을 보면, 우리나라 주식시장에서 외국인 투자가의 주식 보유 비중이 가장 크다는 사실을 알 수 있다. 시가총액의 3분의 1을 보유하고 있는 것이다. 이는 그만큼 시장에서 영향력이 크다는 것을 의미한다. 실제로 우리나라 주가는 외국

연도	외국인	개인	기관투자가	일반법인	정부 관련
2000	30.19	20.04	15.83	19.60	14.35
2001	36.32	22.32	15.75	17.16	8.14
2002	36.01	22.33	15.85	20.15	5.66
2003	40.11	19.70	16.70	18.95	4.54
2004	41.97	18.00	17.64	18.00	4.40
2005	39.73	18.43	19.60	18.27	3.98
2006	37.26	17.94	21.96	18.55	4.29
2007	32.37	21.79	21.18	21.53	3.12
2008	28.78	27.05	12.36	28.89	2.91
2009	32.65	31.02	12.52	21.96	1.85
2010	32.97	21.20	14.01	28.28	3.55

표 1.3 소유자별 주식 보유 비중(유가증권시장, 시가총액 기준)　(단위 : %)

출처 : 한국거래소

인의 매도로 하락하고 매수로 상승하는 일이 허다하다. 우리나라 시장에서 막강한 영향력을 행사하고 있는 것이다. 이렇게 외국인 투자가가 어느 나라의 주식시장에 큰 영향력을 행사하고 있는 것은 세계적으로도 드문 현상이다. 하지만 이런 현상이 우리나라 주식시장의 큰 특징이 된 지 이미 오래되었다.

시장에 대한 영향력이 큰 외국인 투자가들의 행동은 상당히 적극적이다. 그들은 시장을 주도하는 매매를 한다. 주가를 올리려고 마음먹으면 아주 강력한 매수로 주가를 끌어올리며, 엄청난 매도 물량을 쏟아내면 주가는 폭락한다. 시장을 주도하는 세력인 셈이다. 투자가들은 이 점을 늘 유념해야 한다. 외국인은 우리나라 주식시장에서 가장 강력한 존재이다.

우리나라 주식시장의 또 다른 특징 중의 하나가 개인투자가의 비중이 비교적 높다는 점이다. 선진국 중에서 개인투자가의 비중이 기관투자가의 비중을 웃도는 경우는 드물다.

이는 상대적으로 기관투자가의 비중이 작다는 것을 의미하는데 한때는 펀드

붐이 일어 기관투자가에게 자금이 몰리면서 2005년, 2006년은 기관투자가의 비중이 개인을 압도하기도 하였다. 하지만 2008년 리먼 사태로 주가가 폭락하자 많은 펀드 가입자들이 손해를 보고 펀드를 해지하는 등 펀드 불신 현상이 나타나면서 그 비중이 다시 크게 감소했다.

각 매매주체들에 관해 자세히 살펴보자.

(1) 외국인

우리나라 주식시장에 막강한 영향을 미치고 있는 외국인 투자가들에 관하여 구체적으로 살펴보기로 하겠다. 일단 외국인 투자가 역시 외국인 기관투자가와 외국인 개인투자가로 나눌 수 있는데 기관투자가의 비중이 압도적으로 높다. 2010년 기준으로 외국인 기관투자가의 주식 보유 금액이 383조 2,932억 원인데 비해 외국인 개인의 주식 보유금액은 3조 676억 원으로, 외국인 기관투자가의 0.8%정도로 1%에도 미치지 못한다. 결국 우리나라의 주식시장을 좌지우지하는 외국인이란 외국인 기관투자가임을 알 수 있다.

그렇다면 외국인 기관투자가들이란 구체적으로 어떤 기관인가? 다음의 [표 1.4]는 2010년 우리나라 주식시장에서의 외국 기관별 주식 보유 금액을 나타내는데, 펀드의 비중이 큼을 알 수 있다.

표 1.4 외국 기관별 주식 보유 금액(2010)

기관 분류	주식 보유액	비중
펀드	186조 6,549억 원	48.70%
은행	51조 4,549억 원	13.42%
연기금	38조 3,292억 원	10.00%

출처 : 금융감독원

외국의 연기금이나 은행의 자금보다 외국 펀드 자금이 우리나라 주식시장에 압도적으로 많이 투자되고 있는 것이다. 이들 펀드는 헤지펀드이거나 신흥시장

펀드인데 신흥시장 펀드는 신흥시장에 투자를 원하는 자금들을 모아 운용되고 있다. 펀드를 국적별로 살펴보면 다음의 [표 1.5]와 같다.

표 1.5 국적별 펀드 비중(2010)

국가명	주식 보유액	비중
미국	88조 7,151억 원	47.53%
룩셈부르크	26조 7,312억 원	14.32%
영국	19조 9,165억 원	10.67%

출처 : 금융감독원

미국의 비중이 높고 다음으로 유럽계 자금이다. 룩셈부르크는 인구 약 49만 명의 작은 나라이다. 이런 작은 나라가 우리나라 주식시장의 큰 손인 이유는 룩셈부르크가 유럽의 조세회피지역으로 세금을 피하려는 많은 금융회사들이 이곳에 회사를 설립하여 펀드를 운용하기 때문이다. 말레이시아도 우리나라 주식시장에 투자하는 주요국 중 하나인데 역시 같은 이유에서이다.

그렇다면 우리나라 주식시장에 외국인 투자가들이 언제부터 등장했는지 살펴보자. 우리나라의 주식시장에 외국인이 처음 등장한 것은 1992년부터다. 1992년 1월에 발행주식 총수의 10%(1인당으로는 3%) 내에서 처음으로 외국인 직접투자가 허용되었다. 그 이후로 비중이 점점 확대되어 왔는데 1996년 OECD 가입을 계기로 더욱 본격적으로 추진되었다. 1997년 12월에는 발행주식 총수의 55%(1인당으로는 50%)로 외국인 주식 보유 한도를 확대하였고 1998년 5월에는 공공법인을 제외한 상장주식 투자한도가 완전 폐지되었다. [표 1.6]은 외국인 주식투자 한도

표 1.6 외국인 주식투자 한도 추이 (단위 : %)

	'92년 1월	'94년 12월	'95년 7월	'96년 4월	'96년 10월	'97년 5월	'97년 11월	'97년 12월	'97년 12월	'98년 5월
전체한도	10	12	15	18	20	23	26	50	55	폐지
1인당 한도	3	3	3	4	5	6	7	50	50	폐지

의 추이를 나타낸 것이다.

1992년 개방 이후 한도가 점차적으로 확대되어오다 1997년 말부터 급격하게 확대되는 것을 알 수 있다. 10%에서 20%로 확대되는 데 4년이 넘게 걸렸는데 23%에서 55%로 늘어난 데는 겨우 7개월 밖에 걸리지 않았고 그러다가 5개월 후에는 아예 한도 자체가 완전히 폐지됐다. 이는 1997년 11월 외환위기의 영향이 크다. 외화가 아쉬웠던 상황에서 정부는 서둘러서 주식시장을 개방한 것이다.

여기에 아쉬운 점이 있다. 1998년이 우리나라의 주가가 역사상으로 아주 낮은 시점이었다는 것이다. 다음의 [그림 1.10]은 우리나라 종합주가지수를 나타낸 것인데 그림에서도 알 수 있듯이 1998년 6월에 우리나라의 종합주가지수는 277.37로 최하 수준이었다. 이 시점에 외국인들에게 시장을 완전히 개방하였다는 이야기는 외국인들이 우리나라 기업의 주식을 헐값으로 쓸어 담을 수 있는 기회를 제공하였다는 이야기이다. 어쩔 수 없는 상황이었는지는 모르겠으나 너무 앞뒤 따지지 않고 서두르지 않았나 하는 감이 있다. 이때 우리나라 시장에 본격적으로 진입한 외국인들은 지금까지도 막강한 영향력을 행사하고 있다.

그림 1.10 종합주가지수 월봉(1994~2005년)

주식시장의 완전 개방은 외국인의 매수로 주가가 상승한다는 긍정적인 부분도 있으나 다음과 같은 부정적인 측면도 있다. 외국인 투자의 부작용 몇 가지를 살펴보자.

외국계 기업의 국내 기업 인수로 인한 부작용으로 가장 많이 지적되는 것이 과다한 배당이다. 내국인이 소유주인 기업의 경우 장래 투자 등을 위해 기업에 이윤을 유보시키는 경향이 있는데 반해 외국인이 소유주인 기업은 이윤이 나오는 즉시 배당으로 챙겨가는 경향이 있다. 실제로 외국인 지분이 40% 이상인 기업의 평균배당률은 41%인데 비해 외국인 지분이 10% 미만인 기업의 평균배당률은 9%에 불과하다.

물론 회사의 이익을 회사의 주인인 주주가 가져간다는 것이 잘못은 아니지만 문제는 장기적인 관점에서의 기업 발전보다는 단기적인 이익 회수에 치중하는 모습이 너무 극명하게 나타난다는 점이다. 외국인 입장에서야 투자한 자금을 가급적 빨리 회수하고 싶은 것이 당연하겠지만 우리나라 기업을 바라보는 우리나라 사람의 입장에서는 그리 달갑지 않은 현상이다.

[표 1.7]은 외국인 주주에게 지급된 배당금 총액이다. 2010년에는 거의 5조 원에 육박하고 있다. 우리 기업이 거둔 수익이 그대로 해외로 지급되는 것이다.

[표 1.8]은 주요 상장사의 배당금 중에서 외국인 주주에게 배당된 배당금과 그 비중을 나타낸 것이다. 한국을 대표하는 기업들인데, 상당수가 외국인 주주의 비중이 절반을 넘고 있다.

표 1.7 외국인 배당금 총액   (단위 : 조 원)

연도	2001	2002	2003	2004	2005	2006	2007	2008	2009	2010
총액	1.25	2.77	2.76	4.83	4.16	5.36	5.59	2.62	3.73	4.96

출처 : 한국거래소

표 1.8 2010년 주요 상장사 외국인 배당금 및 비중 (단위 : 백만 원)

순위	회사명	당기순이익	총 배당금	외국인 배당금	비중(%)
1	삼성전자	13,236,461	1,496,539	757,548	50.62
2	POSCO	4,202,791	770,328	382,853	49.70
3	한국외환은행	1,021,367	699,723	502,892	71.87
4	SK텔레콤	1,410,968	669,542	328,076	49.00
5	신한지주	2,381,184	586,235	351,038	59.88
6	KT	1,171,866	586,150	287,214	49.00
7	현대중공업	3,761,140	429,019	86,876	20.25
8	현대자동차	5,266,971	412,227	176,351	42.78
9	KT&G	931,127	382,946	221,917	57.95
10	LG화학	1,970,993	294,520	102,375	34.76

출처 : 한국거래소

　이러한 고배당의 문제와 함께 지적되는 것이 유상감자이다. 유상감자는 기업이 감자(減資), 곧 자본감소를 하면서 자본을 감소시킨 만큼 발생한 돈을 주주들에게 지분 비율에 따라 지급하는 것이다. 결국 회사 자본을 주주에게 나누어주는 것인데, 지배 지분을 확보한 외국자본이 투자 자금을 회수하는 하나의 방편으로 이용하고 있는 것이다.

　실례로 2006년 (주)쌍용의 지분 75%를 인수한 모건스탠리는 52.6% 비율의 유상감자를 통하여 지배 지분은 그대로 유지하면서 인수금 678억 원의 30%에 해당하는 203억 원을 회수한 것으로 알려졌다. 투자하자마자 회사의 자본을 감소시키면서 투자 자금을 회수해간 것이다.

　또 유상감자는 매각이나 합병을 용이하게 하기 위하여 기업의 규모를 줄이는 방편으로 활용되기도 하는데 브릿지증권의 경우 전체 주식의 67.5%(1억 5,000만 주)를 유상감자하여 자본금이 2,296억 원에서 796억 원으로 줄었고 또 발행 주식 수도 2억 2,962만 주에서 7,962만 주로 감소하였다. 감자는 강제 유상소각 방식으로 진행되어 소각주식은 1주당 1,000원씩 소각대금이 지급되었다. 브릿지증권의 대주주인 BIH는 지분율이 75.1%여서 유상감자 대금 1,500억 원 가운데 1,125억 원 정도를 회수해갔다.

외국계 헤지펀드의 국내 기업 공략도 여러 문제를 일으켰는데 그 중 대표적인 예가 미국의 펀드인 론 스타(Lone Star)이다. 금융회사가 아닌데도 외환은행을 인수해서 마지막까지 논란을 일으켰고 2001년에 역삼동의 아이타워를 현대산업개발로부터 6,300억 원에 매수하여 2004년에 9,300억 원에 매각하면서 세금 문제가 불거지기도 했다.

그리고 외국계가 인수한 제일은행의 경우는 외국계 인수의 부작용이 드러난 전형적인 케이스이다. 다음은 관련 신문기사이다.

SC제일은행의 시초는 바로 1929년 7월에 설립된 조선저축은행이다. 이후 한국저축은행(1950년), 조선식산은행(1954년)을 거쳐 1958년 12월 제일은행으로 행명을 변경했다. 1999년 12월에는 미국의 사모펀드인 뉴브리지캐피탈에 인수되면서 기업대출 비중은 줄이고 부동산 금융과 고금리 가계대출에 주력했다.

SC제일은행이 지금의 간판을 내건 것은 2005년 스탠다드차타드은행에 인수되면서다. 영국계 스탠다드차타드은행은 3조 4,000억 원에 제일은행을 인수해 치밀한 지배구조, 단단한 사업 모형 등 외국계 은행의 모델을 제일은행에 접목시켰다.

하지만 해외 자본이 번갈아 경영한 10여 년 동안 비교적 탄탄했던 SC제일은행은 '먹튀' 논란과 뒷말이 무성한 금융기관으로 변모했다. 시장점유율도 점차 하락해 2010년 말, 시중은행 7개(KB국민은행, 우리은행, 신한은행, 하나은행, 외환은행, SC제일은행, 한국씨티은행) 중 꼴찌에서 두 번째를 기록했다.

서민 홀대하는 외국계 대표주자
SC제일은행을 향한 비난 가운데 하나는 서민을 홀대한다는 지적이다. 사실 외국계 은행의 서민 홀대 지적은 그리 새삼스러운 일도 아니지만, SC제일은행은 외국계 자본에 인수됨과 동시에 이 같은 비난에 직면했다.

1999년 미국계 사모펀드 뉴브리지캐피탈이 제일은행을 인수한 뒤 전념한 사업 부문은 부동산 금융과 고금리 가계대출이었다. 리스크가 큰 기업 대출 비중은 크게 줄였다. 뉴브리지캐피탈은 직원 들에게 거리와 아파트를 누비며 부동산 대출 영업 을 하게 했고, 고객들에게는 '계좌 유지 수수료'를 물렸다. 이로 인해 SC제일은행은 '돈 안 되는 고객 은 가지 마라'는 수식어가 따라다녔다.

외환위기 직전까지 국내 3대 은행으로 기업금 융의 대명사였던 제일은행은 이 과정에서 단기 수 익을 노리는 가계대출 전문 은행으로 전락했다. 인수되기 전인 1999년 총 여신 중 24%에 불과했 던 가계대출이 2005년에는 80%로 늘었다. 뉴브리 지캐피탈은 이런 식으로 1조 2,000억 원의 시세 차 익을 챙긴 뒤 빠져나갔다.

스탠다드차타드은행에 인수된 후에도 비난은 여전했다. 지난해 3월, 금융당국은 서민들의 이자 부담을 줄이기 위해 시중 은행에 주택담보대출 금 리 인하를 요구했다. 이에 대다수의 은행들은 금 융당국의 지도 방침에 따라 가산금리 인하를 통해 대출금리를 낮췄지만 외국계 은행인 SC제일은행 은 금리 인하는커녕 되레 가산 금리를 인상해 서 민들의 이자 부담을 높였다. 비난이 쏟아지자 SC 제일은행 측은 "대출 가산 금리 인상은 과도하게 증가하고 있는 신규 대출을 줄이고, 금융위기 당 시 정부와 외화지급보증 양해각서(MOU)를 맺어 중소기업 대출 비율을 늘리기로 했던 약속을 지키 기 위한 것"이라고 해명했지만 해명과는 달리 중 소기업대출에도 인색한 것으로 드러나 된서리를 맞았다.

여기에 SC제일은행의 은행 수수료, 당행 · 타행 이체 수수료 등은 업계 최고수준으로 알려졌다.

먹튀 기회 노리는 외국계 후발주자?

27개의 지점 폐쇄 결정을 내린 데 이어 보유 부동 산을 잇따라 매각하고 있는 SC제일은행에 먹튀 논란도 가열되고 있다. 자금을 회수한 뒤 본국으 로 철수하기 위한 사전 작업이 아니냐는 것.

스탠다드차타드은행은 제일은행을 인수해 경 영한 6년 동안 은행 소유의 지점, 부동산 등 총 35 건의 매각을 진행했다. 지난 2005년 경북 포항 합 숙소를 시작으로 2008년 서울 우이동 연수원, 수 십 곳의 영업지점 등 매각 액수는 무려 3,008억 원 에 달한다.

급기야 대규모 부동산 매각 자금 용도에 의문을 품은 SC제일은행 노동조합은 스탠다드차타드은 행 측에 자금의 사용처와 명세를 요구했다. 하지 만 구체적이지 않은 명세서와 '전산센터 투자'라 는 두루뭉술한 답변이 돌아왔다.

SC제일은행 김재율 노조위원장은 "스탠다드차 타드은행에서는 전산센터에 투자했다고 하지만 그동안의 기록을 봐도 투자는 일절 이뤄진 게 없 다."면서 "오히려 최근에는 하나 있던 서울 잠실의 전산센터(4,000억 원 상당)마저 매물로 내놓은 상 태"라고 말했다. 매각 자금 용도에 대한 스탠다드 차타드은행의 해명이 거짓이라는 것.

스탠다드차타드은행의 먹튀 의혹 제기는 이뿐 만이 아니다. 당기순이익의 대부분도 배당으로 빠져나가 2009년에는 당기순이익 4,300억 원 중 58%에 해당하는 2,500억 원을, 2010년에는 당기순이익 3,220억 원의 62%인 1,996억 원을 배당금으로 챙겼다는 주장이다. 이는 금융감독원의 배당금 권고치인 30%를 두 배 이상 웃도는 수치다. 하지만 스탠다드차타드은행은 제일은행을 인수함과 동시에 상장을 폐지하고 단독주주 체제(SC제일은행 지분 100% 확보)로 전환해, 주주총회를 개최하거나 법적인 근거를 제시할 수도 없는 상황이다.

이에 대해 김 노조위원장은 "은행(스탠다드차타드은행)은 은행의 장기 성장에는 관심도 없이 고배당에만 혈안이 돼 있다."면서 "자신들의 배당은 62%나 챙겨가면서 직원들의 임금 2% 인상안은 결렬됐다. 전국 SC제일은행을 순회하며 총파업을 준비하고 있다."고 격앙된 반응을 보였다.

2011년 3월 30일 스포츠서울경제 황진희 기자

이처럼 외국인의 비중이 높은 만큼 여러 문제점들도 많은 것이 현재의 상황이다. 하지만 이는 개방경제 상황에서 어쩔 수 없이 받아들여야하는 현실이기도 하다. 다만 확실하게 이야기할 수 있는 것은 개방하는 타이밍이 너무 안 좋았다는 점이다. 아무리 달러 확보가 급하다 한들 국내 유수의 기업들을 그렇게 서둘러 외국인에게 헐값으로 넘겼어야 했나 하는 점에는 의문이 남는다. 지난 외환위기 때 우리나라 정부가 얼마나 허둥댔나를 알 수 있게 하는 한 단면이다.

여러 가지 문제점도 있지만 외국인은 우리나라 주식시장의 중요 주체인 것만큼은 분명하다. 따라서 주식시장의 동향을 살피려면 외국인의 동향을 예의주시하여야 한다. 외국인은 우리나라 주식시장의 핵심 수급 주체이므로 이들의 매매가 시장 전체를 좌우한다. 투자에 앞서 외국인 투자가들의 매매가 매도 기조에 있는지 매수 기조에 있는지를 파악하는 것은 필수 사항이라 하겠다.

(2) 기관투자가

기관투자가(institutional investor)란 개인 또는 법인들로부터 여유자금을 조성하여 이를 주식과 채권에 전문적으로 투자하는 법인 형태의 투자가를 말한다. 한마디로 말하면 고객 돈으로 전문적으로 투자를 하는 회사인 셈이다.

기관투자가의 범위는 투신사, 은행, 보험사, 증권사, 기타금융사, 농수축협중

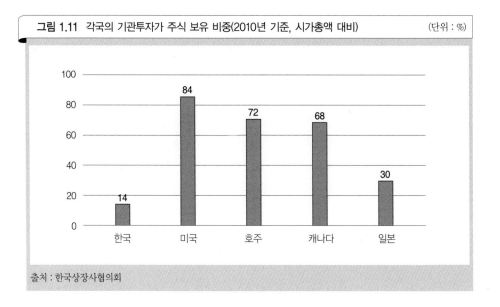

그림 1.11 각국의 기관투자가 주식 보유 비중(2010년 기준, 시가총액 대비) (단위 : %)

출처 : 한국상장사협의회

앙회 그리고 법률에 의해 공제사업을 영위하는 법인 등이다. 이들은 매매 주문 시에 위탁증거금의 징수가 면제되며 상장법인으로부터 받은 배당금도 과세 대상에서 제외되는 혜택이 있다.

우리나라에서 기관투자가는 상대적으로 주식 보유 비중이 낮다. 39쪽의 [표 1.3]에서 살펴보았듯이 2010년 기준 국내 기관투자가의 주식 보유 비중은 약 14%에 불과하다. 이는 선진국과 비교해도 상당히 낮은 수준에 머물고 있다. [그림 1.11]은 주요 선진국의 주식 보유 비중과 비교한 것인데, 제일 비중이 높은 미국의 6분의 1수준에 불과하다.

우리나라 주식시장에서 기관투자가의 비중이 이렇게 낮기 때문에 외국인 투자가들의 영향력이 상대적으로 더 클 수도 있다. 실제로 기관투자가의 매매 패턴은 시장에서 주도적이라기보다는 상당히 수동적이며 중립적인 성향이 강하다.

여기에는 자금 측면에서나 제도적 측면에서 여러 이유가 있을 수 있겠으나 향후 우리나라 주식시장 발전을 위해서는 기관투자가의 비중이 좀 더 늘어날 필요성이 있다.

(3) 개인

우리나라 주식시장에서의 매매주체 중에서 가장 많은 매매 비중을 차지하는 주체가 개인이다. 과거에 비해서는 감소 추세에 있으나 매매 비중은 언제나 가장 높다. [표 1.9]는 우리나라 주식투자 인구의 추이를 나타낸 것이다. 총인구에서 주식투자 인구가 차지하는 비중, 그리고 경제활동인구 중 주식투자 인구가 차지하는 비중의 추이도 함께 나와 있다.

국내 주식투자 인구는 2010년 기준 약 478만 명에 이른다. 이는 전체 인구의 9.79%이며 경제활동인구의 19.51%에 해당한다. 이 비율은 상승 추세이다. 2000년에는 주식투자 인구가 330만 명으로 전체 인구의 7.03%, 경제활동인구의 15.05%이었던 것이 꾸준히 증가하고 있음을 알 수 있다.

국내 개인투자가의 주식보유 비중은 시가총액 기준으로 2010년 기준 21%정도이나 거래대금 비중으로는 50%를 넘는다. 이는 개인투자가들이 주식을 상당히 자주 매매한다는 의미로 해석할 수 있는데 이것은 개인투자가의 일반적인 특징

표 1.9 주식투자 인구 추이 (단위 : 천 명)

연도	전체 주식투자 인구	총인구 대비(%)	경제활동인구 대비(%)
2000	3,304	7.03	15.05
2001	3,888	8.21	17.53
2002	3,974	8.30	17.37
2003	3,937	8.20	17.20
2004	3,763	7.82	16.10
2005	3,537	7.32	15.00
2006	3,613	7.40	15.20
2007	4,413	9.20	18.50
2008	4,627	9.50	19.00
2009	4,665	9.60	19.10
2010	4,787	9.79	19.51

출처 : 한국거래소

표 1.10 매매주체별 투자수익률 (단위 : %)

연도	외국인	개인	기관
2005	99.3	61.7	82.6
2006	14.3	−18.5	24.5
2007	21.1	52.5	88.8
2008	−20.7	−58.6	−35.9
2009	89.5	18.8	78.2

출처 : 한국거래소

이기도 하다. 그런데 이것은 개인의 투자 성적이 상대적으로 낮은 점과 일맥상통하는 측면이 있다. 일반적으로 매매가 잦으면 수익률이 떨어지기 때문이다.

개인투자가의 투자 실적은 어떠할까? 우리나라 주식시장에서의 주체별 수익률을 나타낸 것이 [표 1.10]이다.

대부분의 경우 개인의 투자 성적은 외국인이나 기관에 못 미치고 있다. 매매주체 중에서 가장 성적이 낮다. 왜 그럴까?

우선 개인투자가는 자금의 크기가 영세한 경우가 많다. 따라서 저가종목 위주의 매매로 흐르기 쉬운데 이는 다른 말로 표현하자면 싸구려 종목 위주로 매매한다는 이야기이다. 주가가 싸다는 이야기는 그만큼 비우량 종목이라는 의미이기도 하다. 따라서 부담하는 리스크가 더 크다고 할 수 있다.

또한 앞에서도 언급되었지만 매매가 지나치게 잦다는 점도 수익률을 떨어뜨리는 원인 중의 하나이다. 사고팔고를 자주 반복하게 되면 대세 상승기의 큰 수익을 놓치기 쉽기 때문이다.

개인투자가들은 기관투자가들이나 외국인에 비해 정보 면에서도 상대적으로 열세하다. 그래서 개인투자가들은 기업 수익성에 바탕을 둔 장기투자보다는 단기 투기성 종목을 선호하는 경향이 있는데 이는 리스크를 더욱 증폭시키는 행위이다. 이러한 과도한 리스크의 부담은 손실로 이어질 확률이 높으며 전체적으로 수익률을 저하시킨다. 자금과 정보 면 등에서의 열세가 개인투자가의 투자수익률을 떨어뜨리고 있는 것이다.

기관투자가들의 매매 성과가 개인들보다 우위에 있는 중요한 이유가 하나 더 있다. 알고 보면 기관투자가라는 것도 자금을 대량으로 끌어들여 운용을 한다는 점만 다르지, 직접 매매를 하는 주체는 소속 펀드매니저인 개인이다. 다만 기관에 소속된 직원이라는 점이 일반 개인과 다른 점이다. 그럼, 기관의 직원은 무엇이 그리 특별하기에 언제나 일반 개인보다 좋은 매매 성과를 내는가? 물론 정보라는 면에서는 기관투자가가 개인보다 우위에 있다고 볼 수 있다. 양질의 최신 정보, 그리고 고급 정보에 접근하기가 쉽기 때문이다.

그러나 개인과 기관의 결정적인 차이는 매매에 있어서의 '관리'에서 나타난다. 이 부분에서 개인과 기관은 차원이 완전히 다르다. 개인은 그야말로 혼자서 매매 하는 개인의 영역이다. 그러나 기관은 다르다. 조직이 하나의 규율과 시스템으로 매매를 관리한다. 허용 손실 범위가 정해져 있으며 매수 종목에 대한 규율이 정해 져 있다. 즉, 감시체계가 작동하고 있는 것이다. 어느 펀드매니저의 성과가 나빠 지면 즉각 해고시키는 것이 기관이다. 추가적인 손실을 방지하기 위해 매매 성과 가 안 좋은 직원을 단말기에서 떼어놓는 것이다. 그러나 개인은 어떠한가? 해고 가 불가능하다. 추가적인 손실이 계속해서 발생해도 제지하는 시스템도 사람도 없다. 이 점이 개인과 기관의 매매 성과를 가르는 결정적인 요인이다. 개인에게는 감시와 규제라는 매매를 관리하는 기능이 전혀 작동하지 않고 있는 것이다.

이처럼 기관은 조직적인 관리 감독하에 시스템적으로 움직이지만 개인에게는 그런 것이 전혀 없다. 이는 수익률에 있어 실로 엄청난 격차를 만드는 요인이다.

7) 주가지수

주가지수(stock price index)는 주식시장에서 형성되는 주가 변동을 종합적으로 나 타내는 지표이다. 즉, 전반적인 시장의 흐름을 숫자로 파악하기 위해 만든 것이 다. 만약 주가지수라는 것이 없다면 그날 장이 어땠는지를 구체적으로 나타내기 가 어려울 것이다. 종목에 따라서는 상승한 종목도 있을 것이고 하락한 종목도 있을 것이지만 시장 전체의 흐름을 표현하기 위해서는 전 종목을 망라하는 어떤 지표가 필요하다. 그래서 만든 것이 주가지수이다. 주식시장 전체 주가의 움직임을 종합적이고 전체적으로 알아볼 수 있는 지표인 것이다.

세계의 주식시장은 나름대로의 주가지수를 개발하여 사용하고 있다. 우리나라에는 코스피지수, 코스닥지수, 코스피200지수, KRX100지수 등이 있다. 미국은 유명한 다우존스산업평균지수(Dow Jones Industrial Average), 나스닥지수, S&P500지수 등이 있고 일본에는 닛케이(日經)평균지수, 닛케이225지수 등이 있다. 그 밖에도 중국의 상해종합지수, 홍콩의 항셍지수 등이 있다.

주가지수를 작성하는 방법에는 크게 두 가지가 있다. 각 종목의 규모에 상관없이 지수 산출에 채용된 종목의 가격을 산출·평균하여 비교해보는 다우존스식(式) 주가평균방법과, 각 종목의 주식 수를 가중치로 해서 시가를 합계하여 비교해보는 스탠더드앤드푸어스(S&P) 주가지수와 같은 시가총액식이 있다. 시가총액이란 상장 주식 수를 주가와 곱하여 전체를 합산한 금액을 말한다. 따라서 이 방

표 1.11 주요국 주가지수 개요

국명	지수명	기준일	포괄종목	작성기관
미국	다우존스	1896. 5. 26=40.96	NYSE 및 나스닥 상장 30개 우량종목	다우존스사
	나스닥	1971. 2. 5=100	나스닥 상장 전 종목	나스닥(주)
	S&P500	1941~1943=10	NYSE, 나스닥, 아멕스 상장 500개 우량종목	스탠더드앤드푸어스
일본	닛케이225	1949. 5. 16=176.21	동경증권거래소 1부 상장 225개 우량종목	일본경제신문사
영국	FTSE100	1983. 12. 31=1,000	런던거래소 상장 100개 시가상위종목	FTSE인터내셔널
독일	DAX	1987. 12. 31=1,000	프랑크푸르트거래소 상장 30개 시가상위종목	프랑크푸르트거래소
프랑스	CAC40	1987. 12. 31=1,000	유로넥스트, 파리 상장 40개 시가상위종목	유로넥스트
대만	가권	1966. 12. 31=100	대만거래소 상장 전 종목(은행 및 보험 제외)	대만증권거래소
홍콩	항셍	1964. 7. 31=100	홍콩거래소 상장 33개 시가상위종목	항셍은행
싱가포르	STI	1966. 12. 31=100	싱가포르거래소 상장 30개	스트레이츠타임즈
중국	상해B	1992. 2. 21=10	상해B거래소 전 상장 종목	상해증권거래소

출처 : 『우리나라의 금융시장』(한국은행)

식은 단순 주가 계산방식이 아니라 가중 주가 계산방식이 된다. 기준 시점의 시가총액과 현재 시점의 시가총액을 비교하여 산출하는 방식이다.

다우존스식은 채용 종목을 우량주 위주로 유지하기 때문에 시장의 핵심적인 종목들을 한눈에 파악하는 장점은 있으나 전체 시장을 한꺼번에 볼 수 없다. 즉, 지수 작성에 편입한 종목의 흐름만 파악하는 것이다. 그리고 다우존스식은 규모가 큰 회사나 작은 회사나 똑같은 비중으로 지수에 영향을 미친다는 모순이 있다.

반면에 시가총액식에 의하면 규모가 큰 회사의 주가가 조금만 움직여도 지수가 크게 움직인다는 단점이 있으나, 이론적으로는 시가총액식이 합리적이라 할 수 있다.

우리나라에서는 1980년 1월 4일의 시가총액과 비교 시점의 시가총액을 비교하여 산출하는 시가총액식 주가지수를 사용하고 있다.

8) 우리나라의 주가지수

우리나라의 주식시장에서도 몇 가지 지수가 개발되어 사용되고 있는데 각각에 관하여 살펴보겠다.

(1) 코스피지수

유가증권시장에 상장되어 있는 전 종목을 대상으로 산출되는 종합지수로서 유가증권시장의 대표 지수이다. 동 지수는 1980년 1월 4일을 기준 시점으로 하여 이 날의 주가를 100으로 하여 개별 종목의 주가에 상장 주식 수를 가중한 기준 시점의 시가총액과 비교 시점의 시가총액을 대비하여 산출되는 시가총액방식 주가지수이다. 코스피지수(Korea Composite Stock Price Index, KOSPI)는 1972년부터 발표되어온 한국 종합주가지수를 대체하기 위해 1983년 1월 4일부터 발표되고 있으며 유가증권시장 전체의 주가 동향을 측정하는 지표로 사용되고 있다.

(2) 코스피200지수

한국을 대표하는 주식 200개 종목의 시가총액을 지수화한 것이다. 이들의 시가총액이 1990년 1월 3일 기준으로 얼마나 변동되었는지를 나타내는 것으로, 증권거래소가 1994년 6월 도입하였다. 200개 종목은 시장 대표성, 유동성, 업종 대표성을 고려하여 선정하는데, 전체 종목을 어업·광업·제조업·전기가스업·건설업·유통서비스업·통신업·금융서비스업·오락문화서비스 등 9개 업군으로 분류하여 시가총액과 거래량 비중이 높은 종목들을 우선 선정한다. 상장 종목 수의 20%밖에 되지 않으나 전 종목 시가총액의 70%를 차지하여 종합주가지수의 움직임과 일치한다.

　코스피200(Korea Stock Price Index 200, KOSPI 200)은 우리나라 주가지수 선물옵션 시장의 대상지수이다.

(3) 코스닥지수(KOSDAQ Index)

코스닥시장에 상장되어 있는 전 종목을 대상으로 산출되는 종합지수로서 코스닥시장의 대표 지수이다. 동 지수는 코스피지수와 동일한 시가총액방식으로 산출되며 1996년 7월 1일을 기준 시점(주가지수 1,000)으로 하여 1997년 1월 3일부터 발표되고 있다.

(4) KRX100지수(Korea Exchange 100)

유가증권시장과 코스닥시장의 우량종목을 고루 편입한 통합 주가지수로서 유가증권시장 90개 종목, 코스닥시장 10개 종목 등 총 100개 종목으로 구성된다. KRX100 종목은 수익성, 건전성 및 안정성이 양호한 우량기업으로서 시장을 대표하고 유동성이 풍부한 종목들을 대상으로 조정된다. 동 지수는 최대 주주 지분, 자기주식, 정부지분 등을 제외한 유동주식만의 시가총액을 합산하여 계산되며 2001년 1월 2일을 기준 시점(주가지수 1,000)으로 하여 2005년 6월 1일부터 발표되기 시작하였다.

9) 우리나라 주식시장의 발전

우리나라 주식시장의 시작은 일반적으로 1956년 3월의 대한증권거래소 설립 시점으로 본다. 하지만 일제강점기에도 주식시장이 있었고 많은 사람들이 주식투자를 하였다. 하지만 일제강점기라는 특수한 시대적 상황 때문인지 우리나라 주식시장의 공식적인 시작은 1956년의 대한증권거래소 설립으로 보고 있다.

1956년 증권거래소 설립 이후 1962년 1월에 증권거래법 제정으로 조직적인 체

표 1.12 우리나라 주식시장의 성장

연도	상장회사의 수	시가총액(억 원)	연도	상장회사의 수	시가총액(억 원)
1963	15	100	1982	334	30,004
1964	17	171	1983	328	34,896
1965	17	156	1984	336	51,484
1966	24	195	1985	342	65,704
1967	24	385	1986	355	119,942
1968	34	643	1987	389	261,721
1969	42	866	1988	502	645,436
1970	48	979	1989	626	954,767
1971	50	1,087	1990	669	790,196
1972	66	2,460	1991	686	731,178
1973	104	4,262	1992	688	847,119
1974	128	5,328	1993	693	1,126,652
1975	189	9,160	1994	699	1,512,172
1976	274	14,360	1995	721	1,411,513
1977	323	23,508	1996	760	1,173,699
1978	356	28,925	1997	776	709,888
1979	355	26,094	1998	748	1,377,984
1980	352	25,265	1999	725	3,495,039
1981	343	29,590			

출처 : 한국거래소

제는 갖추었으나, 당시까지만 해도 미미한 시장 규모와 허술한 관리 그리고 운영 미숙 등으로 시장은 유명무실하였다. 시장의 참여자도, 자금도 미미한 실정이었다.

그러던 중 정부는 본격적인 주식시장 육성 정책을 수립하여 자본시장으로서의 기능을 활성화시키고자 하였다. 1968년 11월 자본시장 육성에 관한 법률을 제정하여 공개기업에 대한 우대제도를 도입하였고, 1972년 12월에는 기업공개촉진법을 제정하여 일정 금액 이상 정부의 금융 지원을 받은 기업에 대해 정부가 기업공개 명령을 할 수 있게 했다. 이와 같은 정부의 노력에 힘입어 증권시장의 상장 기업 수는 크게 증가했다.

앞의 [표 1.12]는 우리나라 주식시장의 상장기업 수와 시가총액 추이를 나타낸 것이다. 1972년 12월 기업공개촉진법의 영향으로 1973년부터 상장회사의 수가 급격히 증가한 것을 알 수 있다. 정책의 효과라 할 수 있겠다. 1970년대에 들어서면서 우리나라의 주식시장은 제법 시장으로서의 면모를 갖추어나가기 시작한다. 그 후 1980년대 중반부터 1989년까지 주가의 큰 상승이 있었는데 1989년에 역사적인 종합주가지수 1,000을 돌파한다. 시가총액의 급증이 당시의 주가상승을 반영하고 있다.

2011년 말 기준 우리나라 주식시장에는 거래소 시장에 791개의 기업이 상장되어 있으며 시가총액은 약 1,041조 원이고, 코스닥 시장에는 1,031개 사의 기업이 상장되어 있으며 시가총액은 약 105조 원이다.

다음의 [표 1.13]은 2009년 말 기준으로 세계 주식시장의 시가총액 순위를 나타낸 것이다. 경제 규모와 거의 유사한 순위를 보이고 있다. 세계 제일의 경제 규모를 자랑하는 미국이 주식시장 역시 세계에서 가장 큰 규모를 차지하고 있다. 시가총액 약 13조 달러로 전 세계 주식시장 시가총액의 약 30%를 차지하고 있다. 그로부터 10위까지의 국가들이 전체의 70% 이상을 차지하고 있다. 한국은 13위로 세계 경제 규모 순위와 비슷하다.

표를 보면 GDP 대비 비중이라는 것이 있는데 이는 국내총생산 대비 주식시장의 규모를 나타내는 것이다. 100%가 넘으면 주식시장의 시가총액이 국내총생산

순위	국명	주식 시가총액	세계 전체 대비 비중	GDP 대비 비중
표 1.13 세계 주식시장 시가총액 순위(2009년 말 기준)				(단위 : 백만 달러)
1	미국	13,740,063	29.90%	74.7%
2	일본	3,466,596	7.54%	66.5%
3	중국	3,302,938	7.19%	41.0%
4	영국	2,989,900	6.51%	75.4%
5	홍콩	2,305,031	5.02%	617.1%
6	프랑스	1,894,761	4.12%	52.3%
7	캐나다	1,611,321	3.51%	71.9%
8	독일	1,366,889	2.97%	29.5%
9	브라질	1,340,868	2.92%	36.5%
10	인도	1,301,152	2.83%	52.3%
11	호주	1,259,534	2.74%	64.6%
12	스위스	1,075,480	2.34%	174.4%
13	한국	822,139	1.79%	52.1%
14	스페인	784,324	1.71%	39.7%
15	대만	733,052	1.60%	148.9%
16	이탈리아	681,404	1.48%	23.7%
17	아르헨티나	577,009	1.26%	107.3%
18	러시아	470,561	1.02%	16.5%
19	스웨덴	450,866	0.98%	56.2%
20	싱가포르	448,314	0.98%	136.3%
	세계 전체	45,958,132	100.0%	53.0%

출처 : 한국거래소

을 넘는다는 의미이다. 금융 도시 홍콩은 그 비율이 무려 600%가 넘고 있다. 금융이 주요 산업인 홍콩, 스위스, 싱가포르 등이 그 비율이 높은 것을 알 수 있다. 한국은 그 비중이 52.1%인데 아직 미국이나 일본과 비교하면 시장 규모가 상대적으로 작다.

기본적 분석

기본적 분석이란 주식 분석의 전통적인 분석 방법으로 주식의 내재적 가치를 분석하여 향후 가격을 예측하는 방법이다. 주가는 그 주식을 발행한 기업의 상황과 크게는 경제 전체적인 상황에 따라 결정된다. 주가에 영향을 주는 요소들에는 어떤 것이 있는지 구체적으로 살펴본다.

기본적 분석의 의미

주가에 영향을 미치는 변수는 헤아릴 수 없이 많다. 금리, 물가, 경제성장률과 같은 경제적 변수들뿐만 아니라 해당 기업의 매출, 수익성, 경쟁 상황 등의 변수들이 주가에 영향을 준다. 심지어 날씨도 영향을 미친다고 하니 주가의 결정 요인은 실로 다양하다고 하겠다. 하지만 각각의 변수들이 어느 정도 주가에 영향을 미치는지 정확히 파악하기는 어렵다. 상황에 따라 변수들의 영향력도 달라진다.

이렇게 다양한 변수들 중에서 그래도 주가에 크게 영향을 준다고 여겨지는 변수들이 몇 가지 있는데 그런 변수들을 분석하는 것이 주식 분석이다. 주식 분석은 크게 기본적 분석(fundamental analysis)과 기술적 분석(technical analysis)의 두 가지가 있다. 이 두 가지 분석 방법은 상이한 분석 방법이다. 우선은 기본적 분석부터 살펴보겠다.

기본적 분석이란 기업의 성장성 · 수익성 · 안정성과 같은 기업 환경과 경기 동향을 비롯한 시중 유동성과 같은 경제적 환경을 감안하여 주식 가치를 평가하는 것을 말한다. 현재의 주가가 평가치보다 높다면 과대평가, 낮다면 과소평가되어 있다고 본다.

주가는 중장기적으로 기업의 수익성과 성장성에 의해 결정되고 단기적으로는 시장의 수급에 의해 변하는 경향이 있다. 기본적 분석은 기업의 수익성과 성장성, 그리고 경제 환경 등을 주로 분석하므로 주가의 중장기적 향방을 예측하는 데 적합한 분석 방법이라 할 수 있을 것이다.

주식을 매매하는 투자가 입장에서 주식은 싸게 사서 비싸게 팔아야 한다. 따라서 주가가 향후 상승할 것으로 예상되는 기업의 주식을 매수하느냐가 관건이다. 주가에는 기업에 대한 기대감이 반영된다. 즉, 실적이 좋아질 것으로 예상되는 기업의 주가가 오르기 마련이다. 따라서 실적이 좋아질 종목을 고르는 일이 중요한 과제이다. 그렇다면 어떤 기업이 실적이 좋아지고 투자가들의 기대를 받을까? 여기에 기본적 분석의 필요성이 있다.

기본적 분석에는 주가의 전망을 예측하기 위한 기업 자체에 대한 분석과 함께 해당 기업이 속한 산업의 분석, 그리고 산업이 속해 있는 경제 전체에 대한 분석이 있다. 어떤 순서로 분석하느냐에 따라 보텀업(bottom-up, 상향식) 방식과 톱다운(top-down, 하향식) 방식이 있다. 보텀업 방식은 기업분석 → 산업분석 → 경제분석의 순으로 분석하는 방식이고 톱다운 방식은 경제분석 → 산업분석 → 기업분석의 순으로 분석하는 방식이다.

결국 주가 변동의 요인을 기업의 외적 요인인 경제적 요인과 기업 내적 요인으로 구분하여 분석함으로써 주가를 예측하고 평가하는 것이다. 구체적으로 살펴보면, 거시적 관점에서 경기ㆍ금리ㆍ통화 등의 경제 요인을 분석하여 경제 전체의 흐름을 판단하고, 산업분석에서는 산업 동향을 파악하여 유망 업종을 선정한다. 그리고 이러한 경제 및 산업분석을 토대로 개별 기업의 수익성과 성장성을 분석, 투자 유망 기업을 선택하게 되는 것이다.

기본적 분석은 크게 질적분석과 양적분석으로 구분되는데, **질적분석**은 정치 상황이나 경제 동향, 정부 정책, 경영자의 경영 능력 등과 같이 계량화가 어려운 사항들을 분석하는 방법이다. 반면에 **양적분석**은 수치화된 자료를 이용하여 분석하는 방법으로 각종 경제지표, 산업 지표, 재무제표 등 계량화가 가능한 사항을 분석한다.

경제분석   **2**

경제분석은 기본적 분석에 있어 가장 포괄적인 분석이다. 말 그대로 거시경제 전반의 상황을 파악하는 것이다. 어떻게 보면 가장 중요한 분석이라고 할 수 있는데 사실 일반 투자가들이 가장 간과하고 있는 부분이기도 하다. 미국의 증권 분석가 B. F. King에 의하면 주가 변화의 50% 이상이 시장의 전체적인 요인에 의해 설명될 수 있다고 했다. 일반 투자가들이 경제분석을 등한시한다는 것은 주가에 50%

의 영향을 주는 요소를 아예 무시하고 있다는 이야기가 된다.

따지고 보면 주식시장도 경제라는 큰 울타리 안에 있는 한 부분이다. 경제 전체 상황으로부터 결코 자유로울 수 없는 것이다. 그런 의미에서 주가의 향방은 경제적 요인에 의해 좌우될 수밖에 없으며 경제분석은 중요하지 않을 수 없다.

그러나 대부분의 일반 투자가들이 경제분석의 내용은커녕 그 중요성도 제대로 인식하지 못하고 있는 것이 현실이다. 분석이 어렵다기보다는 필요성과 개념에 대한 인식이 너무나 없는 것이 문제일 것이다. 하지만 내용을 살펴보면 알 수 있겠지만 어느 정도의 경제적 상식만 있다면 얼마든지 자료를 찾아 관련 내용을 분석할 수 있다. 군이 경제학을 전공한 사람이 아니더라도 충분히 분석할 수 있는 내용이다. 오히려 경제를 전공한 사람이라도 관심이 없다면 생소한 분야가 될 수 있다.

다음의 내용들을 살펴봄으로써 거시경제 전체의 흐름을 파악하도록 하자. 우리나라 경제에 관하여 좀 더 구체적으로 이해하는 데 도움이 될 것이다.

1) 경기 전망

경기(景氣)란 국민경제의 총체적인 활동 수준을 말한다. 일반적으로 말하는 '경기가 좋다'는 국민경제가 총체적으로 상승 모드에 있다는 의미이며 '경기가 나쁘다'라는 말은 국민경제가 총체적으로 침체되어 있다는 의미이다. 이처럼 경기는 경제의 총체적인 개념이다.

경제는 크게 몇 가지 부문으로 나눌 수 있는데 생산, 소비, 투자, 고용이 이루어지는 실물부문과 자금이 순환하는 금융부문, 그리고 수출과 수입이 이루어지는 대외부문으로 구분한다. 이러한 것들을 거시경제 변수들이라고 하는데 경기는 거시경제 변수들의 움직임의 종합이라 할 수 있다. 총체적인 경제활동의 정도를 말하는 것이다.

경기가 좋다는 것은 경제활동이 높은 수준에서 활발히 이루어지고 있다는 의미이며 경기가 나쁘다는 것은 경제활동이 정체되어 있거나 위축되어 있다는 의미가 된다.

경기를 보는 시각을 세계경제로 넓히면 세계 경기, 특정 산업으로 좁혀서 보면 산업 경기, 지역 경제 규모로 보면 지역 경기 등으로 나누어 말할 수 있다. 투자가의 입장에서는 국내 경기도 중요하지만 미국과 중국 같은 해외 경기도 상당히 민감할 수밖에 없다. 미국과 중국은 우리나라의 주요 수출 시장이자 세계경제의 큰 축이 되기 때문이다.

장기적인 관점에서 보면 경기는 경제의 장기 성장 추세를 중심으로 끊임없이 상승(확장)과 하강(수축)을 반복하며 변동한다. 경제활동이 활발하면 경기가 상승하여 경기의 고점에 도달하고 그 후 경제활동이 둔화되면서 경기가 하강하여 저점에 이르게 되는데 이를 경기의 순환(business cycle)이라 한다.

경기의 순환을 크게 2단계로 구분하면, 저점에서 정점까지의 확장국면과 정점에서 저점까지의 수축국면으로 나눌 수 있다. 이를 다시 세분화하여 4단계로 구분하면 경기 확장국면을 회복기와 확장기로 구분할 수 있고 경기 수축국면은 후퇴기와 수축기로 구분할 수 있다.

각 순환의 주기와 폭은 서로 다르게 나타나고 한 주기 내에서도 확장기와 수축

그림 2.1 경기 순환

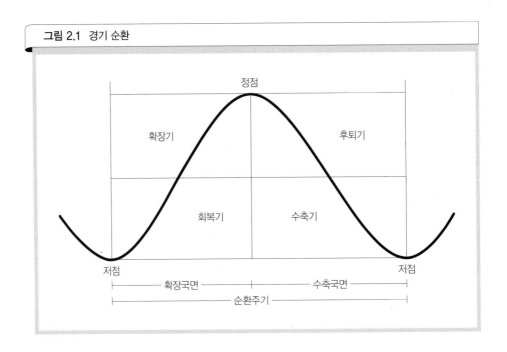

표 2.1 한국의 기준 순환일

	기준순환일			지속 기간		
	저점(T)	정점(P)	저점(T)	확장	수축	전순환
제1순환	1972. 3	1974. 2	1975. 6	23개월	16개월	39개월
제2순환	1975. 6	1979. 2	1980. 9	44개월	19개월	63개월
제3순환	1980. 9	1984. 2	1985. 9	41개월	19개월	60개월
제4순환	1985. 9	1988. 1	1989. 7	28개월	18개월	46개월
제5순환	1989. 7	1992. 1	1993. 1	30개월	12개월	42개월
제6순환	1993. 1	1996. 3	1998. 8	38개월	29개월	67개월
제7순환	1998. 8	2000. 8	2001. 7	24개월	11개월	35개월
제8순환	2001. 7	2002. 12		17개월		
평균 순환기간				31개월	18개월	50개월

출처 : 통계청

기의 길이가 다르게 나타나는 것이 일반적이다.

우리나라의 경우, 통계청이 1981년에 경기종합지수(Composite Index, CI)를 편제한 이후 1970년 이후의 기간을 대상으로 기준 순환일을 결정해서 발표하고 있다. 우리나라의 경기 순환주기는 통상 50개월로 확장기가 31개월, 수축기가 18개월이다. 미국의 순환주기 61개월과 일본의 순환주기 53개월보다 짧은 편이다.

일반적으로 경기와 주가의 관계에 있어서 주식시장의 움직임은 경기의 움직임보다 앞서서 변화한다고 한다. 주식시장이 실물경기보다 6개월 정도는 선행한다고 흔히 말하지만, 실제로는 반드시 그렇지만은 않다. 주가는 실물경기뿐만 아니라 다른 모든 변수에 의해서도 영향을 받기 때문에 단순히 경기 하나만 놓고 주가와의 관계를 명확히 따지기에는 어려운 측면이 있다.

하지만 크게 봤을 때, 역시 주가는 경기가 상승국면에 있을 때 상승하고 하강국면에 있을 때 하락한다. 이러한 관점에서 본다면 경기의 큰 흐름을 예측하는 것은 주가의 큰 흐름을 예측하는 데 도움이 된다고 할 수 있다. 그래서 기본적 분석에 경기전망이 있는 것이다.

2) 지표를 통한 경기동향 파악

경제지표 중에는 경기의 흐름을 파악하고 예측하는 데 중요한 단서가 되는 지표들이 있다. 어떤 지표들이 경기와 밀접한 관련이 있는지 살펴보도록 하자.

우선 생산, 투자, 고용, 수출 등 경기의 움직임을 잘 반영한다고 여겨지는 개별 경제지표부터 살펴보자. 이러한 지표들을 확인하는 것이 가장 기본적인 경제 분석 방법이다.

표 2.2 한국의 국내총생산, 1인당 국민총소득, 실질경제성장률, 수출 비중

연도	국내총생산 (단위 : 10억 달러)	1인당 국민총소득 (단위 : 달러)	실질경제성장률 (단위 : %)	수출 비중 (단위 : %)
1980	643	1,660	-1.9	34.3
1985	984	2,355	7.5	34.5
1990	2,703	6,303	9.3	28.7
1995	5,313	11,735	8.9	29.2
1996	5,728	12,518	7.2	28.4
1997	5,323	11,505	5.8	32.5
1998	3,582	7,607	-5.7	45.8
1999	4,616	9,778	10.7	38.4
2000	5,335	11,292	8.8	39.9
2001	5,046	10,631	4.0	37.1
2002	5,759	12,100	7.2	34.3
2003	6,436	13,460	2.8	36.5
2004	7,224	15,082	4.6	42.1
2005	8,447	17,531	4.0	40.6
2006	9,511	19,722	5.2	41.2
2007	10,493	21,695	5.1	43.8
2008	9,309	19,296	2.3	55.1
2009	8,329	17,175	0.2	51.5

출처 : 한국은행

(1) GDP(국내총생산) 통계

국내총생산(Gross Domestic Product, GDP)의 정의는 한 나라의 모든 경제주체가 일정 기간 동안 새로이 생산한 재화와 서비스의 가치를 시장가격으로 평가하여 합산한 것이다. 한 나라의 경제활동을 나타내는 가장 대표적인 지표이다.

어떻게 보면 GDP 통계야말로 경기의 흐름을 정확히 반영하는 가장 확실한 지표라고 할 수 있다. 각 부문의 생산 활동은 물론 소비, 투자, 수출 등 수요 동향까지 포괄하고 있기 때문이다. 그러나 아쉽게도 GDP는 해당 연도 또는 분기가 끝난 다음 어느 정도 시간이 경과된 후에나 추계가 가능하기 때문에 투자가들의 신속한 의사결정에는 큰 도움을 주지 못한다. 집계가 되어 발표에 이르기까지 시간이 오래 걸리는 것이다. 불가능한 일이겠지만 만약 GDP 통계가 실시간으로 집계되거나 혹은 최소한 주 단위로라도 집계가 된다면 투자가들은 아마 다른 경기 관련 지표들을 굳이 볼 필요가 없을지도 모른다.

앞의 [표 2.2]에서 알 수 있듯이 우리나라는 1980년대와 1990년대에 높은 경제성장률을 보이고 있다. 1997년 말 외환위기로 인해 1998년에 마이너스 성장률을 기록하기도 하였다. 2000년대에 들어와서 성장률이 그 전보다는 대체로 떨어진 것을 알 수 있다. 2009년의 성장률이 낮은 것은 2008년의 리먼 쇼크라 불리는 미국발 금융위기로 인해 우리나라는 물론 세계경제가 위축된 것에 기인한다.

1인당 국민소득은 1990년대 중반에 1만 달러를 돌파한 이후 상당 기간 1만 달러 선에서 움직이고 있다. 2만 달러 안착이 쉽지 않음을 알 수 있다.

반면에 수출 비중은 꾸준한 증가세에 있다. 최근에는 GDP 대비 수출 비중이 50%를 넘고 있는데 이는 세계적으로 봐도 아주 높은 수준이다. 그 정도로 우리나라 경제의 수출의존도가 높다는 것을 보여주고 있다. 이는 다시 말해 경제에서 수출산업의 비중이 크다는 말이며 또한 그만큼 국가경제가 대외변수에 민감하게 움직일 수밖에 없다는 의미이기도 하다.

GDP는 다른 말로 경제 규모라고도 한다. 한국의 경제 규모는 2010년 기준 세계 15위이다. 1위는 미국, 2위는 중국, 3위는 일본이다.

세계경제 규모를 보면 1위와 2위의 격차가 상당히 나는 것을 알 수 있는데 이는

순위	국가	경제규모(달러)	순위	국가	경제규모(달러)
1	미국	14조 6,241억 8천만	11	인도	1조 4,300억 2천만
2	중국	5조 7,451억 3천만	12	스페인	1조 3,747억 7천만
3	일본	5조 3,908억 9천만	13	오스트레일리아	1조 2,197억 2천만
4	독일	3조 3,058억 9천만	14	멕시코	1조 40억 4천만
5	프랑스	2조 5,554억 3천만	15	한국	9,862억 5천만
6	영국	2조 2,585억 6천만	16	네덜란드	7,703억 1천만
7	이탈리아	2조 366억 8천만	17	터키	7,290억 5천만
8	브라질	2조 235억 2천만	18	인도네시아	6,950억 5천만
9	캐나다	1조 5,636억 6천만	19	스위스	5,224억 3천만
10	러시아	1조 4,769억 1천만	20	벨기에	4,613억 4천만

표 2.3 2010년 세계경제 규모 순위

출처 : 한국은행

그만큼 미국의 경제력이 절대적으로 크다는 것을 보여주고 있다. 그리고 오랫동안 경제 규모 세계 2위를 지켜온 일본이 중국에 2위 자리를 넘겨주어 3위가 되었는데 이는 그동안 중국이 엄청난 고도성장을 해왔다는 점과 일본의 경제가 상대적으로 침체되었음을 반영하는 결과이다.

[표 2.3]을 보면서 한 가지 생각해봐야 할 점이 있다. 16위인 네덜란드와 15위인 우리나라의 비교이다. 우리나라가 경제 규모에서 앞서기는 하지만 네덜란드는 인구가 1,700만 명에 불과하다는 사실을 감안하면 분명 우리가 생각해봐야 할 부분이 있다. 우리나라의 인구는 4,900만 명이다. 인구가 약 2.8배 많은 우리나라가 네덜란드보다 경제 규모는 1.2배 밖에 크지 않다는 사실은 그만큼 생산성과 효율성 측면에서 네덜란드에 뒤떨어져 있음을 의미하는 것이다. 만약 우리나라가 네덜란드 정도로 생산성을 향상시킨다면 경제 규모가 네덜란드의 2.8배가 되는데, 이는 약 2조 1,568만 달러로 경제 규모 세계 7위가 된다. 이는 실로 엄청난 규모이다. 앞으로 한국 경제가 나아가야 할 길이 무엇인지를 시사하고 있는 부분이라 하겠다.

표 2.4 연도별 우리나라 경제 규모 순위

연도	순위
2000	12위
2002	11위
2004	12위
2005	13위
2006	14위
2007	14위
2008	15위
2009	16위
2010	15위

출처 : 한국은행

[표 2.4]는 우리나라의 경제 규모 순위 변화인데 2000년대에 들어 계속 떨어지고 있다. 이는 2000년대 이후 우리나라 경제의 저성장을 반영하고 있으며 다른 나라들이 상대적으로 높은 성장을 했기 때문으로 해석할 수 있다.

(2) 각종 경제지표

경기와 관련된 경제활동의 움직임을 파악하는 방법으로 관련 지수들을 살펴보는 방법이 있다. 수치화된 지수의 동향을 살펴봄으로써 현재 상황을 과거와 비교해 볼 수 있고 향후 추세를 예측해볼 수도 있다. 지수는 크게 생산, 소비, 투자, 수출입과 관련된 지수들이 있다.

우선, 생산지수는 광업, 제조업, 전기가스업을 대상으로 일정 기간 동안에 이루어진 산업 생산 활동의 수준을 나타내는 지수이다. 이는 전체 경기의 흐름과 거의 유사하게 움직이는 대표적인 동행지표이다.

경제에 있어 생산은 중요한 항목이다. 생산이 활발히 이루어지고 있다는 것은 그만큼 경기가 호황이라는 이야기이고 생산이 위축되었다는 것은 경기가 좋지 못하다는 것을 의미한다. 이처럼 경기와 밀접한 관련이 있는 생산의 동향을 살펴

표 2.5 생산 및 수요동향 관련 주요지표

구분	지표명	작성 기관	세부 내용
생산	산업생산지수 생산자 제품출하지수 생산자 제품재고지수 제조업 생산능력지수 제조업 가동률지수	통계청 통계청 통계청 통계청 통계청	광업, 제조업, 전기가스업으로 구분 광업, 제조업, 전기가스업으로 구분 광업, 제조업으로 구분
소비	도소매업 판매액지수 내수용 소비재 출하지수 소비재 수입액	통계청 통계청 관세청	도매, 소매로 구분 내구소비재, 비내구소비재로 구분 곡물, 직접소비재, 내구소비재 등으로 구분
건설투자	건축 허가면적 국내 건설 수주액 건설 기성액 건설용 중간재 내수출하 시멘트 출하량	국토해양부 통계청 통계청 통계청 양회협회	용도별, 자재별로 구분 발주별, 공종별 구분 발주별, 공종별 구분 건축 토목공사용 자재 및 내장품 52개 품목
설비투자	국내 기계수주액 설비투자 추계지표 설비용 기계류 내수출하 기계류 수입액	통계청 통계청 통계청 관세청	발주자별로 공공, 민간 구분 설비투자액의 공급 측면에서 작성 기계설비 및 이의 구성품에 해당하는 품목 통관기준에 의해 작성
수출 수입	수출액 수입액	관세청 관세청	통관기준에 의해 작성 통관기준에 의해 작성

출처 : 『알기쉬운 경제지표해설』(한국은행)

보는 것이 생산지수이다.

생산지수는 경기동향 파악에 있어 GDP 지표와 함께 핵심적인 지표로 사용되고 있다. [표 2.5]는 생산과 수요동향에 관련된 지표이다. 표를 보면 생산과 관련된 지수에서 광업, 제조업과 관련된 지표는 있으나 서비스 관련 지표가 없다. 경제에서 서비스 부문은 나날이 커지고 있는데 생산지수를 낼 때 서비스 부문이 제외되어 있다는 것은 생산지수가 지닌 한계이다.

소비와 관련된 지표로는 도소매업 판매액지수와 내수용 소비재 출하지수 그리고 소비재 수입액이 있다. 이는 경기와 거의 같이 움직이는 동행지표이다. 소비지출은 GDP 구성 항목 중에서 가장 큰 부문을 차지한다. 이는 어느 나라나 마찬가지이며 그만큼 중요한 부문이다.

투자와 관련된 지표는 크게 건설투자와 설비투자로 나눌 수 있다. 특히 설비투자는 기업의 핵심적인 투자로서 생산력 효과와 수요 효과의 양면 효과를 갖고 있다. 또한 투자는 국민경제의 유효수요를 구성하는 주요 구성 항목으로 거시경제적으로도 중요한 부분이다.

또한 투자는 경기에 상당히 민감하게 반응하는데 경기의 움직임에 따라 그 편차도 크게 나타난다. 투자는 불황에 접어들면 크게 감소하고 호황에 들어가면 크게 늘어나는 특징이 있다.

(3) 경기종합지수

경기종합지수(Composite Index, CI)는 생산, 투자, 소비, 고용, 금융, 무역 등 경제 각 부문의 지표 중에서 경기에 민감하게 반응하는 몇 개의 지표들을 선정하여 이들의 동향을 종합해 지수의 형태로 나타낸 것이다. 개별 경제지표들을 가공, 합성한 종합 경기지표라고 할 수 있는데 한국에서는 1983년 3월부터 통계청이 작성하여 발표하고 있다. 한국의 대표적인 종합 경기지표로 널리 활용되고 있다.

지수의 전월에 대한 증감률이 양(+)인 경우 경기상승이며 음(−)인 경우 경기하강을 나타내고 그 증감률의 크기로 경기변동의 진폭을 알 수 있으므로 경기변동의 방향은 물론 변동 속도까지도 동시에 분석할 수 있다.

표 2.6 경기종합지수(CI) 구성지표

선행종합지수	동행종합지수	후행종합지수
1. 구인구직 비율 2. 재고순환지표(제조업) 3. 소비자 기대지수 4. 국내 기계수주액(실질) 5. 자본재 수입액(실질) 6. 건설수주액 7. 종합주가지수(월평균) 8. 총유동성(실질, 말잔) 9. 장단기 금리차 10. 순상품교역조건	1. 비농가취업자수 2. 산업생산지수 3. 제조업 가동률지수 4. 건설기성액(실질) 5. 서비스업활동지수 6. 도소매액 판매액지수 7. 내수 출하지수 8. 수입액(실질)	1. 이직자수(제조업) 2. 상용근로자수 3. 생산자 제품재고지수 4. 도시가계 소비지출 5. 소비재 수입액(실질) 6. 회사채 유통수익률

출처 : 통계청

경기종합지수는 기준 순환일의 시차 정도에 따라 비교적 가까운 장래의 경기 동향을 예측하는 선행지수와 현재의 경기상태를 나타내는 동행지수 그리고 경기의 변동을 사후에 확인하는 후행지수로 구분된다.

경기종합지수에 의한 경기분석은 전체 경제의 움직임을 포괄적으로 파악할 수 있다는 장점은 있으나 지표의 작성 및 해석 등에서 한계가 있다.

(4) 심리지표

심리지표는 경제주체들의 경기에 대한 판단이나 전망이 생산, 매출, 투자, 소비지출 행태 등에 크게 영향을 미친다는 점을 감안하여 이를 반영하도록 작성한 지표이다. 즉, 경제주체들의 심리를 조사한 지표이다.

투자의 주체인 기업과 소비의 주체인 가계라는 양대 경제주체들의 생각을 알아보기 위해 설문조사를 통해 작성한다. 기업가를 대상으로 작성하는 것이 기업경기실사지수(Business Survey Index)이고 가계를 대상으로 작성하는 것이 소비자동향지수(Consumer Survey Index)이다. 이들 지표는 향후 경기변동을 예측하는 데 상당히 의미 있는 지표로 활용되고 있다.

물론 경기지표와 체감경기가 본질적으로 같을 수는 없기 때문에 일부 시점에서는 괴리가 발생하기도 하나 전반적으로는 실물 지표와 높은 상관관계를 보이고 있다. 경기예측에 상당히 유용한 지표라 하겠다.

이러한 설문지를 통한 조사는 경제지표로는 포착하기 어렵지만 경기변동에는 중요한 영향을 미치는 경제주체의 심리를 파악함으로써 경기예측의 정확도 향상을 기대할 수 있다.

일반인들은 이런 지표들이 있는 것조차 잘 모르고 있으나 기관투자가들은 언제나 주시하고 있으며 그 추세를 분석하고 있다. 이렇듯 실제로 경기예측에 도움이 되는 자료라든지 지표들은 상당수 있지만 개인투자가들이 활용을 하고 있지 않은 것이 안타까운 현실이다.

① 기업경기실사지수

기업경기실사지수(Business Survey Index, BSI)는 기업의 활동 및 경기동향 등에 관한 기업가의 판단과 전망, 그리고 이에 대비한 계획을 설문지를 통해 조사, 분석하여 경기동향을 파악하고자 하는 단기 경기예측 방법이다. 경기가 좋아질 것인지 나빠질 것인지를 기업 경영자에게 질문함으로써 지표경기에는 반영되지 않는 현장의 경기요소를 반영하고자 하는 것이다.

각 기업 활동의 실적과 계획, 경기동향 등에 대한 기업가 자신들의 의견을 직접 조사, 지수화하여 전반적인 경기동향을 파악하고자 하는 것인데, 이는 기업가들이 경기를 판단하거나 예측·계획하는 행위들이 단기적인 경기변동에 중요한 영향을 미친다는 경험적인 사실에 바탕을 두고 있다. 실제로 기업경기실사지수는 실물 지표와 높은 상관관계를 보이고 있으며 경기 판단 및 전망 등에 유용하게 활용되고 있다.

지수 계산은 설문지를 통하여 집계된 전체 응답자 중 전기에 비하여 호전되었다고 답한 업체 수의 비율과 악화되었다고 답한 업체 수의 비율을 차감한 다음 100을 더해 계산한다.

$$BSI = \frac{\text{경기 낙관 응답자 수} - \text{경기 비관 응답자 수}}{\text{전체 응답자 수}} \times 100 + 100$$

예를 들면 긍정과 부정의 응답이 각각 60%와 40%라면 60에서 40을 차감한 다음 100을 더해 120이 된다. 이는 향후 경기가 좋아질 것이라는 대답이 나빠질 것이라는 대답보다 20%가 많다는 것을 의미하는데, 일반적으로 지수가 100 이상이면 경기가 좋고 100 미만이면 경기가 안 좋다고 판단한다.

미국과 일본 등의 50여 개국에서 실시하고 있으며, 한국은 한국은행을 비롯하여 산업은행, 상공회의소, 전국경제인연합회 등에서 분기별 또는 월별로 이를 조사하여 발표하고 있다.

한국은행에서 작성하는 기업경기실사지수는 매월 20일을 전후하여 약 10일간

그림 2.2 한국은행 제조업 업황 BSI 및 GDP 전년대비 증감률 추이

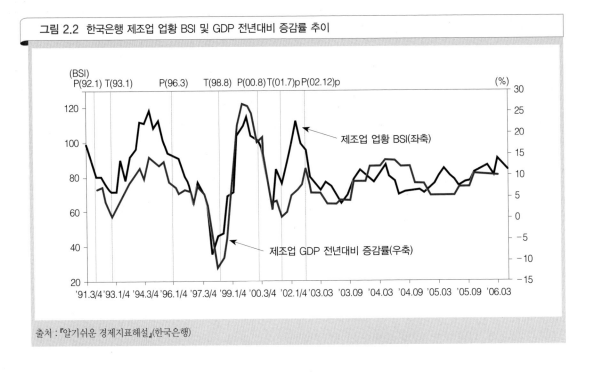

출처 : 『알기쉬운 경제지표해설』(한국은행)

조사하여 당월 말 또는 익월 초에 발표한다. 그 대상은 법인세 신고 업체 중 연간 매출 30억 원 이상인 업체(제조업 21개 업종, 비제조업 11개 업종)를 대상으로 업종별, 매출액 규모별로 층화해 임의 추출한 2,929개 업체이다. 설문지 내용은 경기의 수준 판단을 묻는 6개 항목과 변화 방향 판단을 묻는 10개 항목으로 구성되어 있다.

② 소비자동향지수

소비자태도지수, 소비자기대지수라고도 하는데 장래의 소비지출 계획이나 경기 전망에 대한 소비자들의 설문조사 결과를 지수로 환산해 나타낸 지표이다.

경제 상황과 생활 형편, 가계 수입, 소비지출, 고용, 물가 등 항목별로 소비자의 응답을 가중평균하여 작성한 지수로서, 중요한 경제주체의 하나인 일반 소비자들의 체감 경기를 보여주는 대표적 지표이다.

소비자동향지수(Consumer Survey Index, CSI)는 소비자의 경기에 대한 인식이

경기 동향 파악 및 예측에 유용한 정보가 된다는 전제하에 작성되며 BSI와 함께 경기 예측력 향상을 위해 이용된다. 미국의 미시간대학교가 1946년에 최초로 작성하였다. 이를 미시간 소비자신뢰지수라고 부른다.

미국은 미시간대학교와 민간 경제 기관인 콘퍼런스보드(Conference Board)가 매월 경제 상태를 나타내는 중요한 경기선행지수인 소비자신뢰지수를 발표하고 있다.

미시간 소비자신뢰지수는 현재의 지역 경제 상황, 고용 상태와 6개월 후의 지역 경제, 고용 및 가계 수입에 대한 전망을 조사해 발표하는데, 지난 1985년 평균치를 100으로 기준 삼아 비율로 표시한다. 미국의 주식시장에 큰 영향을 주는 지표 중의 하나이다.

콘퍼런스보드의 소비자신뢰지수는 메일을 이용해 매달 미국 전역의 5,000개 가구를 대상으로 6개월 후의 경기전망이나 6개월 후의 수입 전망과 체감 경기 등에 대한 설문조사를 실시한다. 미시간대학교에서 조사하는 소비자신뢰지수도 기

그림 2.3 소비자심리지수 및 실물 지표 추이

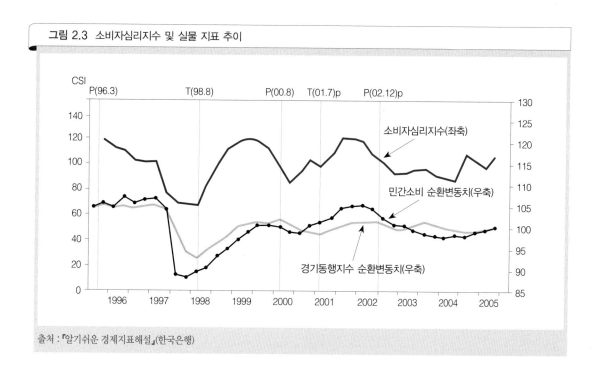

출처 : 『알기쉬운 경제지표해설』(한국은행)

표 2.7 한국은행 소비자동향지수 조사 항목

구분	조사 항목	비교 시점
경제 인식	생활 형편 국내 경기	6개월 전과 비교한 현재 6개월 전과 비교한 현재
경제 전망	생활 형편 국내 경기 취업 기회 물가수준 금리수준	지난 6개월에 비해 향후 6개월 간의 상황 지난 6개월에 비해 향후 6개월 간의 상황 지난 6개월에 비해 향후 6개월 간의 상황 지난 6개월에 비해 향후 6개월 간의 상황 지난 6개월에 비해 향후 6개월 간의 상황
소비지출 계획	가계수입 전망 (증가/감소 사유) 소비지출 전망 (항목별 소비지출) 부동산 구입계획 승용차 구입계획	현재와 비교한 향후 1년 지난 6개월에 비해 향후 6개월 간의 상황 (내구재, 의류비, 외식비, 국내외 여행비, 교육비, 의료 및 보건비, 교양 문화생활비, 교통 통신비) 지난 6개월에 비해 향후 6개월 간의 상황 지난 6개월에 비해 향후 6개월 간의 상황

출처 : 『알기쉬운 경제지표해설』(한국은행)

본적인 산출 방법은 같으나 500명의 개인들에게 직접 전화로 설문 조사를 실시하며, 각 지역별 집계가 없는 것이 차이점이다.

우리나라에서는 한국은행에서 분기마다, 통계청에서 매달 소비자동향조사 결과를 발표한다. 한국은행은 지난 1995년 3분기부터 소비자동향조사를 통해 이를 시험 작성해오다 1998년 3분기부터 외부에 공표하기 시작했다. 전국 16개 도시의 2,000여 가구를 대상으로 조사했으나 2003년 1분기부터는 조사 대상을 전국의 모든 도시 2,500여 가구로 확대했다.

소비자동향조사는 현재 및 향후 6개월 동안의 경제 상황에 대한 소비자의 태도와 가계의 소비 심리를 조사한다. 이 조사를 토대로 현재생활형편CSI, 생활형편전망CSI, 가계수입전망CSI, 향후경기전망CSI, 소비지출계획CSI, 고용사정전망CSI 등을 작성한다. [표 2.7]은 한국은행이 조사하는 설문조사 항목이다.

통계청에서도 '소비자전망조사'를 통해 CSI를 발표하는데 도시지역 20세 이상 기혼자 2,000가구를 대상으로 조사하는 '소비자전망조사'는 6개월 후의 소비동향을 나타내는 '소비자기대지수'와 6개월 전과 비교하여 현재의 소비심리를 나타내는 '소비자평가지수'로 나뉜다.

3) 주요 경제변수와 주가의 관계

다양한 경제변수들 중에는 주식시장에 영향을 많이 주는 요소들이 있다. 국제수지, 물가, 통화량, 금리 등은 장기에 걸쳐 경제에 큰 영향을 주는 거시경제의 주요 변수들이다. 따라서 주식시장에도 많은 영향을 주게 된다.

그 밖의 경제변수들 중에서도 특히 주가와 상관관계가 높은 변수들이 있는데 환율, 유가, 미국의 주가 동향과 같은 것들이다. 이들 변수에 관하여 살펴보도록 한다.

(1) 국제수지

국제수지(Balance of payment, BOP)는 일정 기간 동안 한 나라가 다른 나라와 행한 모든 경제적 거래를 체계적으로 분류한 것을 말한다. 여기에서 '일정 기간 동안'이란 통상적으로 1년을 지칭하는 것이나, 분기별 집계도 있다. 외국과의 모든 형태의 거래를 포함하는 것으로 재화 및 용역의 거래는 물론 국가 간의 이전거래, 자본거래 등 일체의 거래를 포함한다.

국제수지는 크게 경상수지, 자본수지의 두 가지 항목으로 이루어져 있는데, 경상수지는 다시 ① 상품 수출입의 결과인 상품수지 ② 운수, 여행 등 서비스거래의 결과인 서비스수지 ③ 노동과 자본의 이용 대가(즉, 임금 및 이자)의 결과인 소득수지 ④ 아무런 대가없이 제공되는 무상원조, 교포송금 등의 결과인 경상이전수

표 2.8 국제수지의 분류

구분	비교시점	
경상수지	① 상품수지	… 상품의 수입, 수출
	② 서비스수지	… 운수, 여행, 통신, 보험, 특허권 사용료 등
	③ 소득수지	… 급료 및 임금, 이자, 배당소득
	④ 경상이전수지	… 무상원조, 교포송금
자본수지	① 투자수지	… 직접투자, 증권투자, 기타투자
	② 기타자본수지	… 비금융자산의 취득, 처분, 해외이주비

지로 나뉜다.

　자본수지는 거주자의 대외자본 거래의 결과로 발생하는데 이는 ① 대/내외 직간접 투자 및 대출 · 차입을 포괄하는 투자수지와 ② 특허권 등 무형자산의 취득 · 처분, 이민에 따른 해외이주비 등을 포괄하는 기타자본수지로 구성되어 있다.

　주식시장에서는 경상수지의 흑자를 일단 긍정적 요소로 본다. 경상수지가 흑자라는 의미는 기본적으로 외화가 우리나라로 유입되는 상황이므로 이는 외환위기 때와 같은 외화 부족 사태를 방지할 수 있다. 우리나라처럼 외환위기를 크게 겪은 나라 입장에서는 신경 쓰이는 항목이 아닐 수 없다. 또한 원유와 같이 경제에 필수적인 주요 자원을 안정적으로 확보한다는 차원에서도 경상수지의 흑자는 바람직하게 인식된다.

　이와는 반대로 적자상태에서는 대외 여건에 따라서 외화 부족 사태를 맞을 가능성이 높아진다. 우리나라처럼 환율이나 대외 경제에 민감한 나라는 가능한 한, 경상수지 흑자상태를 유지하는 것이 중요하다.

　우리나라는 상대적으로 경제의 대외 의존도가 높은 나라이다. 대외 의존도란 국내총생산(GDP)에서 수출입이 차지하는 비중을 말한다. 아래의 [그림 2.4]는 대외 의존도를 선진국과 비교한 것으로 우리나라의 대외 의존도가 상당히 높다는

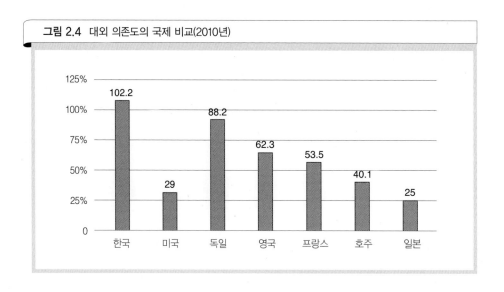

그림 2.4 대외 의존도의 국제 비교(2010년)

사실을 알 수 있다. 선진국 중에서는 독일이 비교적 높은 편인데 우리나라와 같이 수출 비중이 높기 때문이다. 이에 비해 일본과 미국은 대외 의존도가 상당히 낮은데 이것은 경제 규모 자체가 크고 수출입이 경제에서 차지하는 비중이 상대적으로 작은, 내수가 주도하는 나라들이기 때문이다. 우리나라가 이들 나라에 비해 얼마만큼 해외무역에 의존하고 있는지를 알 수 있다.

이처럼 대외 의존도가 높은 우리나라는 해외부문의 변화에 민감할 수밖에 없으며 해외와의 교역성과를 나타내는 경상수지는 경제의 중요한 지표가 된다. 따라서 주식시장 역시 국제수지와 관련이 있게 되는 것이다.

[그림 2.5]와 [그림 2.6]은 우리나라의 경상수지와 종합주가지수의 움직임을 나타낸 것이다. 두 가지를 비교해보면 상당히 유사한 움직임을 보이고 있다는 사실을 알 수 있다. 주식시장이 경상수지의 추이와 연동되는 경향이 있는 것이다. 우리나라처럼 대외 의존도가 높은 나라는 경상수지라는 경제변수가 상당히 중요하다는 것을 확인할 수 있다.

그림 2.5 경상수지의 추이

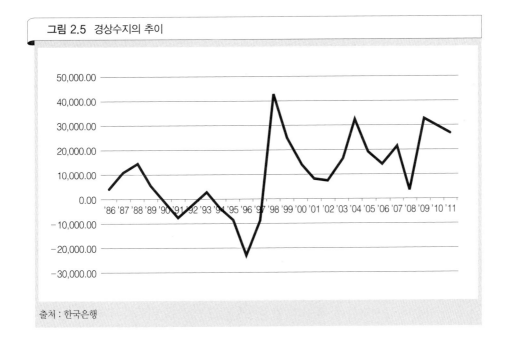

출처 : 한국은행

그림 2.6 종합주가지수

(2) 물가

물가는 거시경제에서 상당히 중요한 변수이다. 물가의 상승, 즉 인플레이션은 생산, 소비에 직접적인 영향을 미친다. 인플레이션의 정확한 의미는 지속적인 물가 상승인데 경제에 바람직한 상황이 아니다. 사실 우리나라는 선진국에 비해 물가 상승률이 높은 나라이다.

[표 2.9]에서도 알 수 있듯이 우리나라는 OECD 평균보다도 물가상승률이 높다. 이에 비해 일본은 물가 변화가 거의 없으며 오히려 하락하는 경향까지 보인다.

이와 같이 우리나라의 물가상승률이 상대적으로 높은 이유는 여러 요인으로 설명 가능하다. 우선 원자재 가격 상승으로 인한 국내 생산원가의 상승이 물가를 상승시킨 점이다. 그러나 이는 다른 나라들도 비슷할 것이다. 그렇다면 유난히 우리나라의 물가상승률이 높은 이유는 무엇인가? 일단 우리나라는 대부분의 원자재를 수입에 의존하고 있다. 여기에 국가별로 차이가 있을 수 있다. 여기에다 수입 유통 과정의 문제라든지, 환율과 같은 요인들도 영향을 미친다.

인플레이션 문제에 있어서 생산원가 상승과 함께 중요한 것이 통화정책이다.

표 2.9 주요국의 분기별 물가상승률					(단위 : %, 전년 대비 증감률)	
	2011년				2012년	
	1/4분기	2/4분기	3/4분기	4/4분기	1/4분기	2/4분기
미국	2.36	1.77	1.18	1.27	2.14	3.43
일본	-1.16	0.93	-0.8	0.1	0	0.27
독일	0.81	1.06	1.18	1.49	2.08	2.35
프랑스	1.32	1.61	1.54	1.65	1.81	2.07
영국	3.26	3.44	3.09	3.36	4.13	4.37
캐나다	1.61	1.40	1.83	2.26	2.6	3.36
이탈리아	1.29	1.40	1.62	1.79	2.34	2.67
스페인	1.09	1.59	1.95	2.55	3.49	3.49
한국	2.69	2.60	2.91	3.61	4.45	4.21
OECD평균	2.03	1.88	1.67	1.94	2.40	3.07

출처 : 한국은행

시중에 자금이 지나치게 많이 풀리면, 즉 통화량이 증가하면 물가가 오르는데 이는 금리정책 등의 정책적 측면과 연관성이 깊다. 금리를 지속적으로 낮게 유지하면 통화량이 증가하여 물가를 자극한다. 따라서 물가 상승을 억제하려면 적절한 금리 인상이 있어야 한다. 최근 우리나라는 금리를 올려야 할 시점에서 금리 인상을 하지 않아 물가 상승을 부추겼다는 지적을 받고 있다.

주가와 인플레이션의 관계를 살펴보자. 일반적으로 2~3% 정도의 물가상승률을 보이는 소프트 인플레이션(soft inflation) 때 주식시장에서는 양호한 성과가 나타난다. 시중에 어느 정도의 유동 자금이 풀려 있어야 주식시장에 자금 공급 여력이 증대되기 때문이다. 일반적으로 소프트 인플레이션 구간에서는 주식과 같은 자산 가격이 상승하는 현상이 나타난다.

반면에 3%를 초과하는 하드 인플레이션(hard inflation)하에서는 원자재 가격 상승이 뚜렷하게 나타나며 주가에는 부정적인 작용을 한다. 인플레이션이 심각하게 진행되면 금융자산의 가치가 떨어지기 때문에 금융자산의 하나인 주식의 매력이 없어지기 때문이다.

2000년 이후 국내 소비자 물가상승률과 종합주가지수의 수익률 관계를 살펴보면, 물가상승률이 너무 높거나 낮은 경우보다 안정적 상승세를 보인 경우에 종합주가지수의 수익률이 양호했다.

(3) 통화량

통화량이란 거시경제에서 사용되는 용어인데 시중에 통용되고 있는 화폐를 측정한 총액을 말한다. 보통 민간이 보유한 현금통화와 금융기관이 보유한 유동성이 높은 예금의 합으로 정의한다. 여기서 유동성이 높은 예금이란 현금화가 간편한 예금이다.

결국 통화량이란 시중에서 돌고 있는 자금, 유동자금이다. 이 유동자금은 거시경제의 주요 변수로, 경제에 여러 가지 영향을 준다.

통화량의 변동은 이자율에 영향을 미쳐 소비, 통화 등 실물 변수에 파급효과를 가져다주며 주식이나 부동산과 같은 자산의 가격에도 영향을 준다.

이러한 통화량을 측정하여 나타내주는 것이 통화지표이다. 통화지표는 통화량을 나름대로의 기준에 따라 구분하여 지표로 만든 것인데 국가마다 조금씩 다르다. 통화지표는 통화정책을 실시하는 데 중요한 자료가 된다.

우리나라에서는 통화에 포함되는 금융상품의 유동성 정도에 따라 협의통화(M1), 광의통화(M2), 금융기관유동성(Lf), 광의유동성(L) 등으로 통화지표를 편성하고 있다.

우선, 협의통화(M1)부터 살펴보면 지급수단으로서의 화폐적 기능을 중시한 통화지표로서, 민간이 보유하고 있는 현금과 예금취급기관의 결제성예금의 합계이다. 결제성예금이란 현금처럼 즉시 쓸 수 있는 예금이다. 결제성예금에는 예금취급기관의 당좌예금, 보통예금과 같은 요구불예금과 저축예금, 시장금리부 수시입출식예금(MMDA), 머니마켓펀드(MMF) 등 수시입출식예금으로 구성된다. 결제성예금은 비록 현금은 아니지만 즉각적으로 현금과 교환될 수 있으므로 기능면에서 현금과 같기 때문에 협의통화(M1)에 포함시킨다.

M1＝민간 보유 현금＋은행 요구불예금＋은행 저축예금＋수시입출식예금
(MMDA)＋머니마켓펀드(MMF)

광의통화(M2)는 협의통화(M1)에 예금취급기관의 정기예금, 정기적금 등 기간
물 정기예적금 및 부금, 거주자 외화예금 그리고 양도성예금증서(CD), 환매조건
부채권(RP), 표지어음 등 시장형 금융상품과 금전신탁, 수익증권 등 실적배당형
금융상품, 그리고 금융채, 발행어음, 신탁형 증권저축 등을 포함한다. 다만, 유동
성이 낮은 만기 2년 이상의 장기 금융상품은 제외한다.

광의통화(M2)에 기간물 정기예적금 및 부금 등 단기 저축성 예금 뿐만 아니라
시장형 금융상품, 실적배당형 금융상품 등을 포함시키는 것은 이들 금융상품이
비록 일정 기간의 예치를 전제로 한 저축 수단이지만 약간의 이자소득만 포기한
다면 언제든지 인출이 가능하여 결제성예금과 유동성 면에서는 큰 차이가 없기
때문이다. 결제성예금보다는 현금화 정도가 약간 떨어지긴 해도 마음만 먹으면
쉽게 현금으로 찾을 수 있는 금융상품을 넓은 의미의 통화로 간주하는 것이다.

M2＝M1＋정기 예적금 및 부금＋거주자 외화예금＋시장형 금융상품＋
실적배당형 금융상품＋금융채＋발행어음＋신탁형 증권저축

총유동성(M3)은 1982년 10월에 은행뿐만 아니라 비은행 금융기관까지도 포함
하는 전 금융기관의 유동성 수준을 파악할 목적으로 개발된 지표로, 더 넓은 의미
의 통화지표다.

광의통화(M2)에 예금취급기관의 만기 2년 이상 정기예적금 및 금융채, 그리고
유가증권 청약증거금, 만기 2년 이상 장기금전신탁 등과 생명보험회사, 증권금융
회사 등 기타 금융기관의 보험계약준비금, 환매조건부채권 매도, 장단기 금융채,
고객예탁금 등이 포함되는 현재로서는 가장 넓은 의미의 통화지표이다.

그러나 정부, 기업 등(M3 대상 금융기관 이외의 기관)이 발행한 국공채, 회사채
등 유가증권은 M3에서 제외되고 있다. 또 이 지표는 3개월 이후에나 작성된다는

문제가 있어 통화관리 정책에 신속을 기하는 데 한계가 있다는 지적을 받고 있다.

$$M3 = M2 + 예금은행\ 및\ 비은행금융기관\ 기타\ 예수금$$

유동성(L)은 유동성을 의미하는 영어의 'liquidity'의 첫 글자를 따서 표시한다. 가장 넓은 의미의 통화지표이다. M3에 단기 국공채와 회사채(금융기관 보유분 제외) 등을 포함한다. 통화지표는 한국은행에서 집계, 발표하며 홈페이지를 통해 쉽게 확인할 수 있다.

통화량이 증가하여 자금이 기업부문에 흡수되면 기업은 이 자금을 활용하여 설비투자를 증가시켜 수익성 향상을 기대할 수 있으며 증가한 통화량이 민간의 유동자금이 되어 주식매수 여력을 증가시킬 수도 있다. 쉽게 말하면 넘치는 돈이 주식시장에 흘러들어 주가를 올리는 것이다. 따라서 주식시장의 관점에서 보면 통화량 증가는 긍정적인 요소이다.

그러나 통화량 증가가 언제나 주가 상승을 유도하지는 않는다. 일정 한도를 넘어서게 되면 인플레이션을 증폭시키며 장기적으로는 금리에도 영향을 주기 때문이다. 과도한 통화량 팽창은 주식시장뿐만 아니라 인플레이션을 일으켜 경제 전체에 좋지 않은 영향을 준다.

경제학에서는 통화량 증가가 단기적으로는 이자율을 하락시켜 유동성 효과를 가져오지만 장기적으로는 인플레이션으로 이어지고 명목금리가 상승한다고 한다. 정리하면 다음과 같다.

> 단기＝통화량↑ ⇒ 유동성↑ ⇒ 금리↑ ⇒ 주가↑ (유동성 효과)
> 장기＝통화량↑ ⇒ 기대 인플레이션 ⇒ 금리↑ ⇒ 주가↓

기본적으로 통화량 증가는 민간부문의 자산 구입 여력을 증가시키게 되므로 통화량이 증가하기 시작하는 국면에서 어느 정도 기간까지는 자산 가격이 상승

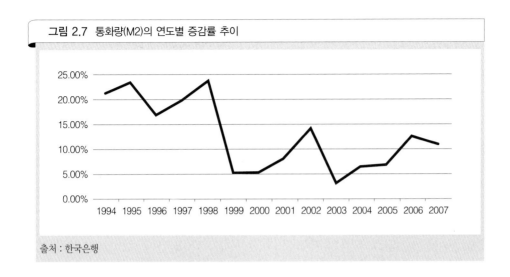

그림 2.7 통화량(M2)의 연도별 증감률 추이

출처 : 한국은행

그림 2.8 종합주가지수 연도 말 증감률 추이

출처 : 한국은행

하는 경향이 있다. 따라서 자산 가격 상승을 기대하려면 통화량의 확장국면 초기에 자산을 구입하는 것이 적절하다.

　[그림 2.7]과 [그림 2.8]은 각각 통화량의 증감률과 종합주가지수의 증감률을 비교한 것이다. 대체적으로 비슷한 궤적을 보이는데 주가가 통화량의 변동에 반응

한다는 사실을 확인할 수 있다.

(4) 금리

금리 역시 주요 경제변수 중 하나인데, 금리의 변화가 경제에 미치는 영향은 통화량과 관련하여 이해할 필요가 있다. 통화량 변화에 직접적인 영향을 주는 요소가 금리이기 때문이다. 우리가 흔히 말하는 금리, 즉 이자율은 시중 자금의 흐름에 중요한 작용을 한다.

금리도 종류가 여러 가지가 있다. 예금기관에 돈을 맡길 때 적용되는 예금금리, 대출을 할 때 적용되는 대출금리 등이 있다. 그런데 이들 금리들은 각각 금융기관의 독자적인 판단에 따라 결정된다. 반면에 시장금리라는 것이 있는데 이는 금융시장의 참가자들에 의해 결정된다. 예를 들어 국고채금리라든지 회사채금리, CD금리는 모두 시장에서 정해지는 시장금리이다. 시장 참여자들의 거래에 의해 시장에서 자연스럽게 결정되는 것이다. [표 2.10]은 우리나라 주요 시장금리의 연도별 추이를 나타낸 것이다.

이런 시장금리에 영향을 주는 금리가 있는데 이것이 바로 중앙은행인 한국은행이 정하는 기준금리이다. 중앙은행은 경제 상황을 주시하면서 금리를 결정하는데 이때 결정되는 기준금리가 시장금리에 영향을 주게 되고 시장금리가 다시

표 2.10 시장금리의 연도별 추이 (단위 : %)

	2005	2006	2007	2008	2009	2010	2011
국고채 3년(평균)	4.27	4.83	5.23	5.27	4.04	3.72	3.62
국고채 5년(평균)	4.52	4.96	5.28	5.36	4.64	4.31	3.90
국고채 10년(평균)	4.95	5.15	5.35	5.57	5.17	4.77	4.20
회사채 3년(평균)	4.68	5.17	5.70	7.02	5.81	4.66	4.41
CD 91일물(평균)	3.65	4.48	5.16	5.49	2.63	2.67	3.44
콜금리(1일물, 평균)	3.32	4.19	4.77	4.78	1.98	2.16	3.09
기준금리(연도 말)	3.75	4.50	5.00	3.00	2.00	2.50	3.25

출처 : 한국은행

표 2.11 한국은행의 기준금리 변경 추이

연도	변경 일자	기준금리
2005	10월 11일 12월 8일	3.51% 3.75%
2006	2월 9일 6월 8일 8월 10일	4.00% 4.25% 4.50%
2007	7월 12일 8월 9일	4.75% 5.00%
2008	3월 7일 8월 7일 10월 9일 10월 27일 11월 7일 12월 11일	5.00% 5.25% 5.00% 4.25% 4.00% 3.00%
2009	1월 9일 2월 12일	2.50% 2.00%
2010	7월 9일 11월 16일	2.25% 2.50%
2011	1월 13일 3월 10일 6월 10일	2.75% 3.00% 3.25%
2012	7월 12일	3.00%

출처 : 한국은행

예금금리나 대출금리에 영향을 주게 된다. 따라서 금리 변화는 중앙은행의 금리 정책에서부터 시작한다고도 할 수 있다.

한국은행이 정책적으로 금리를 어떻게 결정하느냐에 따라 시장금리가 변하며 다시 예금금리와 대출금리 등이 변하고 이는 다시 시중 통화량을 변화시킨다. 그리고 통화량의 변화가 다시 경제에 영향을 주는 것이다. 따라서 한국은행이 기준금리를 어떻게 설정하느냐에 따라 경제 전체가 영향을 받게 되므로 주의 깊게 살펴보아야 한다. [표 2.11]은 한국은행의 기준금리 변경을 나타낸 것이다.

2005년부터 금리를 서서히 올려 오다가 2008년 9월 미국 리먼브라더스 파산 이후 금융경색 및 경기 침체 우려로 확장적 통화정책에 따른 금리 인하로 저금리 추세가 이어지고 있음을 알 수 있다.

실제로 2008년은 다른 어느 해보다 기준금리 변동이 잦았다. 당시의 금리 인하는 비단 한국만의 상황이 아니라 세계 각국이 글로벌 공조 속에서 금리를 대폭 인하하는 상황이었다. 2009년 말 각국의 정책 금리를 살펴보면 한국 2.00%, 미국 0.25%, 유럽 1.00%, 일본 0.10%, 영국 0.50%로 대부분 낮은 수준의 금리였다. 그 후 위기가 진정되고 물가 상승 압력이 커지면서 한국은행은 기준금리를 인상하고 있는 추세이다. 하지만 2012년에 들어 유럽발 재정 위기의 여파로 경기가 위축되자 금리를 다시 인하하였다.

금리 변화가 통화량 변화에 미치는 효과를 살펴보면, 금리 인하는 시중 통화량을 증가시키고 금리 인상은 시중 통화량을 감소시킨다. 앞에서 살펴보았듯이 시중 통화량 증가가 주가 상승에 긍정적인 영향을 미친다고 본다면 금리 인하는 주가 상승에 긍정적인 요소가 된다. 반면에 금리 인상은 주가에 부정적인 영향을 준다. 따라서 금리와 주가는 반대로 움직이는 경향이 있다. 다음의 그림을 보면 금리와 주가가 반대방향으로 움직인다는 것을 확인할 수 있다.

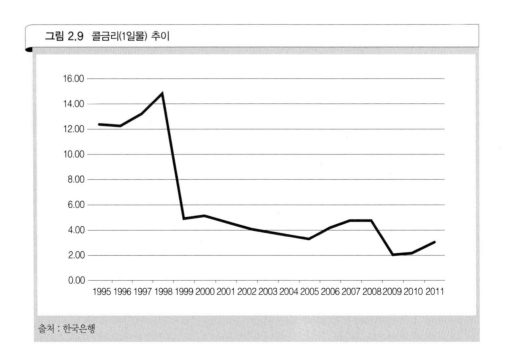

그림 2.9 콜금리(1일물) 추이

출처 : 한국은행

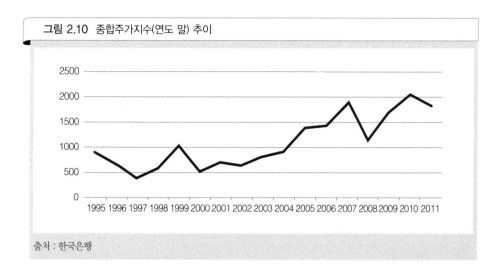

그림 2.10 종합주가지수(연도 말) 추이

출처 : 한국은행

[그림 2.9]와 [그림 2.10]을 보면 금리가 1998년에서 1999년에 걸쳐 상당히 급격하게 하락하고 있는데 주가는 이 시점에서 급격하게 상승한다. 그 후 2000년대 들어 상당 기간 저금리 기조가 유지되는데 이 시기에 주가는 꾸준히 상승한다. 그리고 2009년에 또 한 번 금리가 급락하는데 역시 주가는 크게 오르고 있다.

주식투자의 관점에서 본다면 금리가 급히 하락한 시점이 주가 상승을 기대해볼수 있는 시점이다. 실제로 이러한 현상은 거의 모든 나라에서 확인할 수 있는데 금리가 하락 기조로 접어드는 시점이 주식 매수의 최적의 타이밍이라 할 수 있다.

(5) 환율

환율은 외환의 가격으로, 외화 1단위를 얻기 위해 지불해야 하는 자국통화의 양을 말한다. 즉, 자국통화와 외국통화의 교환 비율이다. 쉽게 말해 원 달러 환율은 달러화의 가격이고 원 엔 환율은 엔화의 가격이다. 원 달러 환율이 올랐다는 말은 달러화 값이 올랐다는 의미이고 원 달러 환율이 내렸다는 말은 달러 값이 내렸다는 의미가 된다.

1달러가 1,000원에서 1,500원으로 상승하면, 환율이 상승했기 때문에 외국 화폐를 얻기 위해 더 많은 원화를 지급해야 하므로, 우리나라 원화의 가치가 외국통화에 비해 하락했다고 한다. 다른 말로는 원화가 평가절하(depreciation)되었다고 한다. 반대로 환율이 1,000원에서 500원으로 하락하면 원화의 대외 가치가 상승 했으므로 평가절상(appreciation)되었다고 말한다.

환율은 외환 거래가 이루어지는 외환시장에서 결정되며, 외환시장은 대부분 은행이나 외환 중개업자의 거래실(dealing room)에서 이루어진다. 외국과의 거래 결과 달러화의 공급이 수요보다 많으면 외환의 가격인 환율은 하락하고, 반대로 달러화에 대한 수요가 공급보다 많으면 환율은 상승한다.

이러한 환율의 변동을 촉발하는 요인으로는 국민소득, 물가수준, 경제성장률, 통화량이나 금리 등이 있다. 환율은 복합적인 요인이 작용하여 결정되는데 일반적으로 국내 물가가 상승하면 수입 상품의 상대적 가격이 하락해 수입이 증가하므로 외환 수요가 증가하게 되고 결국 환율이 상승한다.

환율의 변동은 경상수지에 직접적인 영향을 미친다. 환율이 상승(원화 가치 하락)하면 수출품 가격이 상대적으로 싸져 외국에서 가격 경쟁력이 생겨 수출이 증가하고 수입품 가격이 비싸져서 수입은 감소하므로, 경상수지는 개선된다는 것이 일반적인 이론이다.

이러한 관점에서 본다면 환율이 오르는 것, 즉 달러 값이 상승하는 것이 주식 시장에는 긍정적인 효과가 있다고 볼 수 있다. 환율이 올라 수출이 증가하면 수출 기업의 실적이 좋아지고 경상수지도 개선되기 때문이다. 실제로 많은 주식 관련 교과서는 환율 상승이 주식시장에 긍정적이라고 설명하고 있다. 이론상으로는 전혀 틀린 말이 아니다.

그러나 현실은 조금 다른 양상을 보이고 있다. 우선 [그림 2.11]과 [그림 2.12]를 보면서 살펴보자. [그림 2.11]은 원 달러 환율 변동을 나타낸 것이고 [그림 2.12]는 종합주가지수의 움직임이다.

실제 차트를 보면 원 달러 환율이 가장 고점이었을 때가 주가의 저점이었고 환율이 가장 저점이었을 때 주가가 고점이었다. 위의 차트에서 환율이 달러당 899원으로 가장 낮았던 2007년 10월에 종합주가지수는 2,085로 고점을 찍고 있다. 환율이 떨어질수록 주가는 오르는, 이론과는 반대의 현상이 일어나고 있는 것이다.

그림 2.11 원 달러 환율 월봉차트

최저 : 899.00(07/10월, +25.03%)

최고 : 1,597.00(09/03월, -29.62%)

그림 2.12 종합주가지수 월봉차트

왜 그럴까? 분명 환율의 하락은 수출 기업에 불리하며 경상수지에도 부정적인 효과가 있다. 그럼에도 불구하고 환율이 하락할수록 주가는 오르고 있는 것이다.

그 이유는 우리나라 시장의 특징 중 하나인 외국인 비중의 과다에 있다. 앞에서도 언급했지만 우리나라 주식시장의 핵심 매매주체는 외국인이다. 외국인이 주식을 사느냐 파느냐에 따라 주식시장이 상승하느냐 하락하느냐가 결정된다. 그런데 환율이 내려가면 외국인이 주식을 많이 산다. 그래서 주가가 오르는 현상이 나타난다.

외국인은 국내 주식시장에 투자를 할 때 환율에 상당히 민감하게 반응한다. 왜냐하면 그들의 관심은 원화로 계산한 손익이 아니라 달러화로 계산한 손익이기 때문이다. 주식 매매야 원화로 하겠지만 그 결실은 달러로 가져간다. 그래서 환율이 상승하면 아무리 한국 주식에서 수익을 내더라도, 수익금을 달러로 환전했을 때 오히려 손실이 나는 경우가 발생할 수 있다.

따라서 외국인 투자가들은 주가가 하락하더라도 투자 대상 국가의 환율 인하율이 주가 하락률을 상회할 경우에는 주식을 매입하고 주가상승이 전망되더라도 환율 인상률이 주가 상승률을 초과할 때는 주식을 매입하지 않는다.

그래서 이론과는 달리 환율과 주가가 반대로 가는 현상이 나타난다. 실제로 주식시장에서 환율이 오르면 외국인들은 주식을 매도하고 환율이 내리면 매수하는 현상을 확인할 수 있다. 즉, 달러 값이 싸지면 주가가 오르고 달러 값이 비싸지면 주가가 내리게 되는 것이다. 이는 외국인 비중이 큰 우리나라 시장의 한 특징이다.

(6) 국제유가

국제유가와 우리나라 주식시장의 관계 역시 환율처럼 이론적인 측면과 상반된 관계가 나타난다. 상식적으로 보면 원유를 수입해야 하는 우리나라 입장에서 국제유가 상승이 호재일리는 없다. 유가 상승은 곧장 국내 물가 상승 압력으로 작용하며 경상수지도 악화시키기 때문이다. 따라서 이론적으로는 국제유가가 상승하면 주식시장에서 악재로 받아들여 주가가 떨어진다.

그러나 현실은 이론과는 다른 조금 더 복잡한 논리가 작용한다. 일단 다음의 차

그림 2.13 WTI 뉴욕 현물 주봉차트 (단위 : 달러/배럴)

최저 : 31.41(08/12/26, +171.16%)

최고 : 146.30(08/07/11, −41.77%)

그림 2.14 종합주가지수 주봉차트

최저 : 892.16(08/10/31, +95.21%)

최고 : 2,085.45(07/11/02, −16.49%)

트를 보자. [그림 2.13]은 국제 원유 가격의 대표격인 서부 텍사스산 중질유(West Texas Intermediate, WTI)의 현물가격 동향이고 [그림 2.14]는 같은 기간 종합주가지수의 동향이다.

국제유가의 움직임과 한국의 종합주가지수는 거의 같은 움직임을 보이는 것을 알 수 있다. 즉, 국제유가가 상승하면 국내 주가도 오르고 하락하면 국내 주가도 하락하는 양상이 나타나고 있다. 이론과는 반대로 움직이고 있는 것이다. 그렇다면 유가 상승은 국내 주식시장의 호재란 말인가? 어떻게 유가 상승이 바람직하다고 할 수 있단 말인가?

이 질문에 답을 하기 위해서는 원유 시장의 가격 형성에 관하여 살펴볼 필요가 있다. 물론 모든 재화가 그렇듯이 원유의 가격 역시 수요와 공급에 의해 결정된다. 그런데 이 수요라는 것이 조금 복잡하다. 당장 석유를 필요로 하는 수요도 존재하지만 단지 가격 상승의 시세차익을 노리는 수요도 상당수 존재한다.

과거와는 달리 세계는 과잉 유동성의 시대이다. 즉, 엄청난 유동성이 형성되어 있고 그 자금들은 끊임없이 수익 창출의 기회를 노리며 각종 시장을 넘나들고 있다. 원유 시장도 그 대상 중의 하나이다.

따라서 유가 상승을 기대하는 세력들이 유가 상승에 베팅을 하면 할수록 유가는 상승한다. 그런데 이들은 세계 경기와 연동시켜 유가 상승을 예상한다. 즉, 경기가 좋아지면 그만큼 원유 소비량도 증가해 원유 가격이 오를 것이라 생각한다. 결국 세계의 경기회복이 확실시될수록 유가는 상승하는 것이다.

세계 경기의 호조는 우리나라 주식시장에도 호재이다. 앞에서 살펴본 것처럼 우리나라는 경제의 대외 의존도가 상당히 높은 나라이다. 따라서 세계경제의 호조는 우리나라의 수출 증가를 의미하며 국내 경제의 호조를 의미한다. 결국 주식시장에 긍정적인 요소가 되는 것이다.

게다가 원유 시장에 자금이 몰릴 정도로 세계적으로 유동성이 풍부하다면 국내 주식시장에 외국인 자금이 추가적으로 유입될 수 있다는 의미로도 해석할 수 있으므로 이 역시 긍정적인 신호가 아닐 수 없다.

이러한 이유로 국제유가와 국내 주가지수의 움직임이 같은 방향을 보이는 것이다. 물론 극단적인 유가 상승은 궁극적으로 물가 상승 요인이 되어 경제 전체에 좋지 않은 영향을 미치는 것임은 틀림없다.

실제로 국내 인플레이션이 심각한 수준에 다다르면 환율이 영향을 받고 외국인의 주식 매도로 이어져 주가가 크게 하락한 경험이 있다. 그러므로 상황 판단은 좀 더 종합적으로 그리고 중장기적인 관점으로 할 필요가 있다.

(7) 미국의 주가

언제부터인가 세계 각국의 주식시장은 미국 시장과 연계되어 움직이는 경향이 생겼다. 미국의 주가가 상승하면 자국의 주가가 오르고 미국의 주가가 하락하면 자국의 주가도 떨어지는 것이다. 미국과 시차가 있는 한국 역시 새벽에 결정난 미국 주가의 영향을 받으며 주식시장을 시작한다.

이러한 미국 시장과의 동조화 현상은 세계경제를 리드하는 미국의 경제력에도 그 이유가 있겠지만 좀 더 근본적으로는 세계경제가 글로벌화 되었고 그만큼 상호의존성이 높아졌기 때문이다.

특히 금융부문의 국제화는 상상을 초월하는 수준으로 빠르게 진행되었다. 규제 완화와 전산의 발달, 그리고 팽창된 유동성은 자본이 그 어느 때보다 자유롭게 국경을 넘나들게 했다. 사람이나 물건보다 자본이 가장 빠르게 세계를 돌고 있으며 그 이동 규모도 천문학적 수준이다. 실제로 2010년 한 해 전 세계 무역 규모는 약 15조 달러에 이른다. 그런데 하루 외환 거래 금액은 4조 달러에 달한다. 연간으로 환산하면 1,460조 달러이다. 엄청난 규모의 자본이 각국의 상황에 시시각각 반응하면서 세계를 무대로 이동하고 있는 것이다.

이는 세계경제의 동조화를 가속화시키고 있으며 금융부문에서 주식시장의 동조화도 가속화시키고 있다. [그림 2.15], [그림 2.16], [그림 2.17]은 미국의 주가지수와 우리나라, 일본의 주가지수를 비교한 것이다.

우리나라의 주식시장뿐만 아니라 일본도 미국 주식시장과 연동해서 움직이고 있다. 아시아 시장뿐만 아니라 유럽 시장, 남미 시장 역시 미국 시장과의 동조화가 나타나고 있으며 이 같은 현상은 이제 글로벌화 된 세계경제의 한 흐름으로 받아들여야 할 것이다. 따라서 국내 주식시장의 향방을 분석하는 데 있어 미국 시장에 대한 분석의 중요성이 점점 커지고 있다.

그림 2.15 미국 다우존스 월봉차트

최저 : 6,469.95(09/03월, +72.60%)

최고 : 14,198.10
(07/10월, −21.35%)

그림 2.16 한국 종합주가지수 월봉차트

최저 : 277.37(98/06월, +527.88%)

최고 : 2,085.45(07/11월, −16.49%)

그림 2.17 일본 닛케이225 월봉차트

최저 : 6,994.90(08/10월, +58.08%)

최고 : 20,833.21(00/04월, −46.92%)

11,057.40

산업분석

3

경제분석이 주식시장을 둘러싼 경제 전반의 동향을 살피는 것이라면 산업분석은 세부적으로 들어가 산업의 특성과 향후 전망 등에 관해 분석하는 것이다. 해당 산업의 특징을 파악하고 그 산업에 영향을 미치는 각각의 요소들을 분석함으로써 향후 전망을 하는 것이다.

1) 산업분석의 필요성

산업분석을 하는 이유는 산업 동향이 그 산업에 속해 있는 개별 기업에 지대한 영향을 끼치기 때문이다. 따라서 산업분석은 증권분석에 기본이 되는 중요한 분석이다. 예를 들어 자동차 산업의 전망이 좋아야 그 자동차 산업에 속한 현대차의 주가도 긍정적으로 볼 수 있다. 이렇듯 산업 전망은 해당 기업의 주가 전망에 중요한 분석 요소이다.

우선, 개별 기업의 경영성과는 그 기업이 속한 산업의 경영성과와 매우 밀접한 관련이 있다. 실제로 개별 주식의 주가는 일반적으로 해당 산업의 주가평균과 거의 같다. 그래서 산업분석과 기업분석은 따로 생각할 수 없을 정도로 밀접하게 연관되어 있다.

그리고 모든 산업의 성과가 반드시 경기변동과 일치하지는 않는다. 사치품이나 내구재 산업의 경영성과는 경기변동과 비교적 동일한 추세로 움직이지만, 생필품 산업의 경영성과는 오히려 경기변동과 반대로 작용하는 경향이 있다. 따라서 개별 산업의 분석은 경기변동의 분석과 별도로 살펴봐야 한다.

또한 기업의 경영성과에 대한 장기적인 전망에 산업분석이 도움을 준다. 어떤 산업이 성장하고 있는지 아니면 사양 산업인지 하는 것은 그 해당 기업의 전망에 결정적으로 중요한 요소가 된다.

주식투자에 앞서 어떤 기업의 주식을 살 것인지를 정하는 종목 선정을 해야 하는데 한국의 증권시장에 상장되어 있는 1,800여 개 상장사 모두를 분석하기란 현실적으로 불가능하다. 따라서 유망한 산업을 선택한 후에 그 산업에 속한 회사를 고르는 것이 훨씬 효율적인 방법이다.

실제로 산업별로 주가의 등락이 엇갈리는 경우가 많다. 종합주가지수의 상승률을 상회하는 종목이 있는가 하면 하회하는 종목도 많다. 그리고 일종의 유행이라 할 수 있는데, 테마주라고 하여 어떤 때는 IT산업이, 어떤 때는 자동차 관련 산업이 각광을 받아 해당 기업의 주가가 급등하기도 한다. 신에너지 산업이 각광을 받으며 태양광 관련 종목 주가가 인기를 모으기도 했다. [표 2.12]는 종합주가지수의 등락률과 최고 상승 업종의 등락률을 비교한 것이다.

[표 2.12]를 보면 어떤 산업에 투자하였는가에 따라 투자 실적이 크게 달라질 수 있음을 알 수 있다. 종합주가지수가 폭락하는 상황에서도 50% 이상 상승한 업종이 있는가 하면 종합주가지수 상승 폭의 10배가 넘게 상승한 종목도 있다. 산업 분석이 왜 중요한지를 나타내는 예이다.

표 2.12 종합주가지수 및 업종별 등락률

연도	종합주가지수		최고 상승 업종	
	연말 지수	등락률(%)	업종	등락률(%)
1980	106.87	6.87	종합건설업	64.23
1981	131.30	34.12	종합건설업	99.12
1982	127.31	3.00	비금속광물	73.27
1983	121.21	-1.07	조립금속	54.00
1984	142.46	22.04	기타 제조업	96.03
1985	163.37	17.09	운수장비	115.49
1986	272.61	68.90	보험업	279.92
1987	525.11	98.29	금융업	221.46
1988	907.20	70.51	종합건설업	83.40
1989	909.72	-1.08	나무 및 나무제품	62.13
1990	696.11	-23.39	종이 및 종이제품	-13.92
1991	610.92	-10.13	운수장비	25.15
1992	678.44	8.68	해상운수	35.75
1993	866.18	24.20	철강	97.90
1994	1027.37	16.84	광업	133.86
1995	882.94	-12.89	보험	44.15
1996	651.22	-26.73	광업	59.78
1997	376.31	-42.44	철강금속	-11.75
1998	554.56	44.07	광업	159.61
1999	1028.07	74.97	증권	268.33
2000	504.62	-109.87	비금속광물	-23.00

출처 : 한국은행

2) 업종 분류

우리나라 주식시장은 나름대로의 기준을 가지고 업종을 분류하고 있는데 그 내용을 살펴보자. 우선 기업의 규모에 따라 대형주와 중형주, 소형주로 분류하는데, 분류 기준은 시가총액이다. 3개월간의 일평균 시가총액을 기준으로 시가총

표 2.13 업종 분류 및 해당 기업

업종 코드	업종	해당 기업
05	음식료품	대상, 대한제분, 롯데삼강, 삼양식품, 오리온, 하이트진로
06	섬유, 의복	대한방직, 신영와코루, 웅진케미칼, BYC, LG패션
07	종이, 목재	깨끗한나라, 모나리자, 삼정펄프한국제지, 한솔제지
08	화학	삼화페인트, 아모레퍼시픽, 한국타이어, 한화, LG화학
09	의약품	동아제약, 녹십자, 종근당, 삼일제약, 일동제약, 유한양행
10	비금속광물	벽산, 성신양회, 아세아시멘트, 한국유리, 한일시멘트
11	철강, 금속	고려제강, 동국제강, 동양강철, 현대제철, POSCO
12	기계	대림통산, 두산중공업, 화천기계, 현대엘리베이터,
13	전기, 전자	금호전기, 로케트전지, 삼성전자, 하이닉스, LG전자
14	의료정밀	디아이, 미래산업, 삼양옵틱스, 케이씨텍
15	운수장비	기아차, 대우조선해양, 삼성중공업, 현대모비스, 현대차
16	유통	삼성물산, 신세계, GS글로벌, LG상사, SK네트웍스
17	전기가스	경남에너지, 경동가스대한가스, 한국가스공사, 한국전력
18	건설	경남기업, 대림산업, 삼부토건, 삼환기업, 현대건설
19	운수창고	대한항공, 대한통운, 한국공항, 한진, 현대상선천일고속
20	통신	KT, LG유플러스, SK텔레콤
21	금융	부국증권, 삼성화재, 삼성카드신영증권, 우리금융
22	은행	제주은행, 전북은행, 기업은행
24	증권	동양종금증권, 우리투자증권, 현대증권, SK증권
25	보험	롯데손해보험, 삼성화재, 한화손해보험
26	서비스	대교, 에스원, 풍산홀딩스, 한진해운홀딩스, CJ, LG, SK

액 상위 100위까지의 종목을 대형주로 분류하며 중형주는 101위부터 300위까지, 301위 이하는 소형주로 분류한다.

위의 [표 2.13]은 우리나라 거래소가 정한 업종 분류 및 그 업종에 속하는 기업을 몇 개 소개한 것이다. 일반적인 산업 분류와 반드시 일치하는 분류 방법은 아니지만 어떤 기업이 어떤 산업에 속해 있는지를 알 수 있다.

3) 산업구조분석

산업구조분석이란 해당 산업의 경쟁 강도를 결정짓는 구조적 경쟁 요인을 분석하는 것이다. 그 산업이 갖는 경쟁 구도를 살펴봄으로써 산업의 수익성을 분석할 수 있다.

　구조적 경쟁 요인으로는 진입 장벽, 기존 업체와의 경쟁 강도, 제품의 대체 가능성, 구매자와의 교섭력, 공급자와의 교섭력 등이 있다. 이 요인들이 종합적으로 작용하여 해당 산업의 이윤 잠재력과 위험도가 결정되는 것이다.

　이러한 요인들이 해당 산업의 수익성에 영향을 줄 수는 있지만 실제로는 이들 요인 중에서 한두 개의 요인이 결정적으로 작용하는 경우가 대부분이다. 예를 들어 다른 조건은 다 완벽한데 대체품이 개발되면 해당 산업의 수익성은 큰 타격을 받게 된다.

　위에서 언급한 경쟁을 결정하는 요인들 중에서 가장 중요하다고 여겨지는 요인 두 가지에 관해 살펴보도록 한다.

(1) 진입 장벽

진입 장벽이란 어떤 산업에 신규 기업들의 진입을 어렵게 하는 장벽을 말한다. 진입 장벽이 낮다는 말은 어떤 기업이든지 별 어려움 없이 이 산업에 신규로 진입할 수 있다는 말이며 그만큼 경쟁이 치열함을 의미한다. 반면에 진입 장벽이 높다는 말은 기업이 신규로 진입하기가 쉽지 않다는 말로 기존 기업들의 수익성에 위협 요소가 그만큼 줄어든다는 의미이다.

　여러 가지 요인들에 의해 진입 장벽의 높낮이가 결정되는데, 가장 핵심적인 요소가 소요 자본의 크기이다. 즉, 어떤 산업에 진출하기 위해서 어마어마한 설비투자가 필요하다고 하자. 엄청난 자금을 투자하여야 하는데 그러한 투자 자금을 확보하는 것 자체도 쉬운 일이 아니겠지만 그런 막대한 규모의 자금을 투자하고 과연 수익을 낼지는 더욱 의문스럽다. 또한 진입하였는데 기존 기업이 가격 인하로 대응하면 신규 기업은 상당히 어려움을 겪게 된다.

따라서 초기에 막대한 자본이 소요되는 산업에는 기업이 신규로 진출하기가 쉽지 않다. 실제로 석유화학산업, 반도체산업과 같이 엄청난 초기 자본을 요하는 산업에는 신규 기업 진출이 거의 없다. 이들 산업은 우리나라의 주요 수출산업인데 세계적으로도 신규 진입으로 인한 경쟁의 압력은 별로 없다.

(2) 기존 업체 간의 경쟁 강도

산업 내에 속해 있는 기존 업체들 사이의 경쟁이 어느 정도인가 하는 문제이다. 일단 해당 기업들의 수가 많으면 많을수록 경쟁은 치열할 수밖에 없다. 그리고 어떤 산업이든 경쟁이 치열하면 수익성은 떨어지게 되어 있다. 그리고 비록 기업 수가 적더라도 서로 비등한 실력을 갖고 있다면 기업들의 경쟁 강도는 강하다고 볼 수 있다.

경쟁 강도는 해당 산업의 성장 정도와도 밀접한 관계가 있다. 산업 자체가 성장산업으로 나날이 커져가고 있다면 경쟁 압박이 덜하나, 저성장 산업일 경우는 시장점유율 확대를 위해 기존 기업들 간의 경쟁이 치열할 수밖에 없다.

4) 수요분석

어떤 산업이든 생산된 제품은 시장을 통해 판매한다. 자동차는 자동차 시장, 반도체는 반도체 시장을 통해 제품을 공급한다. 가격은 시장에서 수요와 공급에 의해 결정되며 이때 결정된 가격이 기업의 수익성을 좌우하게 된다. 따라서 시장 수요의 동향을 분석하는 것은 향후 그 산업의 수익을 분석하는 것과 직결된다.

예를 들어 세계의 교역이 증가하고 있다고 하자. 이는 해상 물류가 증가하고 있다는 이야기이며 물동량의 증가는 해운사 입장에서 호재이다. 그리고 조금 더 생각해보면 조선산업에도 호재가 된다. 조선산업의 수요자인 해운사들의 선박 주문이 늘기 때문이다. 따라서 조선산업을 분석하기 위해서는 교역량의 동향과 해운사들의 동향을 분석해야 하는 것이다. 거기에다 기존 해운사들이 보유하고 있는 선박의 노후화 정도와 교체 주기 등을 파악하면 조선산업의 수요가 어떨지를 예측할 수 있다.

전자제품의 다양화와 디지털화는 반도체의 수요를 증가시킨다. 스마트폰과 같이 반도체가 필요한 제품이 대중화될수록 반도체의 수요는 증가할 것이며 반도체산업에는 호재일 것이다.

실제로 수요 증가를 제대로 예상해 주식투자로 높은 수익을 낸 사례가 있다. 과거에 인터넷 쇼핑의 대중화를 보고 어떤 개인투자가가 택배회사 주식에 투자하여 큰돈을 벌었다는 뉴스가 있었다. 인터넷 쇼핑이 증가할수록 택배회사의 일도 늘어나고 수익성이 향상된다. 그 개인투자가는 택배회사의 수요 증가를 예측한 것이다.

이렇듯 어떤 산업이든 그 산업의 수요를 분석하는 것은 매우 중요하다. 그 산업에 속한 기업의 수익성에 결정적 영향을 주기 때문이다.

다음의 신문 기사는 이동통신업에 관한 내용이다. 수요분석의 좋은 예이다.

SK텔레콤의 하성민 사장이 최근 전체 임원 회의에서 "3분기 실적이 최악(最惡)으로 가고 있으니 비상대책이 필요하다."고 심각한 위기감을 드러낸 것으로 알려졌다. 하 사장의 발언 직후, SK텔레콤은 당장 '허리띠'를 졸라매기 시작했다. 마케팅 비용을 대폭 줄인 데 이어 돈이 되지 않는 사업을 대거 취소했다. 신규 사업도 수익성 재검토에 들어갔다.

1990년대 초반 이후 20년 간 호황을 누려온 이동통신 산업의 성장세가 꺾였다. 주된 수익원인 음성통화 · 문자메시지 사용량이 줄어드는 데다 신규 서비스인 무선 인터넷은 규제 때문에 요금을 마음대로 올릴 수 없기 때문이다. SKT뿐 아니라 KT와 LG유플러스도 사업구조를 혁신하기 위해 '탈(脫)통신' 전략을 추진하고 있다.

이동통신 파티는 끝났다

현재 우리나라 휴대전화 가입자는 5100만 명. 전체 인구보다 많기 때문에 앞으로 가입자가 크게 늘어날 여지가 없다. 더 큰 위기는 전화 통화와 문자메시지 사용량 자체가 줄고 있다는 것이다. 1800만 명에 달하는 스마트폰 이용자들은 무료 문자 서비스가 가능한 카카오톡은 물론이고 페이스북 · 트

이동전화 가입자 1명이 지불하는 통신요금(단위 : 원)

SK텔레콤
4만 6600원 → 4만 1674원
KT
3만 9087원 → 3만 6789원
LG유플러스
3만 6462원 → 3만 2701원

2006년 2007년 2008년 2009년 2010년

자료 : 각 사

이동전화 가입자의 문자 이용줄고 카카오톡의 이용자 수 늘고
해외 이용자를 제외한 국내 이용자수

312억건 → 250억건
2010년 1분기 2 3 4 2011년 1분기 2 3
자료 : 방송통신위원회

80만명 → 2000만명(추정)
2010년 1분기 2 3 4 2011년 1분기 2 3
자료 : 카카오

위터 등을 통해 안부를 주고받는다. 스마트폰을 늘 끼고 살지만 정작 통신사에 돈을 벌어주는 전화 기능은 덜 사용한다는 말이다.

휴대폰을 통한 문자메시지 이용 건수는 1년 만에 20%가 줄었다. 올 2분기 국내 통신 3사의 문자메시지 발송량은 250억 건. 작년 2분기 312억 건보다 62억 건이 감소했다.

소비자들은 건당 20원인 통신사의 문자메시지 대신 카카오톡 같은 무료 메신저로 급속히 옮겨가고 있다. 현재 국내에서 카카오톡을 쓰는 사람은 2000만 명에 달한다. 이를 통해 오가는 문자메시지는 하루 평균 6억 건. 통신사들로서는 매일 120억 원의 문자 사용료 매출이 날아가는 셈이다. 다음 '마이피플', NHN '네이버톡' 등 다른 메신저까지 포함하면 손실이 더 커진다.

음성 통화량도 줄고 있다. 통신업체의 한 관계자는 "올 들어 가입자 1인당 통화량이 크게 줄어 비상이 걸렸다."며 "외부에 알려지면 회사 주가가 추락할까봐 쉬쉬하는 분위기"라고 말했다.

반면 투자비는 계속 늘고 있다. SK텔레콤의 경우 올해 통신망 투자에 2조 3000억 원을 쓸 예정이다. 작년보다 25% 늘어난 것으로 사상 최대 규모다. 버는 돈은 주는데 드는 돈만 많아지는 것이다.

이동통신 산업의 침체는 국내 업체들만의 문제가 아니라 세계적인 추세다. 글로벌 시장조사 기관 오범은 "스카이프·바이버 같은 무료 프로그램을 이용한 통화량이 급증하면서 지난 20년간 전 세계 통신업체들이 누려온 황금시대는 끝났다."고 진단했다. 오범은 유럽 통신시장의 경우 성장은커녕 현재 1930억 달러(약 228조 원) 규모에서 2016년엔 1860억 달러(약 219조 원)로 4% 줄어들 것으로 전망했다.

부동산·렌터카·반도체 등 돈 되는 건 다 한다
글로벌 컨설팅업체 알릭스파트너스는 "앞으로 2년 내 전 세계 통신업체 중 75%가 급감하는 이익률과 늘어나는 통신망 투자 부담 탓에 경영 위기를 맞을 것"이라고 분석했다.

성장의 한계에 부딪힌 통신사들은 대책 마련에 부심하고 있다. KT는 "통신만 가지고는 살아남을 수 없다."는 판단 아래, 다양한 사업에 손을 뻗치고 있다. 이 회사 고위 관계자는 "우리가 부동산 개발, 렌터카 사업을 하는 것도 그렇고 SK텔레콤이 반도체업체 하이닉스를 인수하겠다고 나선 것도 같은 이유"라고 말했다.

통신망에 과도한 부담을 주는 인터넷 업체나 전자회사에 사용료를 물리기 위해 협상을 벌이는 것도 같은 맥락이다. SK텔레콤의 이형희 전무는 "구글처럼 엄청난 수익을 내는 글로벌 기업이 우리 통신망을 이용해 돈을 벌면서도 돈 한 푼 내지 않는 '무임승차(free riding)' 행위를 하는데, 언제까지 인정해줘야 하느냐."고 말했다.

통신사들은 인터넷 기능을 내장해 다양한 프로그램을 시청하는 스마트TV 제조사에 대해서도 통신망 사용료를 낼 것을 요구하고 있다. KT 김희수 상무는 "아무리 도로(통신망)를 확충해도 100t트럭이 수시로 왔다갔다하니 도로가 남아나질 않는다."며 "수익을 내는 업체가 비용을 분담하는 것이 타당하다."고 말했다.

하지만 인터넷 · 전자업체들은 "가입자들이 이미 통신사에 데이터 요금을 내고 있는데 우리에게 추가 부담을 요구하는 것은 받아들이기 힘들다."고 맞서고 있다.

2011년 10월 10일 조선일보
성호철 통신 미디어 팀장

위의 자료를 통해서 이동통신업의 현황과 함께 문제점 그리고 향후 전망 등에 관한 여러 정보를 알 수 있다. 따라서 관련 자료를 꾸준히 수집하여 분석하는 일은 기본적 분석에서 가장 중요한 작업이라 할 수 있다.

5) 주력제품의 수명주기

어떤 산업이든 주력제품이란 것이 있게 마련이다. 즉, 매출에서 비중이 가장 크거나 수익성이 가장 좋은 제품이 있다. 또한 어떤 산업이든 주력 제품은 변하기 마련이다. DVD의 출현으로 VTR이 사라졌고 LCD의 출현으로 브라운관 TV가 사라졌다. 새로운 기술의 발전은 끊임없이 신제품을 내놓고 있는 것이다.

이렇듯 어떤 제품이든 수명주기라는 것이 있다. 미래의 경영 성과를 예측하기 위해서는 해당 산업의 주력제품이 주기상 어느 단계에 있는지를 파악할 필요가 있다. 제품의 주기는 도입기, 성장기, 성숙기, 쇠퇴기로 나눌 수 있다.

도입기는 신제품이 시장에 나와 소비자의 반응을 살피는 시기이다. 이 단계에서는 제품에 대한 시장의 평가가 중요하다. 향후 매출을 가늠할 수 있기 때문이다. 개발비 같은 비용이 회수되지 못하는 시기이므로 기업 입장에서는 아직 리스크가 큰 상태이다.

성장기는 매출이 크게 성장하여 이익이 발생하는 시기이다. 시장이 제품을 인지하고 그 수요가 팽창하는 시기이므로 제품 생산에 많은 자금이 소요되기도 하는 시기이다.

성숙기는 안정적인 시장점유율을 확보하고 제품 개발비 등의 비용을 회수하는 시기이다. 하지만 경우에 따라서는 경쟁 기업의 수가 늘어나면서 제품의 단위당 이익이 축소되기도 하는데 이 시기는 기업의 경쟁력이 관건이 된다. 가격경쟁에서 살아남을 정도의 경쟁력이 구비된 기업만이 생존하기 때문이다. 그리고 지속적인 성장을 위해서 다른 신제품의 개발이 요구되는 시기이다.

마지막으로 쇠퇴기는 다른 신제품의 출현으로 수요가 감소하여 매출이 줄어들고 수익성이 악화되는 시기이다. 업종 다각화 등을 검토해야 하는 시점이다.

이처럼 어떤 산업이든 주력제품은 이러한 주기를 겪는다. 영원히 성장하는 제품은 없다. 시간의 차는 있을지언정 결국은 쇠퇴기를 맞게 된다.

한편, 산업 자체도 싸이클이 있다. 즉, 성장하는 산업과 쇠퇴하는 산업이 있다. 과거의 주요 산업이었던 섬유산업이나 광업은 더 이상 주요 산업이 아닌 것처럼 시대에 따라 쇠퇴하는 산업이 있다. 반면에 신재생에너지라든지 생명공학과 같은 새로운 산업이 출현하여 각광을 받기도 한다.

실제로 우리나라의 1970년대 성장산업은 건설, 종합상사, 중화학공업 등이었다. 1980년대는 증권업과 은행업이, 그리고 1990년대는 유통, 운수, 반도체산업이 성장산업이었다. 2000년대에 들어와서는 정보 통신, 인터넷, 생명공학과 같은 산업이 첨단산업으로 각광을 받았다.

6) 우리나라의 산업구조

(1) 시가총액으로 살펴본 산업 비중

우리나라 주식시장에서 가장 큰 비중을 차지하는 산업은 일반적으로 IT산업이라고 불리는 전자 관련 산업이다. 2010년 1월 기준으로 시가총액 기준 23%를 차지하고 있다. 전체의 1/4에 육박하는 비중이다. 이는 우리나라 산업에 있어 IT분야가 상당히 중요한 위치에 있음을 의미하기도 하지만 시가총액 1위 기업인 삼성전자가 포진하고 있기 때문이기도 하다.

　IT산업에 이어 큰 비중을 차지하는 것이 금융산업인데 시가총액의 18%를 차지하고 있다. 금융산업이 우리나라 주식시장에서 두 번째로 높은 비중을 차지하고 있다고 하면 의외라고 반응하는 사람들이 많다. 그만큼 특별하게 생각하지 않는 경향이 있는데 금융산업은 우리나라뿐만 아니라 거의 모든 선진국에서 시가총액 비중이 큰 산업이다. 실제로 시가총액 상위 종목에는 신한지주, KB금융, 하나금융지주, 삼성생명과 같은 금융 종목들이 상당수 있다.

　그리고 자동차 산업이 12%로 그 뒤를 따르고 있다. 자동차 산업 역시 우리나라를 대표하는 산업인데 최근의 수출 호조 등과 함께 엄청난 성장을 이룬 산업이다.

　뒤를 이어 철강, 비철금속이 약 11%를, 그리고 조선, 해운이 9%, 에너지 관련 산업이 8%를 각각 차지하고 있다.

(2) 업종별 주가순환

앞에서도 언급하였지만 시대에 따라 각광을 받는 산업이 있다. 그러나 한편으로 주가는 업종별로 하나의 사이클을 보이며 상승하거나 하락하기도 한다. 예를 들어 주가가 상승기에 접어드는 단계에서는 제일 먼저 금융주가 상승을 보이고 다음에 에너지, 철강 관련 산업의 주가가 오른다. 그 다음으로 자동차, 전기전자 등 제조업의 주가가 오르며 이어서 유통 관련 산업의 주가가 차례로 오르는 경향이 있다.

　좀 더 자세히 살펴보면 다음과 같은 설명이 가능하다. 일단 경기가 불황에서 호황기로 접어들면 은행주를 중심으로 증권주와 같은 금융주가 먼저 상승하는데 이는 향후 경기 호전으로 대출이 늘어나고 은행의 실적이 호전될 것이라는 기대 때문이다. 은행은 각 산업 모두와 연관되어 있다. 어느 산업에게나 대출을 할 수 있으며 향후 경기가 좋아질수록 각 산업으로의 대출이 증가할 수 있으므로 가장 폭넓은 수혜가 있을 것이라고 보는 것이다.

증권산업의 실적은 주가와 관련이 깊다. 주가가 올라가 사람들이 주식거래를 하면 할수록 거래량이 늘어나고 그에 따른 증권회사의 수수료 수입이 늘어나기 때문이다. 사실 증권회사란 아무것도 안 해도 거래량이 늘면 수입이 자동적으로 증가하는 수익 구조이다. 따라서 경기 상승에 따른 주식 거래의 활성화가 예상되므로 주가가 상승하게 된다.

다음이 에너지, 철강 관련 산업인데 이들 산업은 모두 제조업에 필수적인 산업이다. 자동차를 만들기 위해서는 철강이 필요하고 공장을 돌리기 위해서는 에너지가 필요하다. 따라서 철강이나 에너지 산업은 경기에 선행한다. 즉, 제조업 경기가 좋아지면 실적이 향상되는 산업이다.

이어서 각광을 받게 되는 산업이 자동차, IT관련 제조업이다. 경기 상승이 이 단계로 접어들면 여러 경기 관련 지표가 호전되며 사회 전반적으로 호황의 분위기가 확산되기 시작한다. 즉, 호황을 피부로 느끼는 단계가 된다. 이는 다시 소비 증가로 이어지는데 따라서 관련 산업인 음식료, 유통, 서비스 관련 주가가 오르게 된다.

그리고 마지막 단계가 조선업이다. 일반적으로 경기 후행성이 강한데 이는 선박을 주문하는 해운업자는 물동량이 증가해야만 선박을 주문하기 때문이다. 이미 제조업이 활성화되어 물동량이 늘어난 단계에서 주문이 본격화되기 때문에 조선업은 경기가 호전되고 어느 정도 시간이 지난 후에야 본격적으로 수혜를 입게 된다.

7) 우리나라의 산업별 특징

앞에서도 살펴보았지만 각 산업들은 나름대로의 특성이 있다. 은행산업의 특성과 자동차산업의 특성이 같을 수 없듯이 모두 각자의 고유한 성질들이 있다. 이러한 산업적 특성을 이해하는 것은 산업분석에도 도움이 되지만 무엇보다 산업에 속한 기업분석에도 많은 도움이 된다.

우리나라를 대표하는 몇 가지 산업의 특성들을 대략적으로 살펴보자. 몇 가지 산업들의 특성을 파악하면 그 안에 속한 많은 기업들도 함께 분석할 수 있으므로 효율적인 분석이 가능하다.

(1) IT산업

IT(Information Technology)산업이란 컴퓨터, 정보 통신 관련 서비스와 제품을 생산하는 산업을 통칭한다. 어떻게 보면 상당히 광범위한 산업인데 대부분의 전자, 전기산업이 여기에 포함된다.

앞에서 언급하였듯이 IT산업은 한국의 시가총액에서 가장 비중이 큰 산업이다. 수출액도 가장 많다. 2011년 우리나라 IT산업 수출은 1,569억 7천만 달러로 가장 많은 액수이다. 전체 산업의 무역수지 흑자 폭보다 2배 이상 많은 실적을 올리면서 무역 1조 달러 달성의 일등 공신 역할을 했다. IT산업의 무역수지는 전체 산업의 무역수지 흑자액(333억 달러)보다 2.3배 높은 754억 5천만 달러이다. 우리나라 수출의 대표 주자이자 무역수지 흑자의 주역인 셈이다.

① 반도체

우리나라의 IT산업을 대표하는 것이 반도체산업이다. 거의 모든 전자제품에 들어가는 반도체는 그 용도가 증가하고 있다. 장난감에서부터 컴퓨터와 같은 전자제품은 물론 우주 항공에 이르기까지 다양하게 사용된다. 최근에는 자동차와 로봇 등이 새로운 시장으로 부상하고 있다.

반도체는 크게 정보를 저장하는 메모리 반도체와 연산이나 제어 기능을 하는 비메모리 반도체로 구분된다. 비메모리 반도체는 시스템 반도체라고도 한다. 메모리 반도체는 표준품의 대량생산에 필요한 생산 기술이 경쟁력의 핵심 요인으로 작용하고, 비메모리 반도체는 응용 제품의 운용에 필요한 설계 기술이 경쟁력의 관건이다. 반도체 시장은 메모리 반도체가 19%, 비메모리 반도체가 81% 정도를 차지한다.

메모리 반도체는 다시 D램과 NAND플래시로 구분되는데 D램은 주로 컴퓨터에 사용되며 전원이 공급되지 않으면 정보가 지워진다. D램은 메모리 반도체 시장에서 가장 큰 비중을 차지하고 있으며 우리나라 반도체산업의 주력제품이기도 하다.

NAND플래시는 전원이 끊겨도 정보가 지워지지 않는 성질이 있으며 디지털 TV나 디지털카메라 등의 가전제품에 주로 쓰인다.

메모리 반도체의 선두 기업은 삼성전자로 생산량은 세계 제1위이다. 메모리분야에서 삼성전자는 세계시장을 지속적으로 선도하는 위치에 있다. 지난 2008년부터 벌어진 반도체산업의 치킨게임에서 최대 승자는 삼성전자이다. 이제는 여타 업체가 가격에서나 기술력에서나 삼성전자를 따라오기가 쉽지 않게 되었다.

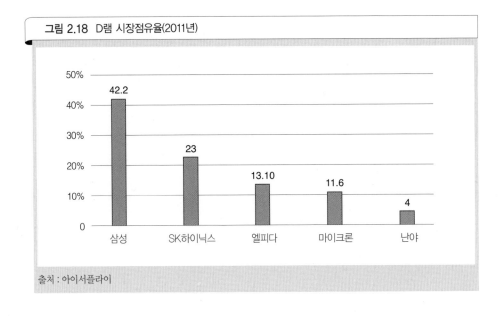

그림 2.18 D램 시장점유율(2011년)

출처 : 아이서플라이

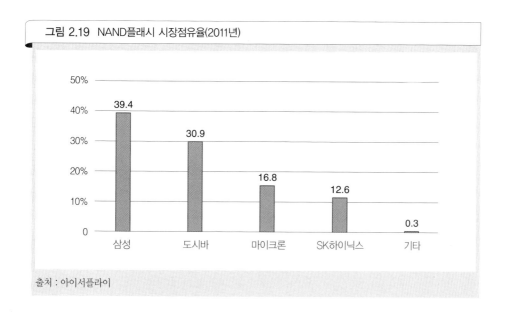

그림 2.19 NAND플래시 시장점유율(2011년)

출처 : 아이서플라이

2012년 세계 3위의 D램 업체인 일본 엘피다의 파산이 그 전형적인 예이다.

삼성전자는 반도체 전체 품목에서는 미국의 인텔 다음으로 시장점유율 세계 2위이지만 메모리의 경우는 세계 1위를 지속적으로 유지하고 있다. SK하이닉스는 전체 품목의 경우 7위지만 메모리 분야는 2위를 유지하고 있다. 우리나라 반도체 업계가 메모리 분야에서 치열한 치킨게임을 통해 승자의 자리를 굳히고 있는 것이다.

이렇게 우리나라는 메모리 분야에서 세계 최고 수준인 반면에, 비메모리 반도체에는 상당히 취약하다. 최근 들어 비메모리 반도체는 종합 솔루션 제공이 가능한 일부 상위 업체를 제외하고 극심한 가격경쟁을 벌이고 있다.

가격경쟁력의 관건인 칩 사이즈 축소 등은 대만이 선도하며, 국내 업체는 미국이나 대만, 일본보다 경쟁력에서 뒤쳐지고 있는 실정이다. 2011년에는 비메모리 반도체 시장에서 삼성전자가 점유율 3.7%로 처음으로 세계 5위에 진입했다.

하지만 삼성전자가 앞으로 이 부분에서 점유율을 높일 여지가 많다. 반도체의 모바일화 때문이다. 휴대형 단말기 보급의 증가로 AP, CMOS 이미지 센서, 파운드리 사업 등이 호조를 보이고 있다. 실제로 PC기반의 메모리 부문은 2011년

−9% 성장률을 보인 반면 모바일 단말기용 반도체 시장은 10%대의 고성장을 기록했다. 여러 형태의 휴대형 단말기들이 개발되고 그 수요가 지속되는 한 모바일 반도체 역시 고성장이 예상된다.

반도체산업에 속하는 기업은 제조, 장비, 소재의 세 가지로 나뉜다. 제조기업은 말 그대로 반도체를 제조하는 기업이다. 삼성전자, SK하이닉스가 여기에 속한다. 장비기업은 반도체 제조에 필요한 장비를 만드는 업체이다. 주성엔지니어링, 신성이엔지 등이 있다. 한편 반도체 소재를 만드는 업체에는 대덕전자, 심텍 등이 있다.

반도체산업은 의외로 가격 변동이 심한 산업 중의 하나이다. 그만큼 경기에 민감하다고 할 수 있는데 이 가격의 변동이 주가에도 많은 영향을 미치는 편이다.

② 디스플레이

디스플레이산업에서의 디스플레이란 쉽게 말해 TV나 모니터, 휴대폰의 표시장치를 말한다. 화면을 띄우는 장치이다. 그 종류에는 브라운관, LCD, PDP, LED, OLED 등이 있다.

이 중에서 OLED(유기발광다이오드)가 차세대 디스플레이로 각광 받고 있다. 자체 발광, 넓은 시야각, 초박형 및 낮은 전력 소비 등이 특징이다. OLED는 화질 반응속도가 초박막액정표시장치(TFT-LCD)에 비해 1,000배 이상 빠르기 때문에 동영상을 구현할 때 잔상이 거의 나타나지 않으며 자연광에 가까운 빛을 내고, 에너지 소비량도 적다. 구동 방식에 따라 수동형(Passive Matrix, PM)과 능동형(Active Matrix, AM)으로 나뉜다. [표 2.14]는 55인치 일반 LED TV와 OLED TV를 비교한 표이다.

표 2.14 OLED TV와 LED TV의 비교

	명암비	응답속도	시야각	두께	무게
OLED TV	무한대	0.02msec	Free	4mm	7.5kg
LED TV	1,500 : 1	2~4msec	40°	14.9mm	15kg

비교 내용을 보면 특히 두께 차이가 많이 난다. LED TV는 자체 발광이 불가능하기 때문에 백라이트로 빛을 쏘아주어야 한다. 그래서 얇게 만들려고 해도 한계가 있을 수밖에 없다. 그러나 OLED는 백라이트가 필요 없기 때문에 훨씬 더 얇게 만들 수 있는 것이다.

여기서 잠깐 참고로 말하자면 우리가 일반적으로 쓰는 LED TV란 엄밀히 말하면 LED TV가 아니다. 단지 LED 백라이트를 사용한 LCD TV이다. 그래서 LED TV를 LED LCD라고 쓰기도 한다.

아무튼 OLED는 스마트폰, PDA(개인 휴대 단말기) 등 각종 전자제품의 디스플레이에 사용되고 있으며 그 수요가 날로 증가하고 있다. 두께와 무게를 LCD의 3분의 1로 줄일 수 있어 소형 모니터에서 TV까지 활용도가 높아 PDP, LCD의 뒤를 잇는 차세대 디스플레이로 기대를 받고 있다.

디스플레이산업은 초기부터 과감한 투자를 감행한 국내 업체들이 우위를 점하고 있다. 2009년 우리나라의 세계시장 점유율은 46.5%로 세계 1위이다. 구체적으로 살펴보면 LCD는 45.8%, PDP는 52.1%, OLED는 82.6%로 세계 제1의 디스플레이 생산국이다. 세계 디스플레이 시장의 국가별 점유율은 한국 46.5%에 이어 대만이 33.0%, 일본이 17.8%로 뒤를 따르고 있다.

국내의 디스플레이 제조 업체는 삼성전자와 LG디스플레이가 있다. 이 두 업체가 세계시장에서 각각 1, 2위를 점하고 있다. 한편 OLED와 관련된 업체로는 LG이노텍, 삼성전기 등이 있다.

③ 휴대폰

휴대폰 역시 우리나라가 자랑하는 IT분야 중 하나이다. 최근에는 미국 애플사의 아이폰의 등장으로 스마트폰이 대세가 되어 가고 있는 추세이다.

2011년에 전 세계에서 판매된 스마트폰은 4억 7,000만 대 정도인데 이는 2010년 2억 9,800만 대에 비해 57.8%나 성장한 것이다. 생산 업체별로는 미국의 애플이 연간 8,900만 대로 전 세계 1위이며 삼성전자는 8,700만 대로 2위를 달리고 있다.

2011년 4분기에 스마트폰이 가장 많이 판매된 곳은 전 세계 판매량의 34.6%를 차지한 아시아태평양(일본 제외) 지역이다. 다음으로 북미시장이 23.8%, 서유럽 지역이 20.0%로 3개 지역이 78.4%를 차지하고 있다. 일본시장까지 합하면 아시아 지역의 스마트폰 판매 비중은 39.1%에 달한다. 스마트폰의 최대 시장이자 격전지가 아시아태평양 지역인 것이다.

아시아태평양 지역에서는 삼성전자의 부상과 노키아의 몰락이 가장 극명하게 나타난다. 삼성전자는 시장점유율이 2008년 1분기 2.4%에 불과하였으나 2011년 4분기에는 27.6%까지 크게 상승했다. 노키아는 삼성전자와는 반대로 하락 속도가 매우 빠르다. 2008년 1분기 82.6%의 압도적 점유율을 차지했던 노키아는 지난 2011년 4분기 16.7%의 점유율로 2위로 내려앉았다. 애플 역시 2011년 2분기 17.1%를 기록한 이후 비슷한 수준을 유지하고 있다.

또 한 가지 특이 사항은 Huawei, ZTE 등 중국 업체와 대만 업체인 HTC의 약진이다. 2011년 이전까지만 하더라도 HTC를 제외한 중국 업체들의 시장점유율은 미미한 실정이었으나, Huawei, ZTE, HTC의 합산 시장점유율은 2011년 1분기 10.6%, 2분기 13.9%, 3분기 18.5%, 4분기 20.4%로 상당히 빠르게 상승하고 있다. 이는 삼성전자에게는 잠재적 위협 요인이 되고 있다.

한편 이들 중국, 대만 업체에 주요 부품을 납품하고 있는 국내 기업들이 있다. 파트론, 와이솔 등인데 중국과 대만 업체의 약진으로 이들 업체의 실적 증대가 예상된다.

북미시장에서는 애플의 선전이 이어지고 있다. 2011년 4분기 애플은 북미 스마트폰 시장에서 42.6%의 점유율을 차지하며 17.6%에 그친 삼성전자를 매우 큰 격차로 따돌렸다.

그리고 빠른 속도로 점유율을 상승시키던 대만 HTC는 2011년 3분기 20.7%에서 4분기 10.0%까지 점유율이 크게 하락했다.

서유럽시장에서는 삼성전자와 애플이 박빙의 승부를 벌이고 있다. 애플은 27.6%, 삼성전자는 27.4%로 거의 비슷한 점유율을 기록했다. 아시아태평양 지역에서와 마찬가지로 유럽 지역 최대 업체였던 노키아는 9.6%로 점유율이 하락했다.

LG전자 역시 북미시장에서 한 자리 수 후반대 점유율을 유지하고 있는 것 외에는 아직까지 두각을 나타내지 못하고 있다.

국내 휴대폰산업에서 삼성전자의 독주는 스마트폰 출현 이후 점점 가속화되고 있는 느낌이다. 2011년 11월 말 기준으로 삼성전자 휴대폰이 출하량 연 3억 대를 돌파했다. 삼성전자가 지난 1988년 처음으로 휴대폰 사업을 시작한 지 24년 만이다. 이는 노키아에 이어 두 번째로, 국내 업체로는 처음이다.

연간 3억 대가 출하되려면 하루 82만 대, 1초에 9대 이상을 생산해야 하는 것으로 휴대폰을 쌓으면 에베레스트산의 300배가 넘는 높이가 된다고 한다. 특히 삼성전자는 1996년 휴대폰 100만 대 돌파 이후 10년 만인 2005년 휴대폰 업체들의 무덤인 1억 대 벽을 돌파했고 4년 만인 2009년에는 2억 대 그리고 불과 2년 만인 2011년에 연간 3억 대를 달성한 것이다. 삼성전자는 피처폰, 터치폰, 스마트폰에 이르는 휴대폰 풀 라인을 갖추고 있으며 히트 모델을 지속적으로 낸 것이 성공 요인이다.

④ 인터넷

인터넷산업은 인터넷에 기반을 둔 포털, 게임, SNS와 같은 사업을 말한다. 과거에는 없었던, 인터넷이 보급된 후에 나타난 산업이다. 비교적 쉽게 진입할 수 있는 산업으로 경쟁이 상당히 치열한 분야이다.

인터넷산업은 무엇보다 방문자 수와 방문자가 머문 시간이 중요하다. 방문자 수가 800만 명이 넘으면 어떤 비즈니스도 가능하다고 한다.

인터넷산업 중에서 가장 큰 사업은 포털이다. 네이버라든지 다음, 야후와 같이 인터넷상에서 검색, 메일, 정보, 쇼핑 등의 다양한 서비스를 제공하는 사업이다. 이들 포털이 제공하는 서비스는 점점 확대되고 있다.

포털의 기본적인 수익원은 광고 수입이다. 온라인 광고 시장은 2009년에 1조 5,000억 원에 달할 정도로 커져 있다. 포털 사업은 많은 방문자 수를 확보한 기업이 유리하다. 우리나라는 NHN이 2006년부터 지금까지 1위의 자리를 지키고 있다. 2011년 10월 한 달 동안 PC 사용자의 네이버 방문 횟수는 총 3,100만 번에 이르는 것으로 집계됐다. 2위는 2,880만 번의 방문 횟수를 기록한 다음(Daum)이다.

(2) 자동차산업

자동차는 2만 여개의 부품으로 이루어진 상당히 복합적인 제품이다. 철강, 고무, 유리, 플라스틱, 섬유, 전자, 도료, 기계산업 등 거의 모든 산업과 관련이 있다. 그래서 자동차산업을 제조업의 꽃이라고 한다.

실제로 지구 상에서 자동차를 만드는 나라는 얼마 되지 않는다. 한국은 2011년 한 해 465만 8,000대의 자동차를 생산한 세계 5위의 자동차 생산국이다. 이 순위는 7년째 유지 중이다. 다음의 그림은 2011년 국가별 자동차 생산량이다. 해외 현지 생산은 현지 국가에 포함시킨 자료이다.

자동차산업은 산업 연관 효과나 고용 면에서 매우 중요한 산업이다. 자동차산업은 부품 제조와 완성차의 조립, 판매, 정비, 금융, 보험을 포함하는 광범위한 전

그림 2.20 국가별 자동차 생산 대수(2011년)　　(단위 : 천 대)

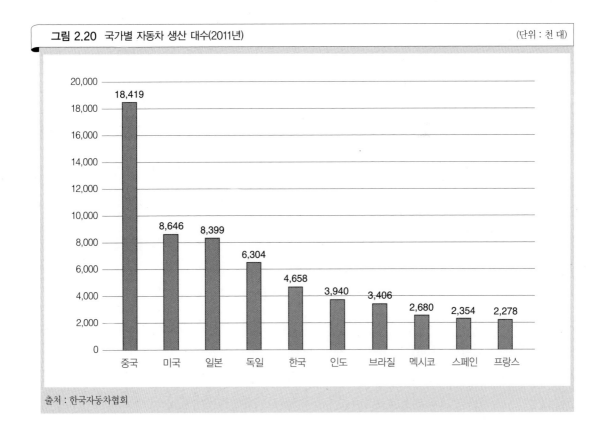

출처 : 한국자동차협회

후방 연관산업이 있다. 전후방산업에 대한 파급효과와 규모의 경제 효과가 큰 산업이며, 지속적인 첨단기술의 개발과 성장이 이루어지고 있는 산업이다.

우리나라의 자동차산업은 2008년 기준으로 제조업 생산의 10.6%와 고용의 10.5%를 차지하고 있다. 이는 160만 명의 근로자를 자동차산업이 고용하고 있다는 의미이며 이 수치는 제조업 전체 고용 인구의 55%에 해당한다. 한마디로 우리나라 제조업의 기둥이라고 말할 수 있다.

또한 자동차산업은 우리나라의 주요 수출산업이다. 2009년 총 수출의 10.2%를 자동차가 차지했다. 우리나라의 자동차 수출은 2009년에 214만 9,000대를 기록, 세계 제4위의 수출국 자리를 유지했다. 2009년 현대기아자동차는 세계 경기 침체에도 불구하고 중·소형차 부문의 경쟁력을 바탕으로 464만 대의 자동차를 전 세계 시장에서 판매해 세계 제5위의 자동차 그룹으로 성장했다.

자동차산업은 완성차 업체, 부품 업체, 타이어 업체의 크게 세 가지로 나눌 수 있다. 완성차 업체로는 현대차, 기아차, GM대우, 르노삼성 등이 있다. 국내 시장의 75%는 현대차와 기아차 두 개 회사가 점유하고 있다. 현대기아차그룹이 거의 독점하고 있다고 말할 수 있다.

완성차 업체는 주로 차체(車體)를 만들고 칠을 하고 부품을 조립하여 완성차를 만든다. 완성차 업체가 직접 만드는 부품은 엔진이나 미션과 같은 핵심 부품 정도이며 나머지 대부분의 부품은 부품 업체로부터 조달한다. 국내의 주요 자동차 부품 업체는 약 70여 곳이 있다. 자동차산업은 그 어느 산업보다 부품 조달이 중요한 산업이다.

최근의 자동차산업의 동향은 전자화와 모듈화이다. 자동차에는 각종 전자장치가 들어간다. 그리고 점점 첨단화되어 가고 있으며 종류도 증가하고 있는 추세이다. 이제 자동차는 여느 전자 제품보다 많은 전자 부품이 들어가는 전자 기기인 것이다. 따라서 완성차 업계는 전자기 계통의 부품 의존도가 높아지고 있다.

자동차의 모듈화란 자동차 부품을 여러 가지의 부품으로 조합하여 생산하는 것을 말한다. 부품 업체가 자동차에 필요한 부품을 볼트나 너트의 단위가 아닌 엔진, 변속기, 섀시 같은 큰 단위의 조립품으로 만들어 납품하는 것을 모듈이라고 부른다. 모듈화는 최근 세계 자동차 업계의 이슈로 떠오르고 있다.

　모듈화의 장점은 부품 업체에서 1차 조립을 통해 모듈을 만들기 때문에 불량률을 낮추고 조립 시간이 줄어든다는 점이다. 따라서 자동차 업계에서는 모듈화의 척도를 경쟁력으로 삼기도 한다. 현대차의 쏘나타는 40% 정도를 모듈화했고 르노삼성의 경우에도 모듈화를 확장해가고 있으며 폭스바겐에서는 평균 17개의 모듈을 사용하고 있다.

　국내에서는 현대모비스가 1999년에 처음으로 섀시 모듈을 공급한 것을 시작으로 덕양산업, 성우하이텍, 만도, 현대위아 등의 업체가 각종 모듈을 생산하고 있다.

　우리나라를 대표하는 3대 자동차 부품 업체는 현대모비스, 만도, 현대위아이다. 현대모비스는 부품 1위 업체이다. 만도는 제동장치의 생산과 함께 섀시에 특화된 사업을 하고 있다. 현대위아는 RV, SUV의 변속기와 리어 섀시 모듈 등을 생산하고 있다.

　우리나라의 부품 업체들의 글로벌화도 빠르게 진행되고 있다. 우선 완성차 업체들의 해외 진출에 따라 동반 진출이 늘었으며 해외 완성차 업체로부터의 수주도 증가하는 추세에 있다.

　우리나라의 타이어 시장은 한국타이어와 금호타이어 두 회사가 양분하고 있다. 우리나라는 1990년대 이후의 자동차 내수 및 수출 호조로 세계 5위권의 타이어 생산국이다. 종류별로 보면 승용차용 타이어가 전체 생산량의 절반 이상을 차지하고, 그 다음으로 소형 트럭용 타이어, 트럭·버스용 타이어가 생산된다.

　자동차산업은 수출 규모가 내수 규모보다 크므로 해외시장의 동향에 영향을 많이 받는다. 특히 미국과 중국시장이 중요하다. 2010년 9월 현대차 판매량이 국내 5만 6,853대, 해외 25만 7,502대였다. 수출 비중이 내수보다 크다.

　따라서 자동차산업은 대표적인 환율 상승 수혜주이다. 2008년 이후 환율 상승은 자동차의 해외시장 점유율 확대에 큰 도움을 주었다. 자동차산업은 수출 비중이 큰 만큼 환율은 중요 변수이다.

(3) 조선업

조선업은 한마디로 선박을 제조하는 산업이다. 우리나라는 세계적 규모의 선박 제조국이다. 다음의 [그림 2.21]은 2008년 국가별 대륙별 선박 수주 비율을 나타낸 것이다. 한국이 1위이지만 2위 중국이 맹렬히 추격하고 있다.

조선업의 업황은 기본적으로 물동량의 증감과 밀접한 관계가 있다. 세계 물동량의 약 70%가 해상운송에 의해 이루어지고 있는데 원유, 석유제품, 철광석, 석탄, 곡물 등이 전체 해상운송의 60%를 차지하고 있다. 세계경제가 호황기에 들어서면 교역이 활발해지고 물동량이 증가한다. 이와 함께 선박의 주문도 늘어나게 되는데 조선업의 업황이 좋아지는 것이다. 반면에 경기가 침체국면에 접어들어 교역이 감소하면 선박 주문도 줄어들게 되고 조선업도 불황기에 들어가는 것이다. 이렇듯 조선업도 호황과 불황을 반복하는데 주기가 약 6~8년으로 다른 산업에 비해 긴 편이다.

조선업은 대형 생산 설비를 필요로 하는 장치산업이다. 상당한 설비와 인력이 필요하므로 아무나 쉽게 진출할 수 있는 사업 영역이 아니다. 또한 자동차산업과 같이 조선업은 철강, 기계, 전자 등의 산업에서 각종 부품을 조달한다. 따라서 산

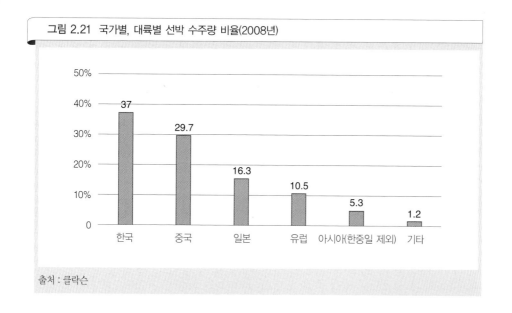

그림 2.21 국가별, 대륙별 선박 수주량 비율(2008년)

출처 : 클락슨

업 전체에 끼치는 영향이 크다. 실제로 국내 조선업 관련 기자재 제조 업체는 약 1,000여 곳으로 추정하고 있으며 이들의 고용 규모는 약 5만 명이다.

선박의 종류는 상당히 다양한데 크게 보면 화물 운송에 쓰이는 상선과 시추선과 같은 해양 구조물, 그리고 기타 선박으로 분류한다. 기타 선박에는 군함, 어선 등이 포함된다. 상선은 또 벌크선, 컨테이너선, 유조선, LNG선 등으로 분류한다.

벌크선의 경우는 곡물이나 광석, 석탄 등의 원자재를 운반하는 선박인데 조선사 입장에서는 부가가치가 낮은 상품이다. 이 부문은 중국의 시장점유율이 높다. 2007년 중국의 벌크선 시장점유율은 51.4%로 24.4%인 우리나라보다 높다. 우리나라는 LNG선의 점유율이 상당히 높은데 전 세계 LNG선 시장의 89.5%를 점유하고 있다. 주로 공산품을 운반하는 컨테이너선의 시장점유율도 64.4%로 세계 1위이다. 반면에 크루즈선과 같은 고부가가치 선박의 점유율은 낮다. 고부가가치 선박 제조로의 영역 확대 문제가 우리 조선업의 향후 과제이다.

일반적으로 경기가 호전되기 시작하면 원자재를 운반하는 벌크선의 움직임이 활발해진다. 생산 증가에 따른 원자재 수입이 늘어나기 때문이다. 그리고 나서 원자재로 제품이 완성되면 공산품을 수송하는 컨테이너선의 시황이 좋아진다. 그렇게 되면 해운사들은 조선사에 새로운 선박을 주문한다. 조선업의 호황이 시작되는 것이다.

선박은 건조하는 데 몇 년이 걸리므로 수요에 탄력적으로 대응하기 어렵다. 따라서 이 시기에는 중고 선박의 가격이 오르고 낡은 선박의 해체는 좀처럼 하지 않는다. 선박이 모자라서 오래된 선박도 사용하는 것이다.

반면에 불황이 시작되면 상황은 급변한다. 물동량이 급감하고 해운사들은 선박이 남아돈다. 그래서 고철 값이라도 건지기 위해 낡은 선박을 해체하는데 이때 선박 해체업자들에게는 호황이 오는 것이다. 그래서 조선업의 경기동향을 예측하기 위해 해체업자들의 동향을 살피곤 한다. 해체업자들의 경기 정점을 조선업의 경기 저점으로 보는 것이다.

우리나라의 조선사들은 기술 면에서나 시설 면에서 세계적인 조선사들이 많다. 다음의 [표 2.15]는 세계 주요 조선사들의 수주 잔량 순위이다. 상당수의 국내

표 2.15 세계 주요 조선사 수주 잔량(2008년 1월 기준)

순위	조선사	국적	수주 잔량(만 CGT)
1	현대중공업	한국	1,430
2	삼성중공업	한국	1,079
3	대우조선해양	한국	1,001
4	현대미포조선	한국	534
5	현대삼호중공업	한국	431
6	STX조선	한국	417
7	대련선박중공	중국	369
8	강남장흥조선	중국	298

출처 : 클락슨

조선사들이 포함되어 있는 것을 확인할 수 있다. 이 중 현대중공업, 삼성중공업, 대우조선해양은 우리나라의 '빅3'라 불리는 3대 조선사이다.

위의 표에서도 알 수 있듯이 세계 조선업 1위 기업은 현대중공업이다. 그리고 현대중공업의 계열사들이 순위에서 각각 4위, 5위의 지위를 확보하고 있다. 현대중공업의 조선업에 대한 집중도는 매출액의 70%이고 이것은 세계 최대의 조선업 매출액을 기록하고 있다. 또한 내부적인 수직 계열화를 이루어서 선박 건조에 관한 모든 부문을 자체 내에서 해결할 수 있도록 했다. 이것이 가장 큰 장점이다. 현대중공업은 세계의 조선사 중 유일하게 엔진, 발전기, 프로펠러 등을 자체적으로 생산하고 있다. 엔진 설계에서부터 모든 과정에 많은 연구 인력이 투입되어 수직 계열화의 효과를 극대화시키고 있다.

(4) 철강산업

철은 현대사회에서 가장 많이 사용되는 소재 중의 하나이다. 철강산업은 산업의 쌀이라 할 만큼 소재산업으로서 중요한 역할을 담당한다. 현대 산업에서 철이 쓰이는 분야는 실로 다양하다. 철을 필요로 하는 산업을 크게 구분하면 건설업 (40%), 자동차산업(20%), 가전산업(15%), 조선업(15%)의 네 가지로 구분한다. 철은 빌딩 등을 지을 때 H빔이라는 골절 구조로 사용되며 자동차의 차체나 냉장고 등의 가전제품에도 사용된다. 그리고 선박에도 철이 사용된다.

한때 중국의 경제성장으로 중국에 건설 붐이 일었는데 당시 우리나라의 철강 산업은 대호황을 누렸다. 그만큼 건설 부문은 철을 많이 필요로 하는 산업이다. 그리고 중국은 2008년에 세계 철강의 40%를 소비하였는데 세계 최대 규모이다. 중국의 이 같은 경제성장은 철의 수요를 급증시켰고 따라서 철의 원재료인 철광 석의 가격을 폭등시켰다.

철광석은 지구 상의 자원 중 비교적 풍부한 자원이다. 우리나라는 호주에서 다 량의 철광석을 수입하고 있는데 우리나라의 대표적인 철강회사인 포스코는 호주 의 철광석 개발에도 투자하고 있다.

철광석을 녹여 철을 만드는 과정을 제선(製銑)이라 한다. 이때의 철을 선철(銑 鐵)이라고 하며 철광석을 녹이는 화로를 고로(高爐)라고 부른다. 고로는 제철소의 상징으로 엄청난 크기의 용광로이다.

이렇게 만들어진 선철을 제강 공정으로 옮겨 여분의 탄소를 제거하여 강(鋼)을 만든다. 이를 제강(製鋼)이라고 한다. 선철은 4%의 탄소를 함유하고 있는데, 제강 과정을 거쳐 여분의 탄소를 산화시켜 제거한다. 보통 철재로 사용되는 것은 0.3% 전후의 탄소가 함유되어 있다.

철강을 만드는 방식에는 고로 방식과 전기로 방식이 있다. 고로 방식은 철광

표 2.16 고로 방식과 전기로 방식의 비교

구분	고로	전기로
주원료	철광석+코크스+석회석	고철
용량	대용량	중소용량
조업 방법	용광로에서 선철을 만든 후 전로에서 강을 제조	고철에 전기를 이용하여 용해시켜 강을 제조
화학 성분	불순 원소 함량이 매우 낮음	미량의 불순 원소 항시 존재
기계적 성질	고열 처리, 압연 방법에 따라 다양한 강을 생산	충격 특성이 미흡
생산 제품	후판, 열판, 냉연강판, 아연도금강판	강, 레일, H형강, 철근

석에서 철을 만드는 것이고 전기로 방식은 고철을 재활용하여 철을 만드는 방식이다. 세계에서 생산되는 철의 70%가 고로 방식으로 만들어지며 나머지가 전기로 방식으로 만들어진다. 최근에는 전기로 방식의 비중과 위상이 높아지는 추세이다.

고로 방식은 철광석에서 직접 철을 만들기 때문에 성분을 조정할 수 있어 자동차나 가전제품 등에 주로 사용된다. 고품질의 철을 생산해내는 방식이다.

전기로 방식은 고철을 다시 녹여 사용하는 방법이기 때문에 철광석에서 철을 추출하는 제선 과정이 필요가 없다. 다만 고철을 다시 재활용하기 때문에 정교한 형태를 만드는 데는 한계가 있다. 따라서 건설 부문의 철강이나 선박의 갑판과 같은 단순한 구조에 주로 쓰인다.

우리나라에서 고로 방식 철강 업체는 포스코와 현대제철 두 곳이다. 반면에 전기로 방식의 철강사는 동국제강, 동부제철, 현대하이스코 등이 있다.

우리나라는 세계적인 철강 강국이다. 2009년 조강 생산량이 4,900만 톤으로 세계 6위이며 우리나라 철강산업을 대표하는 포스코는 세계 5위의 철강 기업이다.

현대제철은 전기로 업체에서 출발하였지만 2010년에 고로를 가동하여 포스코에 이어 국내 두 번째 일관제철소가 되었다. 현대제철은 현대기아자동차그룹의 계열사로 현대중공업, 현대차, 기아차, 현대건설 등 관계사의 안정적 수요를 확보하고 있다.

철강업체는 환율 변동에 민감하다. 원자재를 대부분 수입에 의존한다는 점과 수출비중이 작다는 점, 외화 부채가 많다는 점에서 철강업체는 환율이 하락하면 유리하다. 즉, 달러의 가격이 떨어질수록 채산성이 향상된다.

(5) 정유산업

정유산업을 쉽게 설명하면 원유를 증류하여 중유, 휘발유, 경유, 등유, 신나, 타르 등을 분류해내는 산업이다. 이와 관련된 산업으로 석유화학산업이 있다. 석유화학산업은 정유산업에서 분류하여 얻어낸 나프타 등을 이용하여 에틸렌, 프로필렌, 부타디엔, BTX 등의 기초 제품을 만들고 이들을 원료로 합성수지, 합성고무 등의 유도품(誘導品)을 제조하는 산업을 말한다. 유도품이란 석유화학제품의 중간원료를 말한다.

정유산업이나 석유화학산업 모두 석유와 관련된 산업인데, 정유산업은 석유 중에서도 원유를 수입하여 중유, 휘발유, 경유, 등유 등으로 분류, 정제하는 일을 한다. 원유(Crude Oil)는 유정에서 뽑아낸 상태 그대로의 석유이다. 이 상태의 석유는 실제로 사용할 수 없다. 원유를 우리가 사용할 수 있는 상태로 바꾸는 과정이 필요한 것이다. 원유를 자동차에 넣는 휘발유로 바꾸는 작업을 정유회사가 한다. 그래서 많은 사람들이 '정유회사＝주유소' 라는 인식을 갖고 있기도 하다.

우리나라 정유회사는 원유를 수입해야만 하는데 거의 대부분을 중동으로부터 들여온다. 수입한 원유를 벙커시유(31%), 경유(28%), 나프타(18%), 휘발유(10%), 등유(5%), 기타(4%) 등으로 정제한다. 이 과정을 통해 얻는 수익은 정제 마진이라 하는데 정유회사들의 주요 수입원이다. 정제된 석유제품은 주유소 등을 통해 일반 소비자들에게 공급된다.

한편 크랙 마진이라는 것도 있는데 이것은 저급의 벙커시유를 고급 석유인 휘발유나 등유, 경유 등으로 만들면서 발생하는 이익을 말한다. 최근에 정유회사들에게 중요시되는 부문이다. 이렇게 원유를 정제하고 남은 벙커시유를 휘발유나 등유, 경유 등으로 전환시키는 비율을 고도화 비율이라고 한다. 그리고 이를 가능하게 하는 설비를 고도화 설비라고 한다.

우리나라 정유산업의 고도화 비율은 2009년 기준 30.54%로 미국의 76.8%나 독일의 54.2%에 비해 낮은 수준이다. 국내 4대 정유회사인 SK에너지, GS칼텍스, 현대오일뱅크, S-Oil 중에서 고도화 설비가 가장 잘 되어 있는 곳이 S-Oil이다. 33.3%의 고도화 비율로 17.4%인 SK에너지를 크게 앞서고 있다.

S-Oil은 고도화 비율이 높은 까닭에 수익성이 높은 편이다. 2008년 2월 기준으로 국내 최고의 매출을 기록한 정유회사는 SK에너지이지만 영업이익은 S-Oil이 높다.

국내 정유산업과 관련하여 잘 알려지지 않은 사실이 정유산업은 국내의 주요 수출산업이라는 점이다. 많은 사람들이 원유를 수입한다는 인식이 강해 이를 정

표 2.17 10대 수출 품목(2011년) (단위 : 백만 달러)

순위	수출 품목	수출 금액
1	선박류	54,530
2	석유제품	51,986
3	반도체	50,881
4	자동차	40,927
5	액정 디바이스	27,245
6	자동차 부품	23,088
7	무선통신기기	18,295
8	가전제품	14,178
9	철강판	11,238
10	유선통신기기	9,371

출처 : 지식경제부

제하여 다시 수출한다는 사실을 잘 알지 못한다.

SK에너지, GS칼텍스, 현대오일뱅크, S-Oil 등의 정유 4사가 2011년 수출한 금액은 517억 달러로 자동차 370여 만 대를 수출한 것과 맞먹는 규모이다. 그리고 단일 업종으로는 선박에 이어 두 번째로 수출을 많이 했다. [표 2.17]은 2011년 우리나라의 10대 수출품목을 나타낸 것이다. 석유제품이 선박류에 이어 두 번째에 랭크되어 있다.

정유 업계 1위인 SK에너지는 2011년 1억 7,205만 배럴의 석유제품을 수출했는데 전체 생산량의 절반이 넘는 규모이다. S-Oil 역시 2011년 생산 물량의 65%를 수출했다.

기업분석

경제분석이 경제 상황과 경기의 흐름을 파악하는 포괄적인 분석이라면 산업분석과 기업분석은 좀 더 세밀한 분석이다. 사실 산업분석과 기업분석은 상당한 연관성이 있다. 어떤 산업이 유망한지를 분석하면 사실상 기업은 거의 추려지게 마련이고 기업들은 그 산업의 영향을 고스란히 받기 때문이다.

기업분석의 핵심은 유망 산업에 속해 있는 기업들 중에서 어느 기업이 더욱 유망한가를 살피는 것이다. 기업분석을 통해 전망 있는 기업을 선정하게 되면 증권 투자에서 기본적 분석은 끝나는 것이다. 그 다음은 그 회사의 주식을 언제 매수하느냐의 일만 남게 된다. 이것이 기본적 분석을 통한 투자의 정석이다.

기업분석은 매수 종목을 선정하는 최종 과정이자 투자의 성과를 결정짓는 중요한 과정이다. 같은 산업에 속한 기업이라도 어떤 종목을 선택하였는가에 따라 나중의 투자 결과는 다르게 나타나기 때문이다.

기업분석은 크게 질적분석과 양적분석으로 나눈다. 질적분석은 기업의 전반적인 특성을 분석하는 것이다. 예를 들어 기업의 전략이라든지 제품의 경쟁력 같은 것을 분석한다. 반면에 양적분석은 재무제표를 중심으로 한 수치 분석이다. 각각 성격이 다른 분석인데 둘 다 중요한 분석이므로 어느 것 하나 소홀히 할 수 없다. 질적분석과 양적분석이 모여서 비로소 기업분석이 완성되는 것이다.

어떤 사람은 질적분석에 비중을 두어, 직원의 사기라든지 경영자의 열정과 같은 기업의 분위기가 중요하다고 주장하기도 한다. 틀린 말은 아니다. 기업의 분위기가 중요한 요소임에는 틀림없다. 다만 분석 대상이 상당히 추상적이라는 것이 문제이다. 측정에 객관적 기준이 없으며 따라서 분석하는 사람의 주관적 요소가 개입된다. 이 점이 문제이다.

반면에 모든 것은 수치가 말해준다며 양적분석을 절대시하는 사람도 있다. 기업의 성적은 결국 재무제표로 나타나며 수치의 향방이 곧 기업의 향방이라는 생각이다. 이 점 역시 아주 중요하다. 재무제표 이상으로 기업을 객관적으로 나타내는 자료도 없다. 하지만 여기에도 문제가 있다. 모든 재무제표는 '과거의 것'이라는 점이다. 우리가 원하는 것은 앞으로의 주가 상승이다. 주가는 미래에 대한 기대감으로 오르는 것이다. 과거의 실적 가지고 오르지는 않는다. 이런 점에서 양적분석 역시 한계가 있다.

그래서 기업분석은 질적 · 양적분석을 함께 함으로써 서로의 한계를 보완하게 되는 것이다.

1) 질적분석

질석분석은 기업의 질적인 특성, 즉 기업의 전략, 경영진의 능력, 제품의 경쟁력 등을 분석하는 것이다. 전반적인 기업 상황을 살피는 것이다. 질적 특성은 기업마다 상이하며 기업의 특징을 규정짓는다.

이런 내용들은 수치화가 어렵고 보는 사람마다 평가가 다를 수 있기 때문에 객관적인 분석이라고 하기는 어려운 측면이 있다. 예를 들어 사람에 따라서 삼성전자의 핸드폰 전략이 마음에 안 들 수도 있고 또 현대차의 CEO가 마음에 안 들 수도 있다. 하지만 나름대로의 종합적인 판단은 가능하다. 객관적인 자료도 분명 존재하므로 이를 바탕으로 나름대로의 판단은 도출할 수 있는 것이다.

질적분석의 구체적인 분석 내용은 크게 경영능력, 제품의 경쟁력, 재무적 융통성 등이 있다. 하나씩 살펴보기로 하자.

(1) 경영조직과 경영능력

기업의 의사결정은 그 경영진들이 내리며 그 의사결정에 따라 기업의 향방이 결정된다. 따라서 경영진의 능력은 여러 의미에서 상당히 중요한 사항이다. 그런 의미에서 최고경영자의 능력은 특히 중요하다. 최고경영자의 경영 마인드와 위기 대처 능력, 의사결정 방식 등은 기업의 특성과 나아가 기업의 운명을 결정하기 때문이다.

최고경영자의 능력과 함께 조직 자체가 가지고 있는 특유의 조직문화, 그리고 조직의 형태나 의사결정 과정 등도 중요한 평가 항목이다. 조직문화라는 것이 빠른 시일 내에 바뀌는 것이 아니므로 어떤 문화를 가지고 있는가가 기업의 성격을 결정짓는다. 흔히들 말하는 보수적 기업이다, 관료적 기업이다, 혹은 진취적 기업이다 하는 것들은 모두 조직문화와 관련이 깊다.

(2) 제품의 경쟁력

기업의 제품 구성과 함께 주력제품의 경쟁력, 그리고 제품의 시장점유율과 향후 성장률은 매출에 중요한 영향을 미친다. 시장점유율이 높아지면 수익성이 높아지며 그만큼 경쟁력 있는 제품으로 평가된다.

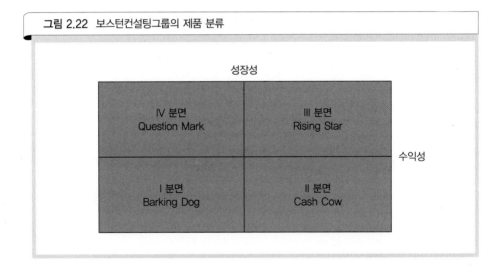

그림 2.22 보스턴컨설팅그룹의 제품 분류

표 2.18 보스턴컨설팅그룹의 제품 분류

분면	이름	성장성	수익성	의미
I	Barking Dog(짖는 개)	낮음	낮음	포기 혹은 사양화가 임박한 제품
II	Cash Cow(현금 제공 암소)	낮음	높음	자금 조달원인 핵심 제품
III	Rising Star(떠오르는 별)	높음	높음	성장성, 수익성이 모두 양호한 제품
IV	Question Mark(물음표)	높음	낮음	알 수 없는 미래 제품

　　기업의 제품구성을 분류하는 기법으로 보스턴컨설팅그룹(Boston Consulting Group)이 도입하고 있는 기법을 소개한다. 제품의 성장성과 수익성이라는 측면에서 분석하는 것인데 [그림 2.22]와 [표 2.18]과 같이 구분하고 있다.

　　일반적인 성장성은 매출액 증가율을 기준으로 판단하며 수익성은 순이익률을 기준으로 판단한다. 투자가의 입장에서는 수익성이 높은 제품을 더 많이 보유할수록 매력 있는 기업이다.

(3) 재무적 융통성

예상치 못한 상황 변화에 대처하는 기업의 능력, 위기 극복 능력, 유리한 투자기회를 적절히 활용할 수 있는 능력 등은 재무제표에 나타난 수치에 의해 평가될 수 있으나 그 이면에 있는 자산과 부채의 질은 추가적으로 살펴보아야 한다. 그럼으로써 재무적 융통성을 더욱 정확히 평가할 수 있다.

　　자산에 대한 질적분석으로는 외상 매출금의 경우 그 회수 가능성을 평가하고, 재고자산의 경우에는 그 실존 여부와 함께 현금화 정도를 평가한다. 그리고 고정자산 역시 처분 가치와 담보 제공 여부 등을 평가한다.

　　자본조달 능력은 우선 부채의 크기와 채권 우선순위, 우발채무의 크기 등을 분석하여 재무적 융통성을 평가할 수 있다. 그리고 주식시장에서의 자금 조달 가능성도 평가한다.

(4) 재무제표의 분식 여부 평가

기업이 재무제표를 사실과 다르게 꾸밈으로써 경영성과 및 재무 상태를 왜곡시키는 경우가 종종 있다. 기업 입장에서는 악화된 영업 실적을 은폐하여 융자나 주식 발행 등의 자금 조달을 용이하게 진행시키기 위해 분식회계를 하는데 이는 투자가에게 엄청난 손실을 끼칠 수 있는 행위이다.

　　사실, 일반 투자가들은 기업이 공시한 회계 자료를 믿고 투자를 결정하는 것이 보통이다. 그런데 만약 적자투성이인 부도 직전의 회사가 분식회계를 통해 이익이 많이 나는 것처럼 장부를 꾸몄다면 이를 믿고 투자한 투자가들은 나중에 큰 낭패를 보게 된다.

분식회계는 재무제표의 항목을 과대 혹은 과소계상하는 것인데 다음과 같은 방식으로 나타난다. 주로 유동자산이나 유동부채가 이용된다.

- 매출액과 매출 채권의 과대평가
- 매출 채권에 대한 대손상각의 과소계상
- 매출원가(비용)의 과소계상
- 유가증권 평가손실을 계상하지 않음

특히 재고자산 계정은 분식에 크게 노출되어 있는데 이는 기업 내부에서 진행되는 활동에 의해 가치가 증가하므로 화폐로 환산하는 과정에서 주관적인 판단이 개입될 여지가 크기 때문이다. 재고자산은 외부감사를 받더라도 적절한 실사가 어려운 면이 있다. 따라서 이런 분식회계를 평가한다는 것은 쉬운 일이 아니다. 특히 개인투자가들에게는 불가능한 일이다.

실제로 분식회계 문제는 선진국에서도 종종 일어난다. 지난 2001년의 미국의 엔론 파산 사태가 대표적인 예이다. 엔론은 유명 경제 잡지인 「포춘(Fortune)」이 '미국에서 가장 혁신적인 기업'이라고 극찬했고, 2000년에는 '일하기 좋은 100대 회사'에 꼽히기도 한 유망 기업이었다. 텍사스 휴스턴에 있는 호화로운 본사 건물을 소유하고 약 2만 명의 직원을 거느리고 있던 엔론의 자산과 이익 수치는, 대부분 가짜였다. 어떤 경우는 엄청나게 부풀려졌으며 아예 처음부터 끝까지 날조인 것도 있었다. 빚과 손실은 교묘하게 감추어져 있었다. 유명한 기업이 사실은 교묘한 회계 부정에 의존하고 있었다는 사실이 밝혀지면서 엔론은 기업의 탐욕과 부패를 상징하는 단어가 되었다. 한때 주당 90달러를 호가했던 엔론의 주가는 36센트까지 폭락했다. 당시 부채총액은 131억 달러로 미 연방파산법 시행 후 최대 규모였다. 투자가에게 엄청난 손실을 안겼으며 엔론의 파산으로 4천 5백 명이 일자리를 잃었고 노후를 위해 저축해온 연금마저 거의 잃게 되었다.

이렇게 분식회계가 발생하면 그 피해는 엄청날 수 있기 때문에 전문적인 기업

분석에 있어서는 염두에 두어야 할 항목이라 하겠다.

2) 양적분석

양적분석은 기업의 재무제표 분석을 말한다. 재무제표를 사용하여 계량적으로 분석하는 것이다. 기업은 재무제표를 기준에 따라 작성하여 외부에 공시해야 할 의무가 있다.

재무제표에는 대차대조표, 손익계산서, 이익잉여금처분계산서, 현금흐름표 등이 있는데 일반적으로 살펴보는 것이 대차대조표와 손익계산서이다. 대차대조표와 손익계산서는 실제로 기업의 재무상태를 단시간에 파악할 수 있는 가장 핵심적 자료라 하겠다. 재무제표는 상당히 회계적인 내용이다. 그 내용들을 간단히 살펴보자.

(1) 대차대조표

일정 시점에 기업이 보유하고 있는 재산이 어느 정도인지를 파악하기 위해 작성하는 것이 대차대조표이다. 보통 회계 기간을 1년 단위로 하여 그 기간 말에 작성하므로 연말 시점의 재무상태를 나타낸다고 볼 수 있다.

대차대조표는 크게 자산, 부채, 자본의 세 항목으로 구성되어 있는데 자산은 왼쪽(차변)에 기입하고 부채와 자본은 오른쪽(대변)에 기록한다. 기업은 자기자본과 타인자본을 합하여 자본을 조달하고 이렇게 조달된 자본으로 자산을 구입한다. 따라서 자산은 부채와 자본의 합이 된다. 부채는 타인자본이라고도 하며 자본은 순수하게 자기자본이라고도 하는데 양자를 합쳐 총자본이라고 한다. 결국 총자산은 총자본과 일치하게 된다.

자산은 유동자산과 고정자산으로 구분되고 부채는 유동부채와 고정부채로 구분된다. 그리고 자본은 자본금, 자본잉여금, 이익잉여금 및 자본 조정으로 구분한다. 구체적인 항목들을 요약하면 [표 2.19]와 같다.

표 2.19 대차대조표 항목

자산	유동자산	당좌자산	현금, 단기금융상품, 미수금, 단기대여금 등
		재고자산	제품, 반제품, 재공품, 원재료, 저장품
	고정자산	투자자산	장기금융상품, 투자유가증권, 장기대여금 등
		유형자산	토지, 건물, 기계장치, 선박, 차량운반구 등
		무형자산	영업권, 산업재산권, 광업권, 어업권 등
부채	유동부채	매입채무, 단기차입금, 미지급금, 선수금, 미지급비용 등	
	고정부채	사채, 장기차입금, 장기성매입채무, 이연법인세 등	
자본	자본금	보통주자본금, 우선주자본금	
	자본잉여금	주식발행초과금, 감자차익, 기타 자본잉여금 등	
	이익잉여금	이익준비금, 기타법정적립금, 임의적립금 등	
	자본조정	주식할인발행차금, 투자유가증권 평가이익 등	

(2) 손익계산서

손익계산서는 일정 기간 동안 기업이 경영 활동을 얼마나 잘했는가를 나타내는 재무제표이다. 한 해 동안 기업이 매출이나 원가 통제 등을 통해 이익을 얼마만큼 실현했는지를 파악한다. 일종의 기업 성적표인 셈이다.

매출총이익은 매출액에서 매출원가를 차감한 금액인데 제품의 생산비용을 차감한 금액이다. 그리고 영업이익은 다시 매출총이익에서 판매비와 일반관리비를 제외한 금액이다.

이러한 영업이익과 영업외이익을 더하고 거기에서 영업외손실을 차감한 것이 경상이익이 된다. 경상이익에서 특별이익과 특별손실을 고려하여 계산한 금액이 법인세차감전순이익이고 이 금액에서 법인세를 공제하고 남은 금액이 당기순이익이다.

이렇게 어떤 기업의 당기순이익이 산출되기까지는 각종 이익항목과 손실항목이 가감되는데 여기에는 영업 활동과 직접적인 관련이 있는 비용과 이익도 있지만 영업 활동과 관련 없이 발생하는 비용도 많다. 따라서 영업 활동만 잘했다고 해서 당기순이익이 반드시 높아지는 것은 아니다.

3) 재무비율분석

재무비율분석(Financial Ratio Analysis)은 재무제표를 구성하고 있는 각종 항목들 간의 관계를 이용해 해당 기업이 우량 기업인지 부실 기업인지를 판단하는 분석 이다. 재무비율분석은 기업의 수익성, 안정성, 활동성, 성장성이란 측면에서 살 펴본다.

(1) 수익성

기업이 보유하고 있는 자산으로 얼마의 수익을 올릴 수 있는지의 여부를 알아보 기 위한 지표가 수익성 관련 지표이다. 수익성을 측정하는 지표로는 총자본이익 률, 자기자본이익률, 납입자본이익률, 매출액순이익률이 있다. 자본을 투입하여 얼마의 잉여가치를 창출하는지를 평가하여 수익성 관련 비율을 측정한다. 가장 일반적으로 활용되는 총자본이익률과 자기자본이익률에 관하여 알아보자.

① 총자본이익률

기업의 생산 활동에 투입된 자본이 효율적으로 운용되고 있는지를 측정하는 비 율이다. 자본이 많아도 이를 효율적으로 운용하지 못하면 총자본이익률은 낮아 진다. 이는 있는 자본도 제대로 활용하지 못한다는 의미가 된다.

총자본이익률(Return On Investment, ROI)은 당기순이익을 총자본으로 나누어 계산한다.

$$총자본이익률 = \frac{당기순이익}{총자본} \times 100(\%)$$

총자본의 크기와 총자본이익률은 반비례 관계이며 당기순이익과는 비례 관계 이다. 즉, 총자본은 작고 당기순이익은 클수록 총자본이익률은 커진다.

② 자기자본이익률

총자본에는 자기자본뿐만 아니라 타인자본, 즉 부채도 포함되어 있다. 따라서 타인자본을 제외한 순수한 자기자본의 효율적 운용 측면을 알아보는 비율이 자기자본이익률(Return On Equity, ROE)이다. 흔히 ROE라고 하는데 일반적으로 기업의 성적을 평가할 때 많이 언급되는 지표이다.

$$자기자본이익률 = \frac{당기순이익}{자기자본} \times 100(\%)$$

(2) 안정성

기업에 있어 안정성이란 부채 상환에 문제가 없고 경기변동에 적절히 대처할 수 있는 능력이 있는가 하는 문제이다. 안정성 파악을 위해 사용되는 지표는 유동비율, 부채비율, 고정비율 등이 있다.

① 유동비율

기업의 부채 중에는 만기가 1년이 넘는 장기부채와 1년 미만의 단기부채가 있다. 단기부채의 경우 상환기간이 짧기 때문에 기업의 현금 흐름에 즉각적인 영향을 준다.

따라서 단기채무의 상환 능력을 파악할 필요가 있는데 이것을 측정하는 비율이 유동비율이다. 유동비율은 유동자산을 유동부채로 나누어 계산한다. 일반적으로 200% 이상을 적정 비율이라 한다.

$$유동비율 = \frac{유동자산}{유동부채} \times 100(\%)$$

② 부채비율

기업의 총자본은 타인자본과 자기자본으로 구성되어 있다. 타인자본이란 곧 부채를 의미한다. 자기자본과 부채의 비율을 알아보는 것이 부채비율이다. 따라서 부채비율은 타인자본을 자기자본으로 나눈 비율이다. 100%정도가 이상적이라고 하는데 낮으면 낮을수록 부채의 비율이 낮다는 의미이므로 안정성이 그만큼 높다고 볼 수 있다.

$$부채비율 = \frac{타인자본}{자기자본} \times 100(\%)$$

③ 이자보상비율

부채 사용으로 발생하는 이자비용이 미치는 영향을 살펴보기 위한 지표이다. 기업의 영업이익이 지급해야 할 이자비용의 몇 배인지를 나타내는 비율이다. 이자보상비율이 높다는 것은 그만큼 영업이익이 크다는 의미이므로 높을수록 좋다.

$$이자보상비율 = \frac{영업이익}{이자 비용} \times 100(\%)$$

(3) 활동성

활동성 분석은 기업의 보유 자산을 어느 정도 활용하고 있는가를 알아보고자 하는 분석이다. 수익성이나 안정성 분석보다는 중요성이 떨어지는 분석인데, 말 그대로 기업이 얼마나 활동적인가를 알아보는 것이다.

　활동성은 매출액을 각 자산의 항목들로 나누어 계산한다. 총자산회전율은 매출액을 총자산으로 나눈 것이고 고정자산회전율은 매출액을 고정자산으로 나눈 것이고 재고자산회전율은 매출액을 재고자산으로 나눈 것이다. 결국 매출액의 규모가 클수록 각 회전율은 높게 나오게 된다. 따라서 활동성을 결정짓는 주요 요소는 매출액의 크기가 되는 셈이다.

(4) 성장성

기업의 성장 문제는 여러 의미에서 중요하다. 국가 경제에서도 경제성장이 중요하듯 기업의 경우에도 성장은 중요한 테마이다. 기업에 있어 성장이란 매출액이 증가한다든지 순이익이 증가한다는 의미로, 과거에 비해 경영 실적이 긍정적인 방향으로 나아간다는 것을 의미한다.

어떤 기업의 주식을 산다는 것은 그 기업의 향후 발전 가능성에 배팅한다는 뜻이다. 따라서 기업의 향후 전망을 좌우하는 성장성은 상당히 중요한 항목이 된다.

기업이 어느 정도 성장하였는지를 알아보는 방법은 기업의 전년도 실적과 금년도 실적을 비교하는 것이 가장 일반적인 방법이다. 매출액증가율, 총자산증가율, 영업이익증가율 등 기업 실적의 전년 대비 증감률을 계산함으로써 판단할 수 있다.

4) 시장가치 비율분석

시장가치 비율분석은 일종의 재무비율 분석인데 시장가치, 즉 주식의 가격적 측면에서 접근하고 있다. 기업의 가치는 시장에서 평가된 주식의 가격이라고 말할수 있으므로 시장가치비율은 주가를 주당순이익이나 장부가치 등의 주식과 관련된 각종 비율로 나타내어 분석하는 것이다.

여러 가지 비율이 있으나 가장 널리 활용되는 것이 주당순이익(EPS)과 주가수익비율(PER)이다. 이 두 가지가 가장 중요하므로 이에 관해 살펴보겠다.

(1) 주당순이익

기업의 당기순이익을 당해 연도까지 발행한 주식 수로 나누어 계산한다. 즉, 한 주당 순이익이 얼마나 되는지를 보여주는 것이다.

$$주당순이익 = \frac{당기순이익}{발행주식\ 수}$$

기업이 낸 수익에 대한 주주의 몫을 나타내는 지표라고도 할 수 있는데 주당순이익(Earning Per Share, EPS)이 높을수록 투자가치가 높다고 할 수 있다. 주당순이익이 높다는 것은 그만큼 경영 실적이 양호하다는 의미이며 이는 다시 배당 여력이 크다는 의미로 해석할 수 있다. 따라서 주가에도 긍정적인 영향을 미친다.

　주당순이익은 당기순이익 규모가 늘면 높아지고, 전환사채의 주식 전환이나 증자와 같이 주식의 수가 늘어나면 낮아진다.

　최근 주식시장의 경향이 기업의 수익성을 중시하는 쪽으로 바뀌면서 주당순이익이 중요시되고 있는 추세이다. 이른바 블루칩으로 불리는 대형 우량주의 주가가 고가이지만 여전히 선호되는 이유도 바로 주당순이익이 높은 데서 비롯된다. 주당순이익이 상승하는 기업은 주로 시장 지배력이 강화되는 경우가 많다.

　주당순이익은 주가수익비율(PER) 계산의 기초가 된다.

(2) 주가수익비율

주가수익률, 혹은 PER(퍼)라고도 하는데 주가를 주당순이익으로 나눈 것이다. 이 비율은 다른 어느 비율보다도 널리 활용되는 비율이므로 확실히 알아둘 필요가 있다.

$$주가수익비율 = \frac{주가}{주당순이익}$$

　주가수익비율(Price Earning Ratio, PER)은 기본적으로 주가가 주당순이익의 몇 배인지를 의미한다. 예를 들어 어떤 기업의 주가가 1만 원, 1주당 순이익이 1천 원이면 주가수익비율은 10(배)이 된다.

　주가수익비율은 기업이 얻은 순이익 1원을 증권시장에서 어떻게 평가하고 있는가를 나타내는 수치이므로 투자자들은 이를 척도로 서로 다른 주식의 상대적 가격을 파악할 수 있다. 이 점이 중요하다. 투자자들에게는 다른 주식과 비교할 수 있는 하나의 비교 지표가 되는 것이다.

　기업의 순이익이 주식가격보다 크면 클수록 주가수익비율이 낮게 나타난다. 따라서 주가수익비율이 낮으면 이익에 비해 주가가 낮다는 것이므로 그만큼 기업 가치에 비해 주가가 저평가돼 있다는 의미로 해석할 수 있다.

　반대로 주가수익비율이 높으면 이익에 비하여 주가가 높다는 것을 의미한다. 업종별로 차이가 있고 절대적인 기준이 있는 것은 아니지만 일반적으로 주가수익비율이 10 이하(주가가 1주당 순이익의 10배 이내)이면 낮다고 본다.

PER라고 불리는 이 주가수익비율은 투자 결정에 중요한 고려 사항 중 하나이다. 과거에는 우리나라에서 PER를 그렇게 중요한 지표로 생각하지 않았지만 1992년에 들어와 외국인 투자가 허용되고 외국인들이 PER가 낮은 저(低)PER주를 집중적으로 사들이면서 저PER주가 하나의 테마로 형성됐고, 일반인들 사이에서도 PER가 낮을수록 좋은 주식이라는 인식이 형성됐다. 그 후 PER는 투자에 참고가 되는 주요 지표 중의 하나로 자리 잡았다.

하지만 2000년에 들어와 벤처 붐이 일면서 성장성이 투자 판단의 가장 중요한 지표로 각광을 받게 되자 당시 인터넷 기업들은 실적이 적자임에도 불구하고 미래에 대한 기대감만으로 주가가 폭등하였다. 당시 주요 인터넷기업의 PER는 300%~2,600%로 상당히 높은 수준이었다. 그 후 버블 붕괴와 함께 주가가 폭락하면서 벤처 붐은 끝났다.

PER가 높다는 것은 두 가지 경우로 생각해볼 수 있다. 우선 주당순이익은 평균 수준이지만 주가가 높은 경우이고 다음으로 주가는 평균 수준이지만 주당순이익이 낮은 경우이다. 전자의 경우 현재 이익보다 주가가 높다는 의미이므로 시장에서 장래성을 인정받고 성장하는 기업의 경우이다. 주로 첨단 기술주가 여기에 해당한다. 후자의 경우 주당순이익이 낮기 때문에 PER가 높아진 경우이다.

한편, PER가 낮다는 것은 주당순이익은 평균 수준이지만 주가가 낮은 경우와 주가는 평균 수준이지만 주당순이익이 높은 경우로 나눌 수 있다. 전자의 경우는 기업의 부정적인 외부 요인이 있다는 뜻으로 해석할 수 있고 후자는 주로 주식발행 물량이 적거나 향후 실적 저하를 예상하고 있는 경우가 많다.

하지만 PER가 낮은 것이 꼭 부정적인 이유 때문은 아닐 수 있다. 아직 투자가들의 관심을 못 받고 있거나 제대로 평가를 받지 못한 이유로 주가가 상대적으로 낮은 수준에 머물고 있는 경우가 있다. 이는 오히려 주식 매수의 좋은 기회가 되기도 한다. 따라서 PER가 낮은 배경 요인을 잘 따져보는 것이 중요하다.

앞서 말한 대로 PER는 어떤 주가 수준을 가늠하는 지표이지만 실제 활용할 경우 비교 대상이 필요하다. 같은 업종, 비슷한 규모의 경쟁사의 수준을 여러 개 비교할수록 평가 대상 주식의 가격이 어떤 수준인지 판단하기가 용이해진다. 예를 들어 2011년 1월 현재 삼성물산의 PER는 약 40이다. 그러나 동일 업종 평균은 35에 머무르고 있다. PER로만 보면 삼성물산의 주식이 다소 고평가됐다고 볼 수 있는 셈이다.

또한 PER는 유통업, 제조업, 중공업, 신산업 등 업종별로 그 양상이 다양하게 나타나며 특히 당장 수익이 많이 나지 않는 벤처기업, 신산업의 경우 PER가 수십 배까지 치솟는 경우가 많다. 위에서 언급하였지만 기대가 많이 반영될수록 주가가 올라가기 때문이다.

그리고 PER를 사용할 때 한 가지 유념해야 할 사항이 있다. 그것은 PER가 갖는 지표적인 한계이다. 바로 사용되는 순이익의 기준이 언제인가 하는 점이다. 보통 PER를 구할 때는 '회사의 현재 주가/회사의 직전년도 순이익'을 공식으로 많이 사용한다. 쉽게 말해 현재의 주가를 과거의 실적으로 나눈다는 말이다. 사실 이것이 정확한 지표가 되기는 어렵다. 과거의 추세가 앞으로도 이어진다면 모르지만 그렇지 않으면 부정확한 수치가 될 수 있기 때문이다.

PER의 기본은 '현재 주가/현재 순이익'으로 계산하는 것이다. 그러나 현재 시점에서 현재의 순이익을 정확히 산출하는 것은 거의 불가능하다. 그래서 대안으로 활용하는 것이 증권사 애널리스트들이 제시하는 '추정 순이익'이다. 이 추정 순이익은 특히 평가 대상인 회사나 업종의 실적이 크게 변화하는 추세에서 유용하다.

PER가 하나의 투자 기준으로서 활용된 지는 이미 오래되었다. 비교 지표로서 나름대로 의미가 있기 때문이다. 하지만 시장에서 언제나 PER가 낮은 업종만 선호되는 것은 아니다. 오히려 매수가 몰리는 주식의 PER는 동종 업종의 평균 PER보다 높은 경우가 많다. 회사의 장래성, 안정성 등이 이런 차이를 설명해줄 수 있는 요소들이다.

(3) 주가순자산비율

주가순자산비율(Price Book-value Ratio, PBR)은 주가를 주당순자산가치(Book

value Per Share, BPS)로 나눈 비율로, 주가와 1주당 순자산을 비교한 것이다. 이 비율을 통해 주가가 순자산에 비해 1주당 몇 배로 거래는지를 알 수 있다. 여기서 순자산은 자본금과 자본잉여금, 이익잉여금의 합계로 구성된다. 즉, 대차대조표의 총자본 또는 자산에서 부채(유동부채＋고정부채)를 차감한 후의 금액이다.

$$\text{주가순자산비율} = \frac{\text{주가}}{\text{주당순자산}}$$

PBR은 장부상의 가치로 회사 청산 시 주주가 배당받을 수 있는 자산의 가치를 의미하므로 재무 내용면에서 주가를 판단하는 지표이다. PBR이 1이면 주가와 기업의 1주당 순자산이 같다는 의미이다. PBR의 수치가 낮으면 낮을수록 기업의 자산 가치가 저평가되고 있다고 볼 수 있다. 즉, PBR이 1 미만이면 주가가 장부상 순자산가치(청산가치)에도 미치지 못한다는 뜻이다.

개인투자가의 실전 기업분석   5

개인투자가들이 실전 매매에서 기업분석을 제대로 하기 위해서는 무엇보다 그 필요성을 확실히 인식해야 한다. 다른 말로 이야기하면 기본적 분석의 중요성을 인식하는 것이다.

기업의 주가는 궁극적으로 그 기업의 실적과 방향을 같이 할 수밖에 없는 것이 시장의 기본이다. 이 점은 주식투자에 있어 명심해야 할 첫 번째 사항이다. 주가의 움직임은 도중에 우여곡절이 있을지언정 결국은 실적대로 간다는 사실이다. 이 점을 확실히 인식해야 기업분석이 왜 필요한지를 알게 된다. 주가는 실적에 따른다는 사실을 꼭 기억하기 바란다. 그래야 비로소 제대로 된 기업분석이 시작된다.

1) 기업분석의 필요성

주식의 단기매매에서 기업 실적을 운운하는 것은 무의미하다고도 할 수 있다. 기업의 실적이라는 것이 며칠, 몇 주 사이에 크게 변하는 것도 아니고 또 그런 짧은 기간의 실적 변화를 알 수도 없다. 따라서 하루 이틀 매매하는 단기매매에 있어서는 기업 실적은 아예 고려 대상이 아니다.

그러나 장기투자의 경우는 그렇지 않다. 장기적으로 주가란 거의 절대적으로 기업 실적에 연동한다. 이것은 비단 우리나라만의 이야기가 아니다. 전 세계 주식시장에서 볼 수 있는 현상이다. 기간이 얼마나 걸리든, 결국 주가는 기업 실적과 그 궤를 같이 한다. 따라서 분석을 통해서 그 장기적 성과를 향유하려면 일단 투자 기간을 길게 봐야 할 것이다. 실제로 장기투자의 수익률이 단기매매보다 월등히 높다는 것은 이미 잘 알려진 사실이다.

실례를 들어보도록 하자. 다음은 현대중공업의 당기순익과 주가를 나타낸 것이다. [그림 2.23]은 현대중공업의 당기순이익을 연도별로 나타낸 것이고 [그림 2.24]는 현대중공업의 주가차트이다. 우리나라를 대표하는 산업 중의 하나가 조선업이고 현대중공업은 그 대표적인 회사이다. [그림 2.23]을 보면 현대중공업이 2000년대 들어 초반에는 당기순손실을 보고 있음을 알 수 있다. 2002년에는 2천억 원이 넘는 손실이 났다. 현대중공업의 주가는 1999년 5만 원대였으나 지속적으로 하락하여 2000년 12월에 15,650원까지 하락한다. 그 후 주가는 낮게는 1만 원대, 높게는 3만 원대 사이에서 움직인다.

그런데 현대중공업의 당기순이익이 2003년 흑자로 반전하더니 그 후 급증한다. 2003년 1,100억 원대였던 당기순이익이 2006년은 7,100억 원, 그리고 2007년은 1조 7,300억 원으로 급증한다. 이는 실로 엄청난 증가이다. 4년 만에 당기순이익이 10배나 증가한 것이다. 당시 조선업이 얼마나 호황이었는지를 알 수 있다.

주가를 보면 2005년부터 본격적으로 상승하기 시작하는데 34,550원으로 시작한 주가는 2007년 11월에 550,000원의 고가를 찍는다. 2년 만에 주가가 16배나 오른 것이다. 흔치 않은 주가 상승 폭이다. 그러나 당기순이익의 상승 폭을 보라. 당

그림 2.23 현대중공업 당기순이익 추이 (단위 : 천 원)

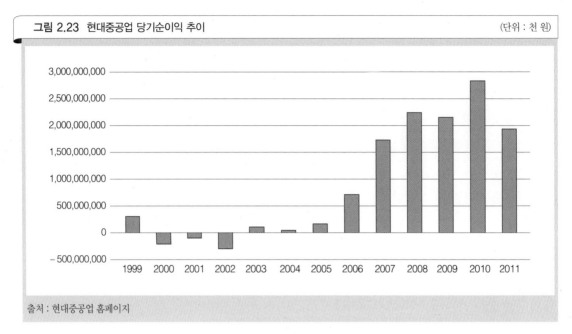

출처 : 현대중공업 홈페이지

그림 2.24 현대중공업 월봉

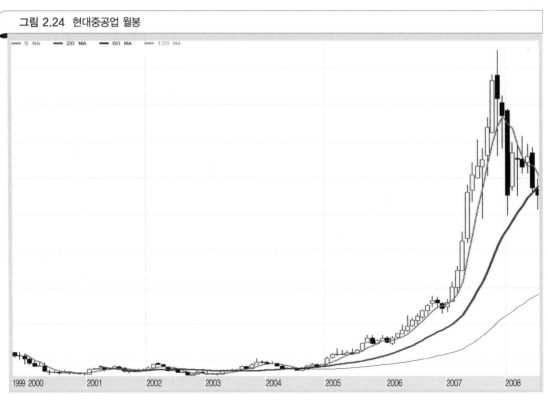

기순이익이 흔치 않은 상승이기에 흔치 않은 주가의 상승이 나오는 것이다.

결국은 기업 실적이 주가를 말해주는 것이다. 그리고 현대중공업의 사례는 아주 전형적인 그 예이다. 아마 현대중공업의 당기순이익 변화만 제대로 봤던 사람이라면 이 주식에 장기투자하여 많은 수익을 얻었을 것이다.

조선산업이 호황이라는 산업분석과 함께 현대중공업의 엄청난 수익 개선이라는 두 가지 기본적 분석만 알고 있더라도 16배의 수익이 나는 것이다. 이것이 기본적 분석의 위력이다. 이런 수익은 단기매매로는 절대로 낼 수 없는 수익이다.

그렇다면 개인투자가들은 기본적 분석을 어떻게 해야 하는가? 이 문제에 관하여 살펴보자.

2) 정보수집

일단 모든 기본적 분석은 자료 수집으로부터 시작된다. 경제, 산업, 기업에 관해 어떤 분석을 하려고 한다면 관련 자료가 있어야 한다. 자료를 근거로 분석과 판단이 이루어진다.

관련 자료들은 생각보다 많다. 본격적으로 자료를 수집하기 시작하면 아마 방대한 자료의 양에 놀랄 수 있다. 그 정도로 엄청난 정보가 쏟아져나오고 있는 것이다. 다만 많은 개인투자가들이 관심이 없을 뿐이다.

대부분의 자료들은 인터넷에서 확인할 수 있다. 정보 통신의 발달로 과거와는 비교가 되지 않을 정도로 다양한 정보들을 빠르게 수집할 수 있다. 단, 여기서 주의할 점이 하나 있다. 공적 기관의 자료나 분석은 신뢰할 수 있으나 그 밖의 여러 사이트에서 오르내리는 정보는 신뢰성에 의문이 가는 것이 많다는 점이다. 인터넷의 발달 만큼이나 여러 정보들이 유포되고 있는데, 상당수는 검증되지 않은 것들이다. 따라서 공적 기관이나 믿을 수 있는 기관의 정보를 수집해야 한다. 정보는 신뢰성이 생명이기 때문이다.

경제 관련 자료는 경기 관련 지표, 물가, 통화, 금리, 환율과 같은 지표들이 있는데 한국은행 사이트 등에서 쉽게 구할 수 있다. 산업 관련 정보는 각 증권사들이 내놓는 리포트라든지 관련 기사들을 수집하면 된다. 비중이 큰 산업들은 자료도 풍부해서 쉽게 접할 수 있으며 업데이트도 빠르다.

기업 정보 역시 산업 정보와 같은 경로를 통해서 얻을 수 있는데 재무제표는 해당 기업의 홈페이지에서 확인할 수 있고 대부분의 HTS에서도 확인이 가능하다.

기업에 관한 정보로는 기업의 연혁과 현재에 이르기까지의 과정, 주요 주주구성과 경영자의 능력, 노사 관계나 지분에 얽힌 내부의 문제점, 주요 제품의 구성 및 특성, 영업 현황, 투자 현황, 매출 상황과 추이, 순이익의 흐름, 경쟁 상대, 고객의 반응 등 여러 요소들이 있다. 이러한 내용들을 수집하여 전반적인 기업의 현황을 파악할 수 있다.

특히 증권사의 리서치 자료는 많은 도움을 준다. 증권사의 자료는 해당 종목의 예상가도 제시하고 있는데 이는 그냥 참고만 해야지 절대시해서는 안 된다. 증권사의 자료는 그 예상가가 맞느냐 틀리느냐를 떠나서 종목을 고를 때 최소한 살펴봐야 할 점이 무엇이고 어떠한 각도로 종목을 봐야 하는지의 방법론을 제시해준다. 여기에 중요한 의미가 있다. 그래서 주식 투자가라면 리서치 자료를 읽는 습관을 가져야 한다. 몇 년이고 꾸준히 읽다 보면 나름대로 기업분석의 감이 잡히고 종목 선정에 있어 어떤 점을 주의 깊게 봐야 하는지를 알게 된다.

증권사의 자료들은 그 분야의 전문가가 여러 방면의 분석을 통해 내놓는 것이기 때문에 참고할 내용이 상당히 많다. 개인투자가 혼자서 그런 분석을 하기는 불가능하다. 좋은 자료는 최대한 이용하여 매매에 활용해야 한다. 물론 절대적인 추종은 금물이다. 분석은 분석이고 예측은 어디까지나 예측일 뿐이다. 어떤 자료도 실제로 주가가 상승할지 하락할지를 정확히 예측할 수는 없다.

기업분석 자료를 토대로 하여 나름대로의 판단력을 향상시키는 것은 분명 투자에 도움을 주며 종목 선정에 큰 역할을 한다. 아무튼 증권사의 자료만큼 쉽게 얻을 수 있고 도움이 되는 자료도 드물다. 꼼꼼히 살펴보는 습관을 들이는 것이 좋다.

그 밖에 회사 발간 자료나 신문, 잡지 등 언론 매체의 관련 기사를 통해 기업의 상황과 변화를 파악할 수 있다. 그리고 많은 투자가들이 중요시 하는 것이 기업

탐방이다. 직접 해당 기업을 방문하여 정보를 수집하는 것인데 이는 개인투자가들이 하기가 그리 쉽지는 않다. 물론 불가능한 이야기는 아니다. 실제로 많은 개인투자가들이 증권회사 직원과 같이 혹은 투자가들끼리 기업을 직접 방문하곤 한다. 기업 입장에서도 투자가들이 관심을 갖고 찾아오겠다는데 거부할 이유가 없다. 기업의 담당자와 이야기를 하면 의외로 밖에서는 들을 수 없는 이야기를 수집할 수 있는 좋은 기회가 된다. 다만 기업 방문은 사전에 확실한 준비가 필요하다.

3) 주가 전망

향후 주가가 어떻게 되느냐는 투자에 가장 중요한 핵심 관건인데 이 부분이 가장 어려운 부분이기도 하다. 다만 분석을 통해 논리적으로 예측할 뿐이다. 일단 경제전망이 중요하다. 이는 개별 기업 하나의 실적을 가지고는 논하기 어려운 시장 전체의 분위기를 결정하기 때문이다. 위에서 언급한 경제적 변수들을 분석하여 시장에 우호적인 여건인지 아닌지를 먼저 확인해야 한다. 기본적으로 경기가 우호적이고 시중에 유동성이 풍부할 때가 투자에도 좋은 때이다.

경제분석에 이은 산업분석과 기업분석은 종목 선정과 투자수익률을 결정하는 중요한 요소이다. 업황이 좋은지를 판단해야겠고 기업의 실적과 향후 성장성을 면밀히 따져봐야 한다. 그런데 수집한 기업 정보를 통해서 기업의 현황은 짐작할 수 있으나 미래를 예측하는 것은 어렵다. 이는 투자가의 몫이자 능력이다. 주어진 자료를 통하여 전망을 하는 것이다. 어려운 작업이기는 하지만 이것이 바로 진정한 투자의 핵심이다.

따라서 투자가는 주어진 정보를 바탕으로 기업이 처한 상황과 앞으로의 변화 가능성에 주의를 기울여야 한다. 주가는 현재보다는 미래에 대한 기대감으로 상승하고 미래에 대한 우려감으로 하락하기 때문이다.

우선 분석을 통해 기업의 긍정적 측면과 부정적 측면을 확실히 인식하고 있어야 한다. 기업의 향후 전망이 밝다면 그 기업이 가진 긍정적 측면이 발휘되는 경우이고 전망이 어둡다면 그 기업의 부정적 측면이 부각되는 경우이기 때문이다.

각각의 경우를 인지하고 있어야 적절한 대응이 가능하다. 이는 비단 투자가뿐만 아니라 기업의 경영자에게도 필요한 부분이다.

실제로 기업의 전망은 1차적으로 업황이 크게 영향을 미친다. 예를 들어 조선산업의 업황이 조선회사들의 전망에 영향을 미친다. 그래서 산업분석이 기업분석과 함께 연결되어야 한다. 그 다음이 개별 기업들의 역량이다.

여러 상황을 종합하여 기업이 투자자들에게 긍정적으로 비추어지는지를 살펴야 한다. 내가 매력적이라고 느낀 기업은 남도 매력적이라 느낄 가능성이 높기 때문이다.

그리고 모든 분석이 끝난 다음 마지막으로 주식 매수의 여부를 결정해야 할 때는 내가 자본가라면 이 기업을 인수하고 싶겠는가라는 질문을 스스로에게 던져야 한다. 거액을 들여 내 회사로 만들 만큼의 매력이 있는지를 스스로에게 물어야 한다. 그래서 긍정적인 대답이 나올 때 매수에 들어가 스스로의 분석을 확인해야 한다.

기술적 분석

기술적 분석은 앞에서 살펴본 기본적 분석과는 성격이 상당히 다른 분석 방법이다. 말 그대로 '기술'이 필요한 차트분석 방법이다.

일반적으로 기술적 분석에는 다우이론, 엘리엇 파동이론, 봉차트 분석, 이동평균선 분석, 보조지표 분석 등이 있다. 모두가 나름대로 시장의 움직임을 캐치하여 주가의 향방을 예측하고자 하는 기법들이다.

이러한 기술적 분석에 관한 내용을 숙지했다고 해서 실전매매에서 당장 수익이 나는 것은 절대로 아니다. 다만 투자가에게 참고사항일 뿐이다. 하지만 많은 개인투자가들이 실전매매를 할 때 많이 의지할 수밖에 없는 것이 또한 기술적 분석이다. 그래서 상대적으로 비중 있게 다루었다.

이번 장에서는 기술적 분석의 의미와 한계, 그리고 그 다양한 내용들을 살펴본다.

기술적 분석의 의미　　　　　　　　　　　1

1) 기술적 분석

기술적 분석(technical analysis)이란 주가 등을 도표화해 과거의 일정한 패턴을 찾아내고 이 패턴을 이용해 주가 변동을 예측하고자 하는 분석 방법이다. 앞에서 살펴본 기술적 분석이 경제나 산업, 기업을 분석해 주가의 향방을 예측하는 것이라면 기술적 분석은 주가의 움직임 자체만을 분석해 향후 주가의 움직임을 예측하는 것이다. 기업의 내용이 아니라 기업의 주가 흐름을 보는 것이다. 그런 의미에서 매매 시점을 포착하기에 적합한 방법이다.

　기술적 분석은 기본적으로 차트분석이다. 차트분석에는 상당히 다양한 분석 방법이 있다. 차트도 여러 종류가 있으며 봉을 분석하는 것에서부터 이동평균선을 분석하는 것, 보조지표를 통해 분석하는 방법 등이 있다.

　기술적 분석은 다음과 같은 가정을 하고 출발한다.

　증권의 시장가치는 시장의 수요와 공급에 의해서만 결정된다는 가정이다. 이는 기업 내용이 아무리 나쁜 회사라도 그 회사의 주식을 사려는 사람이 많으면 주가는 올라가며 기업 내용이 아무리 좋더라도 팔려는 사람이 많으면 주가는 하락한다는 것이다. 즉, 시장에서의 수급이 최우선시 된다는 것이다.

　그리고 주가의 추세나 패턴은 반복하는 경향이 있어 과거의 패턴이 또 나타난다고 가정한다. 어떤 변화에 대한 인간의 반응 양상은 과거나 지금이나 큰 변화가 없으므로 주가의 패턴은 반복된다는 것이다.

　이 두 가지 가정은 기술적 분석의 절대적 근거가 되는 내용이자, 차트분석이 왜 중요한지를 설명하는 이유이다. 수급의 변화는 그 발생 이유에 관계없이 차트에 의해 확인할 수 있으며 차트에 나타나는 주가 패턴은 반복된다고 보는 것이다.

2) 기술적 분석의 한계(왜 기술적 분석으로도 안 되는가?)

상당수의 주식 투자가들이 실전매매 시 차트를 참고한다. 그리고 의사결정의 많은 부분을 차트에 의존하고 있다. 이제 투자가에게 차트라는 분석 도구는 거의 필수 불가결한 요소가 된 지 오래되었다. 차트를 분석하는 기술적 분석은 더욱 일반화되고 있으며 그 분석 기법도 다양화되고 있다.

그러나 실전에서는 차트분석에 기반을 둔 매매가 성공할 때도 있지만 실패하는 경우도 의외로 많다. 기술적 분석을 믿고 매매했음에도 불구하고 손실을 보는 이유는 무엇일까? 이 불확실한 시장에서 그래도 모두가 믿고 의지하는 것이 차트인데 말이다. 그 이유는 크게 두 가지로 볼 수 있을 것 같다. 하나는 기술적 분석이 갖는 태생적 약점 때문이고, 다음은 투자가 자신이 기술적 분석에 제대로 반응하지 못했기 때문이다.

기술적 분석을 논할 때 자주 지적되는 단점 중의 하나가 후행성 문제이다. 즉, 지나간 다음에는 설명이 딱딱 들어맞지만 막상 앞으로 어떻게 전개될지는 예측하기 어렵다는 점이다. 지나간 다음에 과거를 설명하기에는 더없이 좋은 분석 도구이지만 미래를 예측하기에는 한계가 있다는 의미이다.

이는 기술적 분석이 갖는 태생적인 한계이기도 한데 어떻게 보면 아주 치명적인 약점일 수 있다. 매매에서는 당장 앞으로 어떻게 될지가 중요하지, 과거가 어땠냐는 별 의미가 없지 않은가? 이러한 치명적인 약점 때문에 기술적 분석 자체를 무의미하게 보는 시각도 있다. 그래프에 좌지우지 될 바에야 소신껏 판단해서 투자하는 것이 수익률이 높다는 주장이다.

실제로 일부 투자가들은 기술적 분석이란 미래를 점보는 것과 그다지 다르지 않고 단지 예언에 불과하다는 비판을 내놓기도 한다. 그들은 기술적 분석이 갖는 과학적 근거가 기본적으로 너무 불안정하고 애매하다고 본다. 그리고 어떠한 분석으로도 주가가 앞으로 어떻게 움직일지는 예상할 수 없다고 본다.

하지만 그 많은 비판과 회의적인 시각에도 불구하고 기술적 분석은 하나의 중요한 분석틀로서 자리 잡고 있는 것 또한 현실이다. 그래도 많은 사람들이 차트를 보면서 그 속에서 무엇인가를 열심히 찾고 있는 것은 기술적 분석이 알 수 없는 미래에 관하여 그나마 합리적인 예측 근거를 제공하고 있다고 여기기 때문이다.

확실히 기술적 분석은 지금까지의 시세 방향성을 정확히 나타내준다. 그리고 지금까지의 추세를 근간으로 앞으로의 예측도 할 수 있게 해준다. 여기에 차트 분석의 큰 의미가 있다. 그 예측이 맞고 틀리고는 별개의 문제이지만 일단 예측의 근거를 제시해준다는 점이다.

기술적 분석이 주가의 바닥이 어디인지, 천장이 어디인지를 정확히 알려주지는 못한다. 다만 시간이 지났을 때 보면 그게 바닥이었고 그게 천장이었다고 뒤늦게 확인할 뿐이다. 그래프를 보면 과거의 흐름은 신기할 정도로 논리적으로 설명된다. 그러나 막상 매매를 하려고 하면 기술적 분석으로도 앞으로의 추세를 예측하기란 힘든 경우가 많다.

그렇다고 기술적 분석의 방향성 시그널을 무시할 수도 없다. 대개 중장기적인 추세는 기술적 분석이 제대로 설명하기 때문이다. 그러나 당장 내일 주가가 어떻게 되느냐 하는 관점에서는 기술적 분석은 거의 의미가 없다. 또한 기술적 분석을 가지고 큰 변화의 전환 시점을 정확히 포착하는 것 또한 쉽지 않다. 하락의 와중에 언제 반발매수가 들어올지, 상승의 와중에서 언제 조정의 매물 물량이 출회될지는 아무도 모른다. 나중에 지나고 난 다음에야 고개를 끄덕일 뿐이다.

거기에다 차트에는 속임수 또한 많이 등장한다. 한쪽 방향으로 갈 듯 하다가 안 가는 것이 그것이다. 누구든 상승장에서는 조정을 기다린다. 이제 차트 상으로 조정이 와도 좋을 때라고 생각한다. 그러나 주가는 잠시 조정 받는 시늉을 하다가 다시 상승에 상승을 거듭한다. 조정을 기다리던 투자가에게는 당황스러운 상황이다.

주가가 하락할 때도 그렇다. 많은 투자가들이 차트를 보며 이제는 반발매수의 유입으로 주가가 반등할 것이라 예측한다. 실제로 하락추세가 멈추고 제법 반발하는 모양을 보이면 주저 없이 매수에 참가하곤 하는데 주가는 그런 기대를 저버리고 더욱 폭락한다. 잠시 나타난 차트 상의 속임수라 할 수밖에 없다. 이렇듯 차트만을 근거로 매매를 했다간 낭패를 볼 수도 있다.

기술적 분석이 반대 신호도 동시에 보내고 있다는 점 또한 매매를 어렵게 하는 이유 중의 하나이다. 즉, 상승추세 속에서도 하락전환의 신호를 보내고 하락추세에서도 상승전환의 신호를 보내는 것이다. 따라서 그러한 신호를 일일이 체크하다 보면 오히려 더 혼란스러울 수밖에 없다.

예를 들어 주가가 오르는 중에 갑자기 나타나는 하락신호를 어떻게 받아들이느냐 하는 문제이다. 상승추세에서 갑자기 나타난 하락신호를 보고 겁을 먹고 주식을 처분하는 경우가 있는데 지나고 보면 그 하락이 잠깐의 조정 국면이었고 상승세는 더욱더 지속될 수도 있는 것이다. 그러나 갑자기 주가가 많이 하락하고, 음봉이 나타나는 등 하락신호가 잡히면 누구라도 추세가 꺾인 것으로 판단하기 쉬울 것이다. 하지만 그렇다고 하락신호를 무작정 잠깐의 조정이라고 판단하고 기다린다는 것도 말만큼 쉽지 않다. 정말로 하락세로의 전환일 수도 있으니까 말이다. 고민스러운 순간이 아닐 수 없다. 이렇듯 실제 상황에서는 기술적 분석만으로는 판단하기가 까다로운 국면이 많이 있다. 따라서 어디까지나 기술적 분석은 참고사항이지 판단의 절대적 기준이 될 수는 없다.

그리고 기술적 분석만으로 매매가 어렵다고 하는 이유 중 또 하나는 투자가 자신이 기술적 분석을 제대로 숙지하지도 않은 채, 기술적 분석을 사용하려 하기 때문이다. 그냥 차트를 보고만 있을 뿐 철저한 분석이 없는 경우이다. 어설프게 차트만 보고 매매를 하다가는 오히려 역효과만 날 수 있다.

따라서 기술적 분석의 확실한 학습이 선행되어야 한다. 모든 것이 그렇듯 제대로 알아야 제대로 써먹을 수 있는 법이다. 기술적 분석을 어설프게 이해하고 매매에 덤볐다간 손실이 날 가능성이 높고 그렇게 해서 손실이 나면 "역시 기술적 분석으로도 어려워."라고 단정 짓기 쉽다. 기술적 분석을 제대로 쓸 줄도 모르면서 말이다.

그러나 기술적 분석을 능수능란하게 활용할 수 있기까지는 의외로 많은 노력과 시간이 요구된다. 이러한 점 또한 기술적 분석의 난제라고 할 수 있다. 대충 아는 것과 확실히 아는 것은 전혀 다르다.

기술적 분석을 이용한 매매에 또 하나의 걸림돌은 기술적 분석의 지표가 나타내는 방향을 얼마나 객관적으로 받아들일 수 있느냐의 문제이다. 이 점은 실전매매에서 아주 중요한 사항이 된다. 아무리 기술적 분석에 정통해 있다하더라도 지표가 나타내는 상황을 인정하고 그대로 매매로 연결시킬 수 있느냐 하는 것은 또 다른 차원의 문제이기 때문이다.

즉, 투자가 자신의 생각과 기술적 분석의 시그널이 상반될 때 어떻게 대응하는가에 관한 문제이다. 예를 들어 투자가 자신은 상승추세를 기대하고 있는데 지표는 모두 하락추세를 나타내고 있는 경우이다. 이럴 경우 투자가가 상승에 대한 믿음이 너무 강한 나머지 하락추세에 대한 경고를 애써 외면하게 된다면 지표의 유용성은 사라지고 만다. 지표를 보는 마인드를 중립적으로 가져야 하는데 그렇지 않으면 자기가 기대하는 지표만을 선호해 받아들이게 되고 기대와 상반되는 지표는 과소평가하게 된다. 이런 편견에 찬 마인드 앞에서 기술적 지표란 아무런 의미가 없다.

결국, 기술적 분석에 관하여 정리하자면 기술적 분석 그 자체가 완전하지 않을 뿐더러 그 학습 역시 쉽지 않으며 아무리 잘 알아도 그것을 객관적이고 중립적인 마인드로 이용하지 않으면 그 의미가 사라진다는 것이다. 이러한 난점들 때문에 기술적 분석만으로 매매가 어렵다는 말이 나온다.

3) 투자가에게 있어서의 기술적 분석

앞에서도 언급하였지만 기술적 분석은 과거의 흐름을 보는 데는 최고의 설명 방법이다. 하지만 앞으로 어떻게 될지는 정확히 예측해주지 못한다. 그래서 실제 매매에는 그리 도움이 되지 못한다고 말하는 사람도 있다. 일리 있는 말이다. 그렇다면 기술적 분석은 과연 무용지물인가?

절대 그렇지는 않다. 그래도 과거를 보는 데는 도움이 된다고 하지 않았던가? 다행히도 주식시장에서는 과거의 흐름이 상당히 자주 반복된다. 따라서 과거의 흐름을 제대로 파악하고 있으면 현재의 흐름과 앞으로의 흐름을 살피는 데 많은 도움이 된다.

실전매매에 있어 기술적 분석은 분명 많은 한계가 있지만 그렇다고 해서 의미가 없는 것은 아니다. 다른 모든 것처럼, 이 세상에 존재하는 이상 나름대로의 존재 의미가 있는 것이다. 그렇지 않으면 지금까지 많은 투자가들이 애용할 수 있었겠는가?

그렇다면 투자가에게 기술적 분석은 어떤 존재 의미가 있는지, 그 의미를 살펴보자.

기술적 분석은 가격이란 매도세와 매수세의 힘겨루기에 의해 결정된다는 전제를 그 밑바탕에 깔고 있다. 구체적으로 살펴보면 다음과 같다. 우선 수요와 공급의 일치에 의해 이루어지는 가격은 모든 이용 가능한 정보와 분석을 포함하고 있다고 본다. 이것은 가격이라는 시장의 결과가 과거와 현재의 모든 경제, 사회, 정치의 제반 사항을 반영하고 있다는 이야기이다. 여기에는 잘못된 정보에도 시장은 반응한다는 사실을 내포하고 있다.

따라서 기술적 분석은 시장의 균형이 무너졌을 때 시장 참여자들이 빠른 시간 내에 이러한 상황을 탐지하고 반응해, 새로운 균형 상태로 이동하는 것을 설명한다. 쉽게 말해 주가가 횡보하다 갑자기 어느 방향으로 급속하게 움직인다는 것은 시장 참여자의 누군가가 새로운 정보나 예측에 반응해 수요와 공급의 균형이 깨지고 다른 상태의 균형점을 찾아간다는 것이다.

두 번째 전제는 추세에 의한 가격 변동에 관한 것이다. 기술적 분석의 주목적은 추세를 알아내고 그 추세를 이용하는 것인데, 주가는 추세에 따라 이동한다는 전제가 깔려있다. 상승이면 상승, 하락이면 하락이라는 추세를 타고 움직인다는 것이다. 그리고 그 추세라는 것은 자주 변하는 것이 아니라 어느 정도 지속성을 가지고 있다.

세 번째 전제는 역사는 반복된다는 것이다. 어쩌면 이 세 번째 전제가 기술적 분석을 존립하게 하는 결정적 이유일지도 모른다. 가격과 가격의 변동은 정보의 해석뿐만 아니라 시장 참여자의 심리와 행동을 반영하고 있다. 결국 인간 심리가 그 밑바탕에 깔려있다는 것인데 인간의 심리는 과거나 지금이나 큰 변함이 없고 앞으로도 변하지 않을 것이라는 생각이다. 실제로 인간의 충동과 욕망에 대한 반응 방식은 시간이 아무리 흘러도 거의 같다는 것을 알 수 있다. 따라서 인간이 만드는 시장의 흐름 역시 변하지 않는다는 것이다.

이런 점에서 역사는 반복된다는 전제는 상당히 유용하다. 시장 참여자들이 예나 지금이나 특정 변화에 대해 같은 반응을 보인다는 것은 어떤 변화에 대한 시장의 반응을 예측할 수 있다는 의미이기 때문이다. 실제로 가격 변동에 대한 시장 참여자들의 반응은 과거나 지금이나 크게 달라진 것이 없다.

기술적 분석은 매순간의 가격 변화를 지표로서 나타내주는데 기본적 분석과의 차이점이 여기에 있다. 가격의 움직임에 있어서 1분의 변화, 10분의 변화, 1시간 동안의 변화는 기본적 분석의 요인보다는 매수자와 매도자의 공방에 의해서 좌우된다. 여기에 기술적 분석의 존재 가치가 있는 것이다. 이렇게 단시간에 걸친 수요와 공급의 변화를 파악하기에는 기술적 분석이 훌륭한 도구의 역할을 한다. 그래서 기술적 분석을 무시할 수 없는 것이다. 단시간의 가격 변화 흐름을 파악하기 위한 거의 유일한 수단이기 때문이다.

가격 변화의 흐름을 이해하는 데 기술적 분석이 중요한 분석 수단이기는 하지만 그렇다고 해서 수익을 보장해주는 수단은 아니다. 앞에서도 언급했지만 기술적 분석은 지금까지의 흐름을 나타내줄 뿐 앞으로의 흐름까지 알려주지는 않는다. 단지 예측만 가능하게 해줄 뿐이다. 앞으로의 추세를 상당히 개연성 있게 설명하기는 하지만 그 추세라는 것이 갑자기 변할 수도 있으며 전혀 다른 추세를 형성할 수도 있다. 특히 단기간의 차트에서는 추세의 급변이 자주 나타난다. 그래서 차트만 믿고 덤볐다가 큰코다치는 경우가 종종 발생한다.

이러한 의미에서 필자는 기술적 분석을 전쟁터에서의 소총과 같은 무기라고 말하고 싶다. 확실한 성과를 내는 미사일이나 대포 같은 파괴력 있는 무기라기보다는, 휴대하기 쉽고 없으면 아쉬운 소총 같은 무기에 더 가깝다고 보는 것이다. 소총은 나름대로 공격 능력이 있어 전쟁터에서 병사들이 필수적으로 가지고 있어야 하는 것이다.

물론 성과 면에서는 대포나 미사일 같은 화력 좋은 무기가 소총보다 확실한 성과를 낸다. 그런데 문제는 일반 개인투자가들에게 매매에서의 대포나 미사일과 같이 화끈한 무기는 존재하지 않는다는 것이다. 흔한 무기이자 실제 사용할 수 있는 무기는 소총뿐이다.

전쟁터에서 그래도 소총 한 자루는 쥐어야 나타난 적에게 한 방을 쏘거나 공격도 할 수 있지 않은가? 그것이 제대로 맞든 안 맞든 간에 말이다. 소총은 최소한의 자기방어 수단으로서도 필요한 것이다. 특히 근접전이나 소규모 전투에서는 중요한 무기가 되곤 한다. 전쟁터에서의 소총 없는 병사들, 상상이 가는가? 있을 수 없는 일이다. 그와 마찬가지로 매매에 있어 기술적 분석을 모르는 투자가 역시 상상이 가지 않는다.

하지만 소총을 갖고 있다고 해서 전쟁에서의 승리를 보장해주지는 않는다. 따라서 기술적 분석을 맹신하여 매매에 임하는 것은 소총 하나만 굳게 믿고 탱크 앞에 대항하는 것과 같다. 소총은 어디까지나 최소한의 기본 무기이지 절대적인 무기는 아니다. 전쟁의 큰 승패는 다른 것에 의해 결정된다.

소총과 기술적 분석의 또 다른 공통점 중 하나는 그것을 사용하는 사람의 능력에 따라 그 효용이 크게 달라진다는 점이다. 같은 소총이라고 해도 명사수의 손에 있는 것과 신참의 손에 있는 것은 분명 그 효용이 다르다. 명사수의 손에서 더 확실한 성과를 낸다. 기술적 분석 역시 정확히 숙지하고 단련된 사람에게 더 큰 효용이 있다.

따라서 명사수와 같이 기술적 분석에 숙련된 투자가는 그만큼 더 좋은 성과를 낼 수 있다. 하지만 명사수든 그렇지 않든 간에 소총을 가지고 탱크를 막기란 어려운 법이다. 아무리 명사수라도 소총만 가지고는 탱크 앞에서 무기력할 수밖에 없다. 이렇듯 소총은 때와 장소에 따라 그 역할이 한정되는 무기이다. 그리고 기왕이면 명사수가 가지고 있을 때 더 효용이 높은 그런 무기이다.

기술적 분석이 천하무적의 무기는 아닐지라도 매매에 임하는 투자가라면 기본적으로 익혀놓아야 한다. 기술적 분석은 트레이더에게 기본 무기이다. 소총이라는 무기가 승리를 반드시 장담해주지는 못하지만 그래도 최소한의 방어 수단과 공격 수단으로 필요한 것과 마찬가지이다.

전투에서 승패를 결정짓는 요소에는 여러 가지가 있다. 전략, 무기, 병사의 사기, 지휘관의 자질 등. 이 모든 것들이 상대편을 능가함으로써 승리를 결정짓게 된다. 여기에는 여러 요인들이 복합적으로 작용하게 된다. 여기서 병사들은 어떤 전략이라도 일단 소총을 휴대하고 있다는 전제에서 출발하지, 맨손으로 싸우는 것을 전제로 하지 않는다. 소총이라는 요소는 처음부터 그 존재가 당연시 되는 기본 중의 기본이다.

매매에서 수익을 창출하려면 전략, 분석 능력, 안정된 정신 상태, 리스크 관리 등 모든 면이 복합적으로 월등해야 한다. 그리고 기술적 분석이란 매매에서 당연시 되는 기본 무기 중 하나이다. 투자가는 기술적 분석의 이러한 용도에 관하여 명확히 이해하고 있어야 한다.

4) 기술적 분석의 유용성

기술적 분석을 성립시키는 기본 전제 중 하나가 "역사는 반복된다."는 주가의 순환론이다. 실제로 주가 순환의 사이클은 반복되고 있다. 쉽게 말해서 과거나 현재나 주가는 오르락내리락하고 있다는 뜻이다. 이런 사실은 향후 주가의 행방을 예상하는 데 크나큰 뒷받침이 된다. 기술적 분석의 유용성과도 가장 관련 깊은 사항이다. 과거의 궤적을 살펴보면 앞으로도 이럴 때는 이렇게 반응할 것이라는 예상이 가능하기 때문이다.

단기간에 기술적 분석의 힘이 크게 발휘되는 곳이 데이트레이딩이다. 비교적 짧은 기간에 매매를 할 때 기술적 분석이 거의 유일한 무기가 된다. 단기간에 걸친 매매에서 기술적 분석은 중요한 무기이다. 게릴라전처럼 비교적 짧은 시간에 치고 빠져 나오는 데는 역시 소총만한 무기가 없는 것과 마찬가지이다. 다른 중화기를 쓰기에는 작전 시간도 짧고 기동성도 떨어지기 때문에 휴대가 간편한 소총이 제격인 것이다.

선물시장은 가격 변동이 심하고 그에 따라 손익금이 수시로 바뀌기 때문에 짧게 하는 매매가 많다. 개인이 오버나잇(overnight)을 하기에는 조금 부담스러운 시장이다. 이렇기 때문에 대부분의 매매가 치고 빠지는 단타 성격의 것이 많다.

아무리 시장을 제대로 예측했다고 하더라도 매매 진입 타이밍에 따라 예기치 못한 손실로 이어지는 것이 선물시장이다. 순간순간의 변화에 민감해야 하고 기동성 있는 대응이 요구된다. 따라서 기술적 분석에 의한 매매가 많고, 기술적 분석을 얼마나 효율적으로 사용하느냐에 따라 승패가 갈라지기도 한다.

기술적 분석이란 시장의 매수와 매도의 세력 정도와 그 변화를 지표상에 나타내주는 것으로, 시간별로 그 변화를 보여주고 있다. 장중에 매수세가 우위에 있는지 매도세가 우위에 있는지 판단할 수 있으며 추세가 언제 전환되었는지 시점도 나름대로의 시그널로 나타낸다. 따라서 단기매매를 하는 투자가는 그러한 기술적 분석들이 알려주는 시그널들을 놓쳐서는 안 된다.

기술적 지표를 제대로 골라서 적절히 사용하는 것도 중요하지만 기술적 지표를 무시하고 오히려 그와 상반되게 매매를 하는 이율배반적 행동을 억제하는 것이 중요하다. 기술적 분석을 사용하겠다고 결정했다면 그 지표들이 나타내는 시그널들을 있는 그대로 받아들이고 그에 상응하는 매매를 해야지, 지표와는 반대되는 매매를 굳이 할 필요가 없는 것이다. 그것도 왠지 모를 감에 의해서 말이다. 이용하려면 제대로 확실하게 이용하는 것이 좋다. 그것이 바로 '기술'이다.

기술적 분석의 유용성은 상승추세의 막바지나 하락추세의 막바지와 같이 기존의 추세가 전환되는 시점에서 특히 빛을 낸다. 즉, 주가가 올라갈 만큼 올라간 상태에서 교과서적인 하락 전환의 패턴이 나타났다면 이것은 추가 매수를 자제하고 매도에 주의를 기울이라는 중요한 신호가 된다. 반대로 주가가 장기간 하락한 상태에서 상승 전환을 의미하는 패턴이 나타나면 매도는 자제하고 매수의 관점에서 접근해야 한다는 신호이다.

이미 추세가 진행 중이거나, 하루의 장중에서는 지표상 헷갈리는 신호가 나타나 대응하기 애매한 경우가 많다. 그러나 장기지표의 추세반전 신호에 이은 단기지표의 반전 신호가 비교적 확실히 나타나는 경우는 반드시 놓치지 말아야 할 타이밍이다.

기술적 분석 시 명심해야 할 사항은 지표가 단기간에 걸친 것이냐 장기간에 걸친 것이냐에 따라 그 신뢰도가 달라진다는 점이다. 물론 장기간에 걸친 지표의 신뢰도가 더 높다. 예를 들어 봉차트를 볼 때 일봉보다는 주봉, 주봉보다는 월봉이 더 추세 설명에 신뢰도가 높다. 따라서 단기 차트만 보고 중장기의 예측을 논하는 것은 위험할 수 있다.

그러므로 차트분석을 이용한 매매 시 너무 단기간의 차트에만 의지하지 말아야 한다. 예를 들어 선물시장에서 30초봉이나 1분봉만 가지고 매매를 했다가는 시장의 순간적 변화와 속임수에 휘둘릴 가능성이 높아진다. 60분봉이나 혹은 30분봉, 10분봉 등을 참고로, 언제나 좀 더 큰 흐름을 염두에 두면서 매매에 임해야 한다.

주식시장에서도 마찬가지이다. 지나치게 데이트레이딩 중심으로 단타를 연발하게 되면 오히려 상승 폭이 큰 구간에서 큰 수익은 놓쳐버리게 된다. 일봉, 주봉 등을 분석하여 큰 추세를 타는 데 주력해야 한다. 단타 매매는 수수료 지출만을 높일 뿐 나중에 보면 별 소득 없이 끝나는 경우가 많다.

끝으로 기술적 분석의 유용성을 높이기 위해서는 본인의 매매 마인드를 중립적으로 놓아야 한다. 이 점은 수익률과 직결되는 사항이며 궁극적인 매매 실행에 아주 중요한 부분이다. 내심 하락을 기대하는 마음으로 매매에 임했는데 지표가 상승 신호를 가리킨다고 하자. 중립적인 마인드였다면 상승 신호를 받아들여 거기에 맞는 대응을 하겠지만 마음속에서 강하게 하락을 생각하고 있는 상태에서 상승의 신호들은 무시되기가 쉽다.

이 부분은 매매에서 상당히 중요한 요소이다. 일종의 편견과도 같은 것인데 편견이 강할수록 마음에 드는 신호만 받아들여 확대해석하게 되고 반대되는 신호는 애써 그 의미를 축소시키거나 무시하려 든다. 기본적으로 편견을 배제하여야 한다. 있는 그대로를 받아들여 거기에 맞게 대응해야지 혼자만의 고집을 피워서는 안 된다.

본인 생각만 앞세운다면 기술적 분석이 무슨 필요가 있겠는가? 기술적 분석을 아무리 많이 알아도 그 신호를 본인이 무시한다면야 유용성은 거의 없는 것이나 마찬가지이다.

기술적 분석이 진정한 의미를 갖기 위해서는 당사자가 그 내용을 충분히 숙지하고 있어야 하며 시장에 대해서도 객관적인 마인드를 갖고 있어야 한다. 한마디로 기술적 분석의 유용성은 투자가의 자세에 전적으로 달려 있다고 할 수 있다.

5) 기술적 분석의 활용

실제 매매 시 기술적 분석은 중요한 도구가 되고 있으며 많은 투자가들이 차트에 의존하고 있다. 그러나 때로는 차트의 신호에 역행하는 매매를 하곤 한다. 차트에는 의존하면서 차트가 나타내는 시그널과는 반대로 행동하는 이율배반적인 행동을 하는 것이다. 이는 주로 확신의 부족이나 객관적이지 못한 관점으로 차트를 보기 때문에 생기는 일이다.

예를 들면 모든 지표가 상승 쪽으로 전환되었음을 강력히 알리는데도 불구하고 "혹시 또 떨어지면 어떻게 하지?", "지금은 아닐 거야."라는 생각으로 매수를 망설이는 경우가 종종 있다. 계속되는 하락 추세에 적응이 돼버려 추세 전환을 좀처럼 인정하지 못하는 경우이다. 그러나 가격은 슬금슬금 올라가 버리고 '어, 어?' 하는 사이에 매수하기 부담스러울 가격대까지 올라가버린다. 모두 이런 경험이 있을 것이다.

왜 그럴까? 그것은 바로 지표를 바라보는 우리의 마음이 중립적이지 못 했기 때문이다. 오히려 마인드는 하락 쪽에 기울어 있었기에 객관적 지표에도 불구하고 선뜻 매수에 참여하지 못 했던 것이다. 이러한 상황에서는 아무리 상승을 알리는 신호가 나와도 마음 한구석에는 하락에 대한 공포가 길게 드리워져 있기에 상승 신호를 애써 무시하게 된다. 편견이 개입되어 있는 이상 있는 그대로를 받아들이지 못하는 것이다.

반대의 경우도 성립한다. 모든 지표들이 상투를 쳤음을 암시하는데도 "아니야 더 갈 거야."라는 미련과 "이건 일시적인 조정이야."라는 자기 위안의 마인드로 매도로 전환하지 못하고 매수 포지션을 들고 있다가 허망하게 당하는 수가 있다. 이것 역시 기술적 지표들을 보는 마인드가 중립적이지 못 했기 때문에 일어나는 일이다. 더 오를 것이라는 본인의 고집이 객관적 현실을 무시한 결과이다.

결국, 기술적 분석을 할 때 투자가가 지표를 얼마나 편견 없이 객관적으로 바라보느냐에 따라 기술적 지표의 유용성이 결정된다고 해도 과언이 아닐 것이다. 지표는 지표이다. 그 지표를 보고 판단을 내려 매매로 연결시키는 것은 투자가 자신의 몫이다. 따라서 같은 지표를 보더라도 투자가의 역량에 따라 매매 결과는 천양지차를 보이는 것이다. 기술적 분석은 편견이 개입되면 거의 무용지물이 되고 만다. 나타나는 사실을 객관적으로 보는 시각은 절대적으로 중요하다. 이러한 예는 비단 매매에서뿐만 아니라 인간 생활 곳곳에서 찾아 볼 수 있다.

역사적인 예를 하나 들겠다. 제2차 세계대전 당시 독일은 개전 초 유럽 전역을 파죽지세로 공략했고 가는 곳마다 승리했다. 그러나 전세는 동부전선에서부터 서서히 역전되기 시작했다. 지지부진하던 동부전선에서는 소련군의 본격적인 반격에 효율적으로 대응하지 못했으며 연합군의 노르망디 상륙작전으로 전세는 거의 완전히 뒤집힌다. 그러나 독일의 총통 히틀러는 이러한 상황을 좀처럼 인정하려 들지 않았다. 그에게는 지난 날 유럽을 정복한 그 막강했던 제3제국 군대의 기억만 있을 뿐 사태의 변화를 인식하지 못 했다. 여기저기서 그의 군대가 패하고 있다는 사실을 받아들이지 않았던 것이다. 아마 히틀러가 전세의 불리함을 재빨리 파악하고 일찌감치 항복했다면 불필요한 수많은 인명 피해와 파괴를 줄일 수 있었을 것이다. 그러나 히틀러는 모든 객관적 사실을 묵살했고 언제나 마지막 반격을 통한 전세의 대역전만을 노렸다. 모든 상황을 객관적으로 인식한 상태에서라면 도저히 나올 수 없는 발상이었다.

히틀러는 각 전선에서 들려오는 패전 소식을 애써 외면했으며 괴멸되어 존재하지도 않는 사단들을 지도 상에서 이리저리 이동시켜가며 작전 계획을 수립했다. 거의 패전에 임박한 상황에서도 소위 막판 뒤집기를 위한 대공세만을 끊임없이 노렸다. 모든 객관적인 사실은 무시하고 언젠가는 전세를 역전시킬 수 있다는 환상에 사로잡힌 것이다. 객관적 상황 인식이 결여된 채, 불가능한 환상만을 가지고 버티려고 했던 것이다. 그러나 그 결과는 어떠했는가? 독일 제3제국의 비참한 패망과 히틀러 자신의 자살이었다. 히틀러는 베를린의 방공호에서 적의 포성이 점점 다가옴을 알고 나서야 비로소 희망이 없다는 사실을 인정하였고 자살을 선택했다. 객관적 상황 인식의 결여는 언제나 이렇게 비참한 최후를 맞게 하는 것이다.

이야기를 다시 매매로 연결시켜보자. 모든 지표가 추세의 전환을 알리는데도 자기 고집을 못 버리면서 늘어나는 손실은 한 방에 만회할 수 있다고 굳게 다짐(?)하는 것은 적군들이 코앞에까지 밀려들어오는 상황에서 오히려 전세를 역전시키겠다고 우기는 히틀러의 만용과 다를 바가 무엇인가? 그 결과가 어떠한 것인지 역사가 말해주고 있지 않은가?

본인의 마인드가 한쪽으로 쏠려 있으면 객관적 사실도 그대로 받아들이려고 하지 않고 자기가 생각한 방향으로 될 것이라는 희망을 버리지 않는 것이 인간의 속성 중의 하나인 것 같다. 미련이라 할까? 고집이라 할까? 아니면 자존심이라고 할까? 누구나 그러한 갈등을 수도 없이 겪는다. 상승 혹은 하락에 집착하는 편견이 기술적 분석을 의미 없게 만든다. 아무리 기술적 분석이 향후 방향을 나름대로 신빙성이 있게 제시하고 있다 하더라도 그 사실을 받아들이고 주문을 제대로 내느냐 마느냐는 전적으로 투자가의 몫이다. 기술적 분석이 향후 상승을 나타내고 있더라도 투자가의 마음이 하락이라는 편견에 사로잡혀 있다면 매수 주문보다는 매도 주문이 나오기가 훨씬 쉽다. 기술적 분석이 무시되는 순간이다.

모든 매매의 최종적인 결정은 투자가 본인의 판단에 전적으로 달려 있다. 투자가가 정말 마음을 비운 객관적인 상태라면 기술적 분석의 시그널을 재빠르게 받아들여 매매로 연결해 많은 수익을 낼 수도 있겠지만 그렇지 않은 상태라면 기술적 분석은 투자가에게 아무런 도움도 주지 못한다.

6) 기술적 분석의 학습

그렇다면 어떠한 기술적 분석을 익혀야 하는가? 기술적 분석 역시 점점 복잡하고 다양한 분석들이 개발되고 있다. 기술적 분석에 사용되는 각종 지표들이 여러 가지가 있기는 하지만 기술적 분석의 기본은 역시 봉차트와 이동평균선이라 할 수 있다. 추세를 이해한다는 의미에서 이동평균선을 이해하는 것은 상당히 중요하다. 그리고 봉차트는 그야말로 장세의 강약의 정도와 흐름을 정확히 나타내주고 있다는 점에서 아주 의미 있는 분석 지표이다. 따라서 우선적으로 이 두 가지는 반드시 숙지해야 한다. 기술적 분석에 있어서는 기본 중의 기본이다.

모든 것이 그렇겠지만 기술적 분석의 학습에 있어서도 대충 이해하는 것과 완전히 정통한 것은 큰 차이가 있다. 그래프를 보고 대충 이런 것이구나 하고 아는 것과 상황이 어떤지를 파악하고 향후의 움직임까지 예상하는 것은 큰 차이가 있다. 총을 쏠 줄 아는 것과 총을 잘 쏘는 것은 엄연히 다른 것과 마찬가지 이치이다.

기술적 분석을 숙지하기 위해서는 다양한 사례연구를 통해 지표가 나타내는 속뜻까지 꿰뚫어 볼 수 있어야 한다. 특히 봉차트는 나타나는 양상이 상당히 다양하므로 그 패턴을 이해하고 다음 상황을 예측하는 데 많은 노력이 필요하다. 그리고 봉차트에는 추세 전환을 예고하는 아주 전형적인 패턴들이 몇 가지 있는데 이러한 패턴들은 자주 나타나지는 않지만 일단 한 번 나타나면 거의 들어맞으므로 반드시 숙지해야 한다. 거의 확실하게 수익을 낼 수 있는 얼마 안 되는 기회이므로 놓치기에는 너무 아깝다.

이동평균선과 봉차트 외에도 MACD, 스토캐스틱, Bollinger Band 등 보조 지표라고 하는 여러 가지 기술적 지표들이 있다. 모두 나름대로 의미를 가지고 있는 분석 도구이므로 몇 가지 정도는 숙지해 사용할 줄 알면 좋을 것이다. 매매에 참고가 될 수 있는 도구들이기 때문이다.

기술적 분석을 공부하는 것은 매매보다 훨씬 쉬운 일이다. 공부만 하면 되니까 말이다. 기술적 분석이 반드시 성공적인 매매를 보장해주지는 않지만 그래도 몰라서 당하는 몇몇 케이스로부터 실패를 미리 방지해준다. 그것만이라도 어디인가? 몰라서 손실을 보는 것 보다야 훨씬 낫지 않은가?

그리고 기술적 분석을 학습할 때 유념해야 할 사항이 있다. 기술적 분석에 관한 서적들을 보면 패턴과 여러 가지 지표들을 설명하면서 실례로 그래프들을 소개하는 것이 많다. 예를 들어 하락 기조 중에 꼬리가 큰 대 양봉이 나오면 상승 전환이라고 하며 그에 부합되는 실제 종목 차트를 소개해놓고 있다. 그리고 그것을 보면서 모두 '아하' 하고 납득하게 되는데 여기에 함정이 있다.

책에서는 수많은 차트들 중에서 설명하는 패턴에 가장 부합되는 것을 고르고 골라서 소개한다. 책 내용에 가장 그럴싸한 그래프가 게재되는 것이다. 이 책 역시 그렇다. 예를 확실하게 제시하기 위해서이다. 그러나 실제 상황에서는 그렇게 책처럼 딱 들어맞는 상황이 자주 발생하지 않는다. 시간이 지났기 때문에 상승 전환의 신호였다는 것도 알고 그것에 관한 설명도 가능하지만, 막상 매매를 해야 하는 순간이 닥쳤을 때는 차트에 대해 확신을 갖기가 힘들다. 그리고 가끔씩 차트의 예상과는 다른 결과가 나오기도 한다.

기술적 분석을 강의하는 사람들도 마찬가지이다. 내용을 설명하고 설명과 딱 맞는 예만 골라 보여주면서 기술적 분석의 정확성을 강조하는데 그것은 그런 딱 맞는 예를 나중에 골라온 것이지 실제 상황에서 그렇게 완벽하게 적용되는 예는 그리 많지 않다.

따라서 기술적 분석을 공부할 때는 패턴의 흐름은 숙지하되 맹신해서는 안 된다. 기술적 분석대로만 된다면야 누가 손실을 입겠는가? 실제 상황은 훨씬 복잡하다. 따라서 기술적 분석의 응용과 매매로의 연결은 언제나 투자가 자신의 몫으로 남겨져 있다.

기술적 분석을 잘 사용하느냐 못 하느냐는 여러 모양의 패턴에서 나름대로의 흐름을 정확히 파악해낼 수 있느냐 없느냐의 문제이다. 실제 상황은 교과서의 그림처럼 딱 떨어지지 않기 때문이다. 물론 가끔은 기술적 분석이 교과서대로 딱 맞는 아주 모범적인(?) 차트가 나타날 때가 있다. 진정한 프로라면 이런 기회를 절대로 놓쳐서는 안 된다. 공부한 내용이 그대로 실전에서 적용되는 경우가 흔치 않지만 그래도 한 번씩은 온다. 이때는 놓치지 말아야 한다. 쉽게 수익을 낼 수 있는 흔치 않은 기회이기 때문이다.

아무튼 기술적 분석은 투자가가 구사할 수 있는 아주 중요한 도구이다. 어쩌면 많은 개인투자가들이 매매를 할 때 의존하는 거의 유일한 도구일지도 모른다. 이러한 기술적 분석의 학습도 없이 매매에 뛰어드는 것은 시장을 너무 우습게 여기는 행위로, 시장에 대한 최소한의 예의도 없는 것이라 할 수 있다. 그러나 우리 주위에는 그런 기본적 예의도 무시하고 매매에 달려드는 사람들이 의외로 많다.

기술적 분석을 잘한다고 해서 모든 매매에서 수익을 내는 것은 분명 아니다. 하지만 기술적 분석의 숙지를 통해 신뢰성 높은 기회도 포착할 수 있고 불필요한 손실도 피할 수 있다. 이것만으로 그 효용 가치는 충분하지 않을까? 이 불확실한 시장에서 그나마 몇 가지 가능성을 제시해주는 것이 기술적 분석이다. 이것은 우리에게 축복이라고 본다. 자, 그럼 기술적 분석을 제대로 공부해보도록 하자.

기술적 분석의 이론   2

여기서는 기술적 분석의 고전인 다우이론과 엘리엇 파동이론을 살펴보기로 한다. 이 이론들은 모두 20세기 초 미국에서 나온 이론들인데 주가의 변동을 나름대로의 관점으로 설명하고 있다.

1) 다우이론

다우이론은 「월 스트리트 저널」의 편집장이었던 Charles H. Dow가 고안한 추세분석 방법이다. 이 사람은 미국의 다우지수를 고안한 사람이다. 다우이론의 기본적 원리는 1900~1902년에 「월스트리트 저널」에 소개되었지만 별다른 반응은 없었다고 한다. 1902년 Charles Dow 사후에 차기 편집장이었던 William Hamilton이 다우의 27년간의 저술 논문을 수집, 정리하여 이론적으로 체계화시켰다. 그리고 1929년 미국 증권시장 붕괴를 예언함으로써 다우이론은 유명해지기 시작했다.

다우이론의 기본적 사고방식은 평균주가에는 시장 참가자의 판단, 심리 등 모든 것이 반영되어 있으며 주가의 추세는 장기, 중기, 단기의 추세가 존재한다는 것이다. 그리고 결정적인 추세 반전의 신호가 나타나기 전까지는 그 추세가 유효한 것으로 보았다.

과거 일정 기간 동안의 주가 변동을 장기추세, 중기추세, 단기추세로 구분하고 이중 중기추세를 중점적으로 분석함으로써 장기추세를 예측하는 방법이다. 단기추세는 매일매일의 주가 움직임을 말하며 중기추세는 3주에서 수개월 간 지속하는 추세이며 장기추세란 1～10년에 걸친 장기 흐름을 말한다.

새로운 중기추세의 바닥점이 그 이전의 바닥점보다 높으면 장기추세는 상승국면이고 새로운 중기추세의 최고점이 그 이전의 최고점을 갱신하지 못하면 장기추세는 하락국면이라고 보았다.

추세의 진행 과정은 다음과 같이 구분했다. 일단 강세국면을 1, 2, 3국면으로 나누었는데 강세1국면은 매집국면, 강세2국면은 상승국면, 강세3국면은 과열국면으로 구분했다. 약세국면도 1, 2, 3국면으로 나누었는데 약세1국면은 분산국면, 약세2국면은 공포국면, 약세3국면은 침체국면으로 구분했다. 주가의 추세는 각각의 국면을 거치며 반복된다고 보았다.

그림 3.1 주추세의 진행 과정

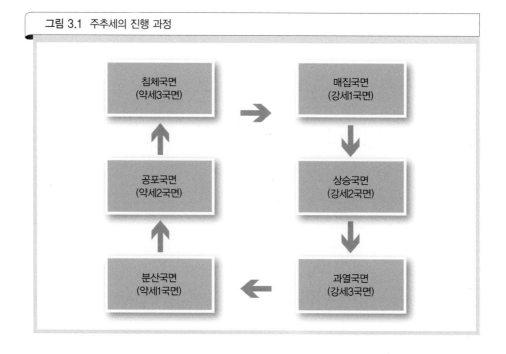

① 강세1국면(매집국면)

경제나 시장 여건이 어두운 상태이다. 투자가들은 오랜 약세장에 지쳐 매수자만 있으면 매도하고자 한다. 그러나 한편으로는 주가의 바닥인 시점으로 주식을 매도할 만한 사람은 다 매도한 상태이기도 하다. 따라서 앞으로 시장 여건이 호전될 것을 감지한 투자가들은 일반 투자가들의 매물을 매수하기 시작한다. 그래서 거래량이 점차 증가하는 국면이다.

② 강세2국면(상승국면)

경제 여건 및 기업의 영업수익이 호전되는 시기이다. 그래서 주가가 상승을 보이는데 일반 투자가들의 관심이 고조되면서 꾸준히 주가와 거래량이 상승한다. 상승 강도가 강한 시기이므로 가장 많은 투자 수익을 낼 수 있는 국면이다.

③ 강세3국면(과열국면)

경제 및 기업 수익이 계속해서 호조를 보이며 주식시장도 점점 과열되는 양상을 보이는 시기이다. 주가 상승 소식에 경험 없는 투자가들이 매수에 가담하는 시기이기도 하다.

④ 약세1국면(분산국면)

전문 투자가들이 수익을 취한 후 이제 물량을 처분하는 단계이다. 이때의 매수자는 경험 없는 매수자이며 주가가 조금만 하락해도 거래량이 증가한다.

⑤ 약세2국면(공포국면)

경제와 기업 수익이 악화되며 경기가 급격히 수축되는 국면이다. 일반 투자가들이 불안해하며 매도하려는 시기인데 매수세력이 위축되어 주가 하락이 강하게 나타난다. 거래량도 급감한다.

⑥ 약세3국면(침체국면)

투매 양상이 나타나는 시기이다. 주가가 더 폭락할 것이라는 생각에 사로잡힌 투자가들이 주가를 투매하며 주가가 지속적으로 하락한다. 하지만 주가의 낙폭은 점차 줄어든다.

다우이론은 주가의 흐름을 국면별로 나누고 각 국면의 특징을 설명하고 있다. 여기에 큰 의미가 있다. 반복되는 주가의 상승과 하락을 나름대로의 기준으로 구분해 설명한 것이다.

하지만 몇 가지 비판을 받는 부분도 있다. 우선 주추세와 중기추세를 명확히 구별하기 어렵다는 점과 추세 반전을 너무 늦게 확인하기 때문에 빠른 대응이 어렵다는 점이다.

2) 엘리엇 파동이론

엘리엇 파동이론은 미국의 Ralph Nelson Elliot이 장기간의 주가 흐름을 차트로 나타내어 분석한 결과, 주가의 변동은 일정한 법칙이 있다는 사실을 발견하고 분석한 이론이다.

1871년생인 Elliot은 철도회사에 근무하다 그만둔 56세에 과거 75년 동안의 모든 주가 데이터를 모아서 연구, 분석했다. 그 결과 주가의 움직임에는 일정한 패턴이 있다는 사실을 발견하고 그 패턴을 파동이라는 개념으로 설명했다. Elliot 생전에 이 이론이 널리 알려지지는 않았다.

그의 사후, 소수에 의해 이론이 유지되어 왔는데 이는 엘리엇 파동이론이 주가를 정확하게 예측해 공개되는 것에 대해 소극적이었기 때문이었다고 한다.

하지만 Hamilton Bolton이라는 사람이 엘리엇 파동이론에 매료되어 이를 적극적으로 알리기 시작했다. 그가 이 이론을 1953년 「은행신용분석」이라는 잡지의 부록으로 소개하면서 대중에 공개되었고 인기를 얻게 된다. 특히 1987년 미국의 주가 대폭락을 예측함으로써 각광을 받았고 기술적 분석의 대표적 이론으로 자리매김했다.

Elliot이 75년간의 주가 관련 데이터를 분석하면서 발견한 것은 시장의 가격이

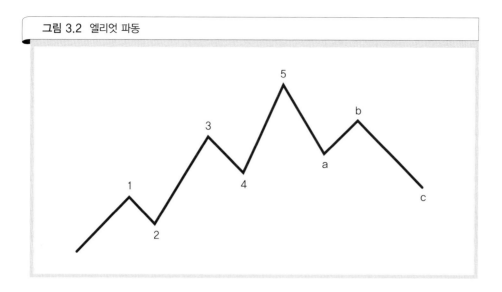

그림 3.2 엘리엇 파동

일정한 리듬을 가지고 반복된다는 사실이었다. 그리고 그 리듬에서 일정한 규칙성을 발견하고 그것을 파동으로 설명하였다.

한 번의 가격 움직임에는 모두 8개의 상하파동이 존재하는데 상승국면의 5개 파동과 하락국면의 3개 파동으로 한 싸이클을 구성한다. 추세의 방향과 같은 방향으로 움직이는 파동을 충격파동, 추세와 반대되는 방향으로 움직이는 파동을 조정파동이라고 하였다. 추세의 움직임은 짧으면 몇 시간, 길면 몇 년이 걸리는데 이는 여러 단계로 세분화가 가능하다.

[그림 3.2]에서 알 수 있듯이 상승추세에서 1, 2, 3, 4, 5의 다섯 개 파동이 나타나며 하락추세에서 a, b, c의 세 개의 파동이 나타난다. 각각의 파동을 살펴보면 다음과 같다.

① 1번 파동

추세의 전환 시점으로 이제까지의 하락추세가 끝나고 새로운 상승추세가 시작되는 출발점이다. 일반적으로 1번 파동은 5개의 파동 중에서 가장 짧으며 보통의 경우 바닥 수준에서의 간단한 반등 정도로 간주되는 경우가 많아 파악하기가 쉽지 않다.

② 2번 파동

보통 2번 파동은 1번 파동의 상승 폭을 38.2% 또는 61.8% 비율만큼 되돌리는 경향이 있다. 상승 후의 조정이라 이해하면 된다. 여기서 1번 파동을 100% 이상 되돌리는 경우는 없다.

③ 3번 파동

5개의 파동 중에서 가장 강력하고 가격 변동도 활발하게 일어나는 파동이다. 5개의 파동 중에서 길이가 가장 길다. 3번 파동은 본격적인 상승추세를 나타낸다.

3번 파동은 1번 파동에 비해 길이가 길어야 하는데 일반적으로 1번 파동 길이의 1.618배이다.

④ 4번 파동

본격적인 상승 이후의 조정을 나타내는 파동으로 예측이 용이한 파동이기도 하다. 일반적으로 3번 파동의 상승 폭을 38.2% 되돌리는 경우가 많다.

⑤ 5번 파동

상승추세의 막바지 국면이다. 거래량이 3번 파동에 비해 적게 형성되는 것이 특징이며 1번 파동과 똑같은 길이로 형성되거나 1~3번 파동 길이의 61.8%만큼 형성된다. 흔히들 말하는 천장을 형성하는 파동이다.

⑥ a파동

이제까지의 상승추세와는 반대 방향의 추세가 시작되는 파동이다. 잠깐의 조정으로 생각하는 사람도 있으나 다음의 b파동을 확인함으로서 하락추세를 예측할 수 있다.

⑦ b파동

하락추세에 반발하는 매수세력이 들어오는 구간이다. 제법 가격이 상승하기는 하나 전 고점을 갱신하지 못한다. 거래도 그리 활발하지 못하다. 투자가 입장에서는 매수 포지션을 정리할 마지막 기회이다.

⑧ c파동

거래가 활발하게 이루어지며 갭이 나타나는 등 가격의 변동이 큰 구간이다. 소위 말하는 투매가 일어나는 시점이며 가격이 급격히 하락한다.

각 파동은 위와 같은 특징이 있는 것이 일반적이나 파동이 연장될 수도 있다. 그러나 연장이 가능한 파동은 반드시 1, 3, 5번의 충격 파동만이며 2, 4번 파동이나 a, b, c 파동은 연장될 수 없다. 만일 1번 파동이나 3번 파동이 연장되지 않으면 5번 파동이 연장될 가능성이 크다. 1번 파동이나 3번 파동 중 하나가 연장되면 5번 파동은 연장되지 않는다.

그리고 엘리엇 파동이론에는 절대불가침의 법칙이라는 것이 있다. 파동에 다소의 변형이 있을지언정 절대적으로 있어야 되는 것들이다. 우선 2번 파동의 저점이 1번 파동의 저점보다 반드시 높아야 하며 그리고 3번 파동이 1, 3, 5번 파동 중에서 가장 짧은 파동이 될 수 없다. 또한 4번 파동의 저점은 1번 파동의 고점과 겹칠 수 없다. 이런 점들이 절대불가침의 법칙이다.

[그림 3.3]은 우리나라 종합주가지수의 월봉을 나타낸 것이다. 1997년 말 외환위기 이후 1998년 주가의 저점에서 2000년의 고점, 그리고 다시 하락하는 패턴이 엘리엇 파동과 거의 일치함을 알 수 있다.

실제로 엘리엇 파동이론은 이렇게 정확히 맞아들어가는 경우가 있다. 하지만 파동이론에 부합하지 않는 움직임 또한 많이 나온다. 따라서 어떻게 보면 맞고 어떻게 보면 틀리다는 경우가 종종 발생한다.

또한 엘리엇 파동이론은 예외를 많이 인정하기 때문에 다른 해석을 불러일으킬 소지가 많은 것이 한계이다.

그림 3.3 우리나라 종합주가지수

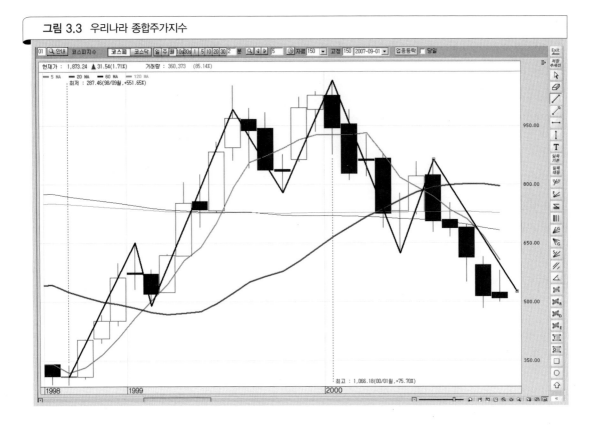

봉차트 분석

3

기술적 분석은 기본적으로 차트분석이다. 차트에는 여러 가지 종류가 있는데 가장 일반적으로 사용하고 또 중요한 차트가 봉차트이다. 캔들차트라고도 한다. 따라서 차트분석을 제대로 하기 위해서는 반드시 봉차트를 이해해야 한다.

1) 작성 방법

봉을 그리는 방법은 간단하다. 예를 들어 시가(始價)가 1,000원, 고가(高價)가

그림 3.4 봉 그리는 방법

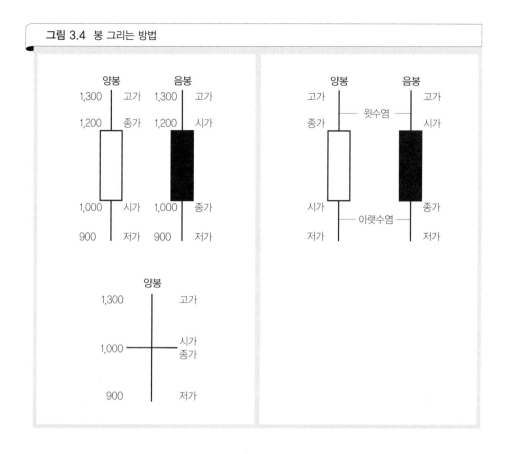

1,300원, 저가(低價)가 900원, 종가(終價)가 1,200원 일 때의 봉차트를 그려보자. 우선 시가가 1,000원, 종가가 1,200원인 사각형을 그리고 계속해서 고가 1,300원 저가 900선을 각각 그어본다. 단, 여기서 시가에 비해 종가가 높으므로 사각형의 색깔은 흰색으로 나타낸다. 이렇게 완성된 봉을 양봉이라고 한다.

같은 방법으로 이번에는 시가가 1,200원, 고가 1,300원, 저가 900원, 종가가 1,000원인 경우를 그려보자. 이 경우 시가에 비해 종가가 낮으므로 시가와 종가에 의해 그려지는 사각형의 색깔을 검은색으로 나타낸다. 이런 봉을 음봉이라고 말한다.

그 밖의 용어로는 고가까지의 선을 윗수염(윗꼬리), 저가까지의 선을 아랫수염(아랫꼬리)이라 한다. 그리고 시가와 종가를 나타내는 사각형은 몸통이라고 부른다.

그리고 특이한 모양으로 시가와 종가가 같은 경우가 있는데 이는 몸통이 없는 형태로, 십자선이라 한다.

2) 봉차트 분석

처음부터 봉차트로 시장을 정확히 분석하는 것은 그리 쉽지 않은 작업이다. 본격적인 봉차트 분석은 상당한 경험을 필요로 하기 때문이다. 봉차트 분석의 가장 기본이 되는 몇 가지 사항들을 반드시 이해하는 것이 중요하다. 그리 어렵지 않은 내용이다.

(1) 봉 모양의 분석

우선 봉 하나를 가지고 장의 흐름을 판단하는 방법에 관하여 살펴본다. 하나의 봉을 가지고 시장의 강약을 판단할 때는 다음과 같은 사항을 고려해야 한다.

- 음봉인가? 양봉인가?
- 몸통의 길이는 어느 정도인가?
- 수염의 길이는 어느 정도인가?

음봉의 경우는 시가에 비해 종가가 낮은 경우이고 양봉의 경우는 시가에 비해 종가가 높은 경우이다. 따라서 상승장에서는 양봉이 많아지게 되고 하락장에서는 음봉이 많아지게 된다. 그리고 몸통의 길이에 따라 시장의 강약을 파악할 수 있다. 몸통의 길이가 클수록 시장의 방향성이 강하다는 의미이다. 예를 들어 양봉인데 큰 몸통이라면 상승세가 강하게 있다는 의미이고 음봉인데 몸통이 크다면 하락하는 힘이 강하게 작용하고 있다는 의미이다. 몸통 위의 수염을 윗수염, 몸통 밑의 수염을 아랫수염이라 하는데 몸통의 길이와 수염의 길이를 비교하여 장의 흐름을 파악할 수 있다.

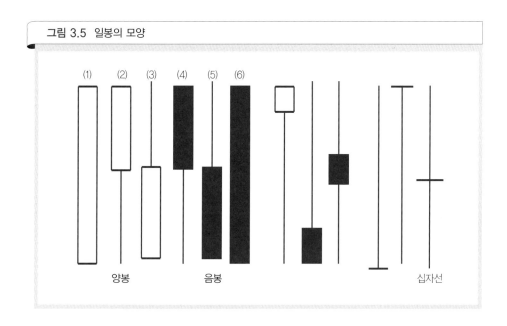

그림 3.5 일봉의 모양

(2) 두 개의 봉 분석

봉이 하나일 때도 여러 의미를 함축하고 있으나 두 개를 보면 좀 더 신뢰할 만한 예상이 가능해진다. 두 개의 봉의 조합을 볼 때 크게 두 가지로 구분할 수 있는데, 하나는 봉이 떨어져서 있는 경우이고 나머지 하나는 연속할 경우이다.

① 갭

쉽게 말해 두 개의 봉 사이에 틈이 있는 것을 말한다. 그 틈을 갭(gap)이라고 하기도 하고 창(窓)이라고 하기도 한다. 이러한 갭이 봉 위에 생기면 상승 갭이라고 하여 상승장에서 쉽게 볼 수 있으며 봉 아래에 생기면 하락 갭이라고 하는데 하락장에 잘 나타난다.

즉, 갭의 발생은 시가가 전날보다 크게 상승 혹은 하락해 시작되는 것으로 밤 사이의 특별한 호재나 악재의 영향을 많이 받았을 때 나타난다.

② 연속의 경우

이 경우는 두 개의 봉 몸통의 일부가 서로 중복되는 경우이다. 여러 패턴이 있을

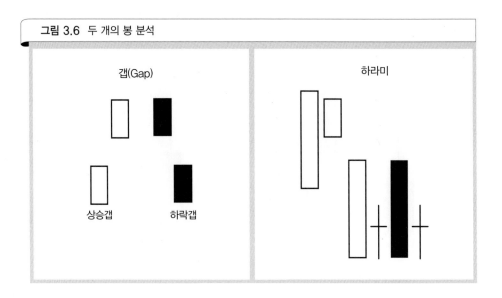

그림 3.6 두 개의 봉 분석

수 있겠으나 특히 중요한 것이 하라미 패턴이다.

하라미(はらみ) 패턴이란, 대음양선의 몸통 안에 보다 작은 음양선이나 십자선이 완전히 들어가 있는 패턴을 말하는데 이는 상승이 멈추거나 하락이 멈출 때 곧잘 나타나는 패턴이다. 하라미라는 말은 일본어로 '임신하다'라는 의미이다. 그래서 다른 말로 '상승 잉태형'이나 '하락 잉태형'이라는 말도 쓴다.

이 패턴이 천장권이나 바닥권에서 나타나면 추세 전환의 중요한 신호로 볼 수 있다.

(3) 봉의 합성

봉차트에는 여러 가지 모양이 있을 수 있다. 모양이 이해하기 힘들 경우 두 개의 봉을 합성해봄으로써 이해가 쉽게 되는 경우가 있다. 양봉이든 음봉이든 갭이 발생할 경우 다음과 같이 하나의 봉으로 합성해 장의 흐름을 이해할 수도 있다.

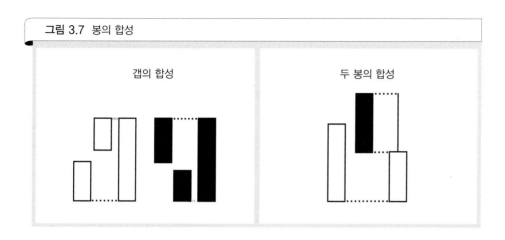

그림 3.7 봉의 합성

갭의 합성

두 봉의 합성

(4) 같은 봉의 3번 연속 출현

양봉이 세 번 연속으로 나타난다면 상승추세로 예상해볼 수 있다. 비록 몸통이 작더라도 시가보다 종가를 높이는 힘이 일관되게 세 번 이상 나타난다는 것은 추세전환으로 받아들이기에 충분하다.

물론 반대의 경우도 있다. 음봉이 세 개 이상 연속 출현할 경우 시장의 힘은 하락하는 쪽으로 기운다는 신호이다.

(5) 바닥권, 천장권에서 중요한 봉의 모양

봉차트는 장세의 전환국면에서 특색 있는 모양을 보인다. 이러한 모양을 캐치하여 그 신뢰성을 검증하는 것은 매매에서 아주 중요하다.

다음의 [그림 3.8]은 바닥권이나 천장권에서 나타나는 추세 전환 신호이다. 바닥권이나 천장권에서 아래의 그림이 나타난다면 이것은 아주 의미 있는 신호로 봐야 한다.

그림 3.8 바닥권, 천장권에서 중요한 봉의 모양

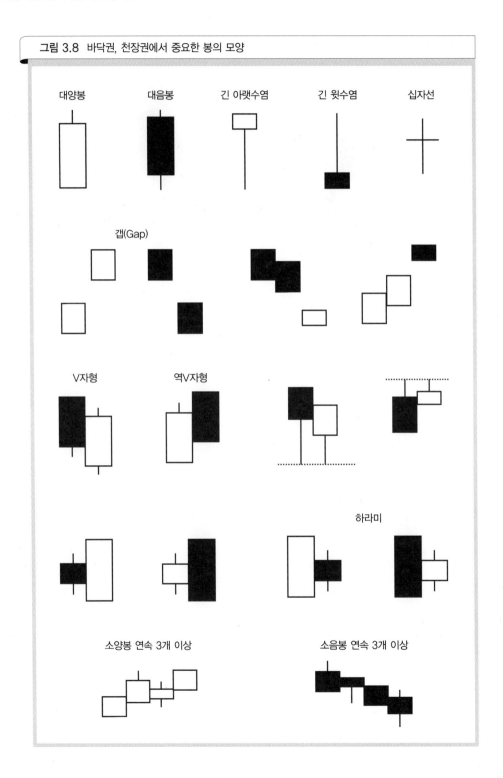

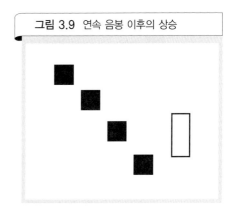

봉차트의 배열로 보는 시장 심리

4

1) 바닥에서 나타나는 모양

(1) 연속 음봉 이후의 상승

비교적 작은 갭을 동반한 음봉들이 세 개 이상 출현하고 있는 그림이다. 하락추세가 계속되면서 막판에 돌출 악재로 주가가 거의 무너지는 모양이다. 그 후 양봉이 하나 서 있는데 상당히 불안해 보이기도 하며 꿋꿋해 보이기도 하다. 그 전의 추세에 비하면 의외의 양봉이라고 할 수 있다.

그림 3.9 연속 음봉 이후의 상승

하락추세 도중에 이와 같은 연속적인 갭 하락이 출현한다는 것은 시장이 거의 투매 상태라는 의미이다. 모두들 작정을 하고 시초가부터 낮은 가격으로 매도를 퍼붓고 있는 것이다. 매도 주문이 압도하고 있으며 시장의 분위기는 극히 암울한 상태이다. 연속적인 하락 갭이란 여간해서는 출현하지 않기 때문이다.

매도가 매도를 부르는 하락의 막바지 장이지만 이는 바꿔 말하면 이제 팔 사람은 다 팔았다는 이야기로 매도 물량이 거의 다 소진되었다는 것을 암시한다. 이제 주가가 상대적으로 싸다고 느끼는 세력이 매수의 입맛을 다지는 시기라고 볼 수 있다. 매도 물량이 소진된 상태에서 매수가 들어오기 시작하면 주가는 금방 올라간다. 다시 말해 팔 사람은 다 팔았을 때 누가 조금만 매수해도 주가는 양봉을 보이며 상승하게 되는 것이다.

위와 같은 패턴은 주가가 하락하면서도 거의 바닥 수준일 때 나타나는 패턴으로 다른 바닥장과는 달리 분위기가 더욱 침울하며 주식 보유자들이 흥분된 상태로 주식을 팔아치울 때 나타난다. 하지만 이러한 국면은 신규 매수세력들에게는 또 다른 절호의 매수 기회이다. 주가가 떨어질 만큼 떨어졌을 때 나타나는 막판 투매는 바닥을 마무리 짓는 과정인 경우가 많기 때문이다.

(2) 대양봉의 맞대응

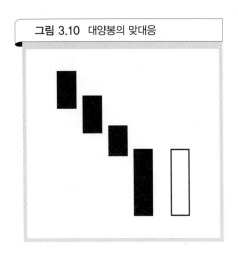

그림 3.10 대양봉의 맞대응

기존의 하락 폭보다 더 큰 하락 폭이 나타난 후 그에 상응하는 큰 폭의 상승이 시현되고 있다. 마지막 매물이 정리가 되었다는 신호로 해석할 수 있다.

주가가 하락 행진을 계속하다가 비교적 큰 폭으로 떨어질 때가 있다. 이때는 섣불리 매도하지 않는 것이 좋다. 바닥의 마지막 단계가 완결되는 과정일 수 있기 때문이다.

연속되는 음봉은 하락추세에서 나타나는 전형적인 패턴이다. 하락해오던 주가가 갑자기 큰 폭으로 더 떨어지는 국면이 나타나곤 하는데 이때는 주의해야 한다. 보통은 하락추세가 더 강화되는 것으로 생각하기 쉬운데 오히려 하락이 끝나는 신호일 수 있기 때문이다. 물론 하락 중간에 나오는 큰 음봉은 하락추세를 강화시키기도 하지만 상당한 하락을 보여 연속적인 음봉 후에 나오는 큰 음봉은 그 성격이 다를 수 있다. 따라서 음봉의 성격을 잘 구분해야 한다.

마지막으로 나오는 큰 음봉은 기존의 하락에 더 이상 못 참게 된 마지막 매도 물량일 가능성이 크다. 이렇게 한꺼번에 출회되는 매도 물량으로 하락 폭이 상대적으로 확대될 수 있다. 그러나 이는 다른 한편으로는 이제 더 팔 사람도 없다는 의미가 되기도 한다.

따라서 다음에 등장하는 거의 같은 크기의 양봉은 이제 더 이상의 매도세력은 없다는 것을 암시하고 있다. 따라서 큰 폭으로 하락했던 주가는 그대로 회복되며 이제는 매수세력에게로 공이 넘어갔음을 보여준다.

더 크게 하락할 것만 같았던 주가가 거의 같은 크기의 양봉으로 대응을 받았다는 것은 그만큼 큰 매수세력이 바닥에서 매수를 기다리고 있었음을 보여준다. 이 상황에서 섣불리 매도를 하는 것은 오히려 위험할 수 있다. 바닥에서의 마지막 하락은 그 폭도 크나 이는 동시에 매수의 시작으로 연결된다. 그리고 그 확인은 다음에 출현하는 양봉이다. 즉, 음봉과 같은 크기로 양봉이 나타나 가격을 다시 회복시켜 놓은 것은 더 이상의 하락은 용납하지 않겠다는 강한 의지의 표현이다.

이러한 패턴은 실전매매에서 의외로 자주 나타나는데 상당히 신뢰도가 높은 매수 기회 중의 하나라고 할 수 있다.

(3) 갭 하락 이후의 갭 상승

이 그림 역시 마지막 매도가 갭 하락이라는 극단적인 하락 모양으로 나타나 있다. 큰 폭의 가격 하락 후 주가는 양봉의 모양으로 갭 상승을 보이고 있다. 이는 적극적으로 매수세가 들어오고 있음을 암시한다. 주가가 거의 바닥에 왔다는 확신이 강하게 작용하고 있는 것이다.

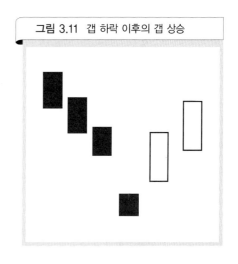

그림 3.11 갭 하락 이후의 갭 상승

막바지 대량 매도가 갭 하락의 형태로 표출되고 있다. 이 상황도 역시 상당한 매도 물량이 거의 폭발적으로 분출되고 있다고 볼 수 있다. 상당한 매물이 일시에 소진되는 것이다. 그 다음에 이어지는 급반등은 대형 매수세가 기다리고 있었다는 듯이 주식을 매수하는 형태로, 주가가 이제 하락할 만큼 다 하락했다는 확신을 가지고 매수에 임하고 있다. 이때의 매수세는 상당히 강력하다고 볼 수 있으며 처음부터 아주 작정을 하고 적극적으로 주식을 사고 있음을 짐작할 수 있다.

바닥의 갭 상승 이후에 상승이 아주 탄력적으로 진행이 된다면 추세는 완전히 상승 쪽으로 반전한 것을 의미하며 강한 매도세는 당분간 나타나기 힘들 것이다. 이때의 상승 갭은 메워지지 않을 확률이 높으며 계속되는 양봉에 힘입어 상승에 대한 기대는 더욱 고조될 것이다. 이 정도의 돌파력이 있으면 주가는 쉽게 꺾이지 않을 것이라 짐작할 수 있는데 그만큼 추가적인 상승의 여지가 많으므로 매수에 동참해도 수익을 낼 수 있을 것이다.

위의 세 가지 그림에서 나타나지만 매도의 막바지는 언제나 그 하락 폭이 상당히 크기 때문에 대부분 추가 하락을 예상하게 되고 좀처럼 매수를 하지 못하게 된다. 그러나 그 후의 정황을 살펴보고 매수에 임하게 되면 높은 수익을 낼 수 있다. 물론 언제나 강조하지만 주가가 내릴 만큼 내렸을 때 나타나야 비로소 의미가 있는 패턴들이다. 하락 도중에 잠깐 나타나는 반등이면 별 의미가 없다. 따라서 진정한 바닥인지 단순 반등인지를 반드시 구별해야 할 것이다. 여기에 기술적 분석의 실력 차가 나타나는 것이다.

(4) 대음봉 이후의 십자선

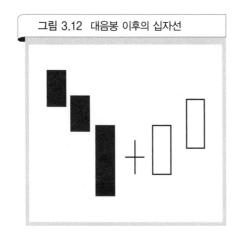

그림 3.12 대음봉 이후의 십자선

이어지는 하락추세가 대음봉으로 마감되며 그 후 십자선의 모양이 나온다. 이때의 십자선은 그 전 대음봉의 몸통 중간 부분에서 형성되며 이어서 양봉이 출현하고 있다.

매도세력이 막바지 물량 정리를 다 하고 나갔음을 의미한다. 물량이 깨끗이 소진된 상태이다.

하락추세가 상당한 기간 지속된 이후에 나오는 큰 음봉은 대개 최종적인 매도 물량의 정리를 의미한다. 따라서 그 다음에는 약간의 매수세력만으로도 주가는 상승하게 되며 양봉을 그리곤 한다. 이 그림 역시 하락추세가 이어져오다가 대음봉이 나타나고 있다.

십자선은 일반적으로 매수와 매도세가 거의 팽팽하게 맞서고 있다는 것을 의미하는데 음봉 이후 몸통의 중간에서 나타났다는 것은 더 이상의 가격 하락은 아무도 생각하고 있지 않다는 뜻으로 마지막 물량마저 남김없이 깨끗이 청소가 되었음을 보여주고 있다. 그 동안의 하락추세가 진행되면서 매도세가 압도적인 힘으로 밀어붙여왔지만 힘의 균형 상태를 의미하는 십자선이 나타난 것만으로도 매도의 힘이 전과 같지 않다는 것을 알 수 있다.

그리고 이어지는 양봉은 이제 매수 세력의 시대가 열리고 있음을 암시한다. 매

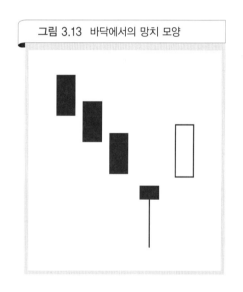

물의 파도가 멎으면 그 다음은 매수 세력이 조금만 힘을 줘도 주가는 상승하기 마련이다.

줄다리기에서 양편이 모두 자기 쪽으로 끌고 있다. 그러다가 한 쪽의 힘이 갑자기 다 빠져버리면 어떤 결과가 나오겠는가? 상대적으로 힘이 강한 쪽으로 쏠리게 되어 있는 것이다. 시장 역시 마찬가지이다. 한쪽이 머뭇거리거나 전과 같은 힘을 쓰지 못할 때면 시장의 방향은 급선회한다. 팔 사람은 다 팔았다면 누가 조금만 사도 물량이 없기 때문에 주가는 올라가게 되어있다. 이러한 상황이 연출되는 국면이 바로 바닥 국면인 것이다.

(5) 바닥에서의 망치 모양

하락추세가 이어져오다가 하락 갭을 만들며 긴 꼬리가 달린 음봉으로 하락의 종점을 고하고 있다. 꼬리가 길다는 점은 주가가 한번 하락했다가 다시 올라왔다는 이야기로, 끌어올리는 힘이 만만치 않음을 나타낸다. 그리고 갭 상승이 나타났는데 이는 새로운 추세 전환의 신호이다.

음봉이 계속 나타나면서 주가가 하락하면 대부분의 트레이더들은 상당한 공포심을 갖게 되며 서둘러 물량처분에 나선다. 하락 속도가 클수록 느끼는 공포심

그림 3.13 바닥에서의 망치 모양

은 더 하며 그럴수록 더 빨리 물량을 처분하려고 가격은 신경 쓰지 않고 매도 주문을 낸다. 매도 중에서도 가장 질이 안 좋은 매도이다. 이런 매도가 나올 정도면 시장 분위기는 거의 최악의 상태라고 봐야 할 것이다.

이런 상황이 갭 하락이라는 극단적인 현상으로 나타나며 주가를 더욱 끌어내리지만 과도하게 주가가 떨어졌다는 인식을 가지고 있는 매수세력에 의해 다시 하락 폭을 만회한다. 이런 경우의 매수세력은 대개 소신 있는 투자가들로서 가격이 바닥까지 왔다는 확신을 가지고 용기 있게 나서는 주체들이다. 이들은 쉽게 주식을 되팔지 않으며 서서히 바닥을 점검하며 주식 매집에 들어간다. 더 이상의 매

도세력이 존재하지 않는 상황에서 주가를 끌어올리기 시작한다.

실제로 과매도라고 판단이 서면 의외로 많은 매수세력들이 달라붙는데 이들은 성공하기도 하고 실패하기도 한다. 그러나 중요한 것은 이렇게 매수세력이 들러 붙었을 때 아직도 거대 물량을 지닌 매도세력이 존재하느냐의 여부이다. 그러나 대개는 주가가 빠질 만큼 빠진 상태에서 또 다른 매도 물량이 나오기는 현실적으로 어렵다. 따라서 저가 매수라는 생각으로 들어오는 매수세가 어느 정도 있어 주기만 한다면 주가의 반등은 자연스럽게 연출될 수 있다. 주가가 아주 많이 하락했다는 이야기는 그만큼 저가 매수를 노리는 세력들도 많아졌다는 것을 의미한다는 사실을 잊어서는 안 된다.

[그림 3.13]의 패턴 역시 실전에서 상당히 자주 나타나는 것으로 신뢰도가 높은 패턴이다. 아래로의 꼬리가 길면 길수록 신뢰도는 더욱 높아진다. 그만큼의 강력한 매수세력을 나타내고 있기 때문이다.

(6) 평평한 바닥에 이은 대양봉

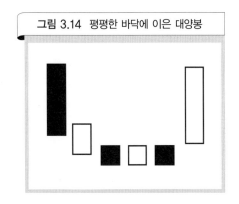

그림 3.14 평평한 바닥에 이은 대양봉

하락추세가 지속되다가 비교적 큰 음봉을 만들면서 주가가 크게 하락한다. 그런 후 당분간 혼조세가 지속되면서 평평한 바닥을 만들고 있다. 더 이상의 추가적인 하락은 나타나지 않고 있다. 이렇게 평평한 바닥이 만들어진 후 대양봉이 나타남으로써 상승 전환으로의 추세 전환을 알리고 있는 모습이다.

대량 매도로 주가가 크게 하락한 이후에는 교착 상태가 가끔 나타난다. 매도세력의 매도 강도가 전과 같지 않고 그렇다고 강한 상승세가 나타나는 것도 아니다. 그냥 관망하는 분위기로 주가가 소폭 움직이는 상황이다.

만약에 이러한 상황이 상승추세가 상당히 지속된 후에 나타났다면 그 다음은 거대 양봉이 아니라 거대 음봉으로 추세의 하락을 강화시키지만 주가가 떨어질 만큼 떨어진 상태에서 교착 상태 이후에 거대 양봉이 나왔다면 하락은 마감되었다고 볼 수 있다. 바닥에서 교착 상태가 진행된다는 것은 바닥 다지기를 의미하는 것으로서 더 이상의 하락은 용납되지 않음을 강하게 보여주는 것으로 해석할 수 있다. 또한 교착 상태에서 매수세력과 매도세력이 서로 눈치만 보고 있는 상황이 므로 거대 양봉이 나타나면 매수세력은 강한 확신을 가지고 매수에 임하게 되고 매도세력은 상당히 위축된다. 이러한 상황은 매수세력에 힘을 실어주게 됨으로 써 주가는 추가 상승을 할 수 있는 발판을 마련한다.

실제로 하락추세가 진행이 되어 주가가 많이 하락한 상태에서 교착 상태가 나 타난다는 것은 어떤 의미에서는 이제 팔 사람은 다 팔았다는 것을 강하게 암시한 다. 그리고 더 이상 매도세력이 보이지 않게 되었을 때 주가는 강한 탄력을 보이 며 상승한다. 여기서 중요한 것은 양봉의 크기가 아주 커야 한다는 것이다. 모든 의구심과 회의를 불식시키고도 남을 정도의 강한 이미지를 보여야 한다. 그래야 한동안 움츠렸던 매수세력들이 자신을 가지고 매수에 동참할 수 있기 때문이다. 이제 더 이상의 하락은 나오기 힘들다는 신호인 셈이다.

(7) 하락추세에서 거대 양봉의 출현

그림 3.15 하락추세에서 거대 양봉의 출현

주가가 꾸준히 음봉을 보이면서 하락하고 있다. 이렇 게 장기 하락이 진행되다가 그 전의 음봉을 다 삼키듯 이 상당히 큰 양봉이 출현하면서 추세의 전환을 암시 한다. 단, 여기서 중요한 것은 이때 나타나는 양봉이 아주 커야한다는 사실이다. 그저 조금 큰 정도의 양봉 이 아닌 아주 거대한 양봉이어야 한다.

장기적으로 하락추세인 상황에서 매수 시 바닥 확인 이 아주 중요하다. 이러한 바닥의 확인에서 강한 신뢰를 주는 것이 거대 양봉의 출 현이다. 주가는 바닥으로 다가갈수록 매물의 부담이 약해지는데 이러한 상황에서 상대적으로 강한 매수세가 들어오면 상승 탄력이 아주 커질 수가 있다. 그리고 그 것은 거대 양봉으로 나타난다.

특히 거대 양봉의 시가가 전 음봉의 저가 밑에서 시작되었다는 것은 매도 물량이 거의 다 해소되었다고 볼 수 있기 때문에 신규 매수는 가격을 탄력적으로 상승시킬 수 있다. 추세의 바닥에서 큰 몸통을 그리며 주가를 끌어올릴 수 있다는 것은 향후 주가가 상승하는 데 당분간 큰 저항세력은 없다는 신호이기도 하다.

그리고 중요한 것은 이렇게 추세의 바닥, 즉 분위기가 안 좋은 상황에서 매수에 임한 세력들이란 쉽게 주식을 팔고 나갈 세력들이 아니라는 것이다. 상당한 소신과 자신을 가지고 매수에 들어온 세력들이다. 주가가 조금 빠졌다고 해서 손절매를 할 사람들이라면 이렇게 바닥에서 신규 매수를 할 필요가 없기 때문이다.

또한 이런 거대 양봉의 출현은 다른 트레이더들에게 추가적인 하락은 없을 것이라는 안도감을 주어 매수에 들어오게끔 유도한다는 점에서도 의미가 있다. 음봉의 연속적인 출현으로 하락에 지겨워하던 참에 거대 양봉이 갑자기 나타나 빛을 발하고 있는 것이다. 새로운 국면이 도래했음을 알리는 신호이다. 그리고 기회를 노리던 매수세의 유입으로 이어진다.

2) 천장에서 나타나는 모양

(1) 상승세의 막바지에 나타난 거대 음봉

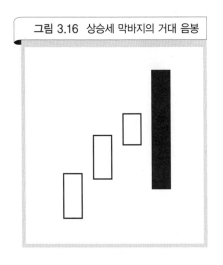

그림 3.16 상승세 막바지의 거대 음봉

주가가 상승해오다가 어느 시점에 거대한 음봉이 출현하는 경우가 있는데 이 모양은 하락을 알리는 아주 전형적인 신호이다.

장기적인 상승추세가 이어져오다가 시초가는 전 양봉보다 위에서 이루어졌으나 큰 폭의 하락을 보이며 주가를 크게 끌어내린다.

장기적인 추세가 상승을 이어오고 있다는 것은 언젠가 하락의 시점이 점점 다가온다는 것을 의미하기도 한다. 대부분의 사람들은 주가가 더욱더 올라갈 것이라 예상하고 목표 주가도 한껏 높게 잡는데 이는 어디까지나 희망

사항에 불과하다. 오를 만큼 오른 주가가 그 다음에 선택할 일은 내리막으로 접어

드는 것이다. 바로 하락 반전이다. 그리고 그러한 추세의 반전을 만인에게 고하는 이벤트가 바로 거대 음봉의 출현이다. 여기서 다시 한 번 강조하지만 그저 그런 크기의 음봉이 아니다. 아주 거대한 음봉이다. 앞에 있는 양봉 몇 개는 삼켜버리고도 남을 정도의 큰 음봉이어야 한다.

천장에서 거대 음봉이 나타났다는 것은 이제 더 이상 주식을 살 사람이 없다는 것을 의미한다. 살 사람이 없다는 것은 팔 사람밖에 없다는 것이고 이제 무게중심은 하락세로 넘어갔음을 의미한다. 매도세력이 물량을 처분하는데 변변한 매수세력이 없으면 음봉은 커질 수밖에 없다. 이런 거대 음봉이 나타났다는 것은 매수에 나서는 세력은 없고 매도를 하겠다는 세력이 압도하고 있는 것으로 당분간 주가는 하락한다는 신호이다.

이런 경우는 주가의 천장에서 심심치 않게 볼 수 있는 패턴으로 그래프를 보면 얼마든지 쉽게 확인할 수 있다. 종합주가지수의 경우는 거의 예외 없이 이러한 패턴을 보이며 상승추세를 마감했다.

(2) 신고가 갱신의 실패

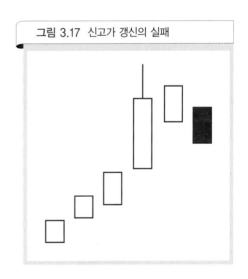

그림 3.17 신고가 갱신의 실패

장기적인 상승추세가 진행되어오다가 긴 양봉을 그리며 큰 폭의 상승을 실현한다. 이때 신고가가 기록이 되며 주가 상승이 최고조에 달한다. 그 다음의 봉 역시 양봉이 나타는 났으나 신고가 갱신에는 미치지 못 한다. 매수의 힘이 신고가 갱신에 못 미치는 것이다. 그 후 음봉이 출현하면서 분위기는 사뭇 달라진다.

커다란 양봉이 상승추세의 막바지를 장식하고 있다. 그 다음에도 양봉이 나타나지만 고가를 갱신하지 못 했으며 중요한 것은 커다란 양봉의 종가를 다음의 양봉에서 하회했다는 사실이다. 이는 매수세력이 전만 못하다는 것으로 고가에 재차 도전할 만한 여력이 없음을 나타낸다. 그리고 뒤이은 음봉은 더 이상의 추가 상승은 힘들다는 사실을 뒷받침하고 있다.

주가가 지속적으로 상승하는 과정에서 일부 투자가들은 서서히 보유 주식을 처분할 준비에 들어간다. 더 오르기를 기다리는 투자가들도 있겠지만 대개 일찌감치 주식을 매수한 프로들은 상승 추이를 지켜보면서 적절한 매도 시점을 찾는다. 주가가 상승에 상승을 거듭할수록 이들의 매도 심리는 더욱 압박을 받는다. 영원히 상승하는 주가는 없다는 것을 이들은 너무나 잘 알고 있기 때문이다. 따라서 어느 적정 시점에서 물량을 내놓기 시작한다. 강력한 매도세의 출현이다.

상승추세의 어느 시점에 주가는 천장을 치는 것이다. 신고가가 갱신이 되었으나 위에 꼬리를 달고 밀려서 내려왔다는 것은 물량 처분을 벼르던 사람들이 드디어 하나 둘씩 물량 처분에 들어간 것이다. 그래서 고가 갱신이 안 되는 것이다. 다음에 나타나는 봉 역시 상승의 한계를 나타내는 분위기이다. 양봉은 만들었지만 분위기는 전만 못하다. 이는 매도를 기다리는 세력들을 더욱 자극한다. 그리고 본격적인 물량 출회가 되면서 주가가 천장을 찍었음을 확인하며 하락의 단계로 서서히 넘어간다.

이렇게 신고가 갱신에 실패하고 주가가 밀리기 시작하면 그 다음은 주가가 하락하는 것이 일반적이므로 이러한 패턴이 나오면 일단 매수는 경계해야 한다.

(3) 연속되는 음봉 세 개

그림 3.18 연속되는 음봉 세 개

상당 기간에 걸쳐 상승추세가 이어져오다가 음봉이 연속적으로 나타나면서 지난 봉들의 종가를 끌어내린다.

음봉의 크기는 거대 음봉이라 할 정도로 크지는 않지만 주목해야 할 것은 연속적으로 세 개가 출현했다는 사실이다. 이는 물량 처분이 상당히 계획적으로 진행되고 있음을 의미한다.

지속되어 오던 상승추세에 많은 시장 참가자들이 익숙해져 있는 상태에서 조그만 음봉이 나타나면 일부는 불안감을 갖기도 하겠지만 대부분은 일시적인 조정이라고 생각하고 추가적인 매수에 들어가기도 한다. 이 사실은 음봉들의 고가가 앞의 봉의 종가보다 높게 형성되었다는 점을 보면 알 수 있다. 아직도 과거 상승장의 미련을 못 버린 사람들이 매수에 임하고 있는 것이다.

일반적으로 이러한 시점에서 물량을 내놓는 세력들은 상당히 일찍감치 주식을 매수했던 세력으로서 이미 충분한 수익률을 냈으므로 매도 시점만을 호시탐탐 노리던 세력들이다. 주로 기관이나 큰손들로서 이익 실현을 위한 계획적인 매도이다. 이들의 물량 처분 패턴은 여러 가지가 있을 수 있겠지만 여기서는 아예 매도 날짜를 정해 놓고 이익 실현을 해나가는 것으로 볼 수 있는데 이들의 물량 처분으로 음봉이 만들어지기는 하나 시장에 큰 충격을 주기보다는 매수세가 들어오는 것에 맞춰가며 보유 물량을 정리하고 있다. 조급하게 서두르지는 않지만 처음부터 계획적으로 물량을 차례차례 소진시킨다.

한편 이를 저가 매수의 기회로 생각하고 일부 매수세가 들어오기는 하나 이들의 물량을 다 받아들이기에는 역부족이다. 왜냐하면 이들의 보유 물량 자체가 엄청나기 때문이다. 따라서 이익 실현을 위한 매도 공세는 어지간한 매수세 가지고는 당해내지 못하게 되어 있다. 그리고 이들의 매도는 상황을 봐서 멈추기도 하는 그런 성질이 아니라 일단 물량 청산이라는 목표로 일관되게 진행되기 때문에 매도세가 중간에 끊기는 경우가 없다.

(4) 천장의 별

장기적인 추세상승의 마지막에 갭을 만들며 상승하나 몸통은 그리 크지 않은 양봉을 만든다. 그리고 곧바로 갭 하락이 나타나며 주가는 하락한다.

이렇게 갭 상승이 갭 하락으로 곧 메워진 것은 그만큼 매도세력이 강하게 나타났다는 것을 의미하므로 추가적인 강한 매수세가 없는 한 주가는 하락한다.

갭을 만들며 상승한 것은 상당한 기대가 형성되어 주가를 끌어올렸다는 것이다. 그런데 뒤를 이어 상승은커녕 갭 하락과 음봉이 나타났다는 것은 상당한 매도세력이 출현했거나 엄청난 악재가 터진 것을 의미한다. 이는 투자가들 사이에 큰 충격으로 작용하는데 어지간한 물량 보유자들은 서둘러서 보유 주식을 처분하려

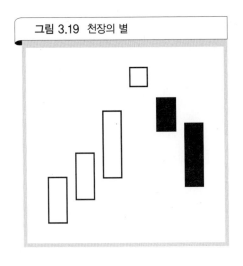

그림 3.19 천장의 별

고 든다. 물론 추가적인 매수세력은 유입되지 않기 때문에 주가의 하락은 급격하게 진행된다.

주가의 하락 반전은 대부분 그동안의 중심적인 매수세력이 매도세력으로 돌변하면서 일어난다. 분석가들은 무슨 악재 때문에 하락했다고 나름대로 하락의 이유를 찾지만 근본적인 이유는 그간 주식을 사오던 매수세력이 이익 실현에 들어갔기 때문이다. 그동안 주식을 사오며 주가 상승을 주도했던 세력들이 대규모 이익 실현에 나섬으로써 주가가 하락하는 것이지 악재 때문에 하락하는 것이 아니다.

실제로 상승세가 본격적으로 진행되는 시점에는 아무리 악재가 나와도 주가는 별 반응 없이 상승을 지속한다. 천장에서의 주가 하락은 어떤 재료에 의해서라기보다는 매수세력이 매도세력화 되었기에 일어나는 것이다.

그들은 이미 높은 평가익을 낸 상태이므로 어느 가격선에서 매도하든 부담 없이 물량을 처분할 수 있다. 이 말은 주가가 하락하는 와중이라도 얼마든지 매도에 임할 수 있다는 뜻이다. 이러한 상황은 추가적인 주가 하락을 유발하며 주가를 더욱 끌어내린다. 이렇게 주가의 하락에도 여의치 않고 주식을 팔 수 있는 여유 있는 매도세력이 많으면 많을수록 주가의 하락 폭은 커질 수밖에 없다.

추세선 분석   5

추세선이란 말 그대로 추세를 선으로 나타낸 것이다. 선이란 두 개의 점을 이은 것이므로 차트 상의 고점과 고점 혹은 저점과 저점을 연결시킴으로써 주가의 방향을 가늠해보고자 하는 것이다. 선을 그릴 때는 점에서 다소 빗나가도 큰 상관은 없다. 선 하나로만 그리기 애매할 때는 선 두 개를 그어도 괜찮다. 중요한 것은 방

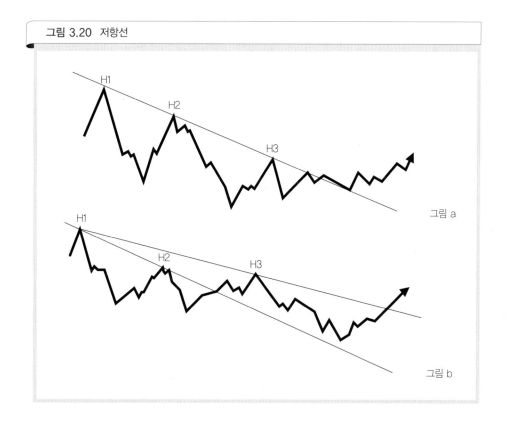

향과 각도이다.

고점과 고점을 이어 나타낸 것이 저항선이고 저점들을 이어 나타낸 것이 지지선이다. 저항선은 말 그대로 상승에 저항하는 선으로 이해하면 되고 지지선이란 더 이상의 하락을 막으며 상승을 지지하는 선이라 이해하면 된다.

1) 저항선

저항선이란 고점을 이어서 만든 선으로서 하락 추세선이라고도 한다. 봉차트 상에서는 대체로 윗수염 끝을 연결한 것을 말한다.

그림 a는 고점 H1과 H2, H3를 연결해서 만든 것이고, 그림 b는 고점 H1, H2, H3를 연결해 저항선을 표시한 것이다. 고점 H1을 기점으로 한 것에는 변함이 없다.

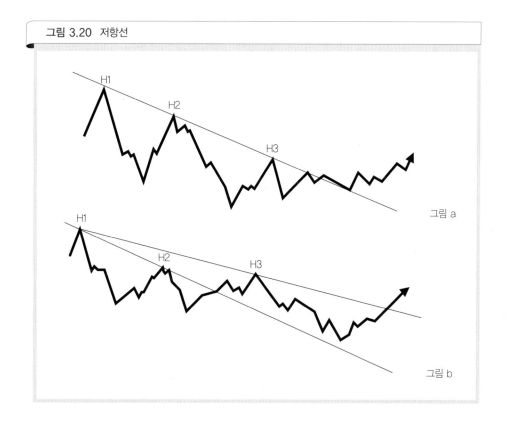

그림 3.20 저항선

저항선에서는 주가가 저항선을 뚫고 돌출하기 시작했을 때 큰 의미가 있다. 바로 하락장을 마감하고 상승 탄력을 받고 있다는 신호가 될 수 있기 때문이다.

2) 지지선

지지선은 저항선의 반대가 되는 개념이다. 지지선은 상승추세선이라고 말하며 차트 상의 저가와 저가를 연결한 선이다. 지지선을 그을 때 역시 편안하게 두세

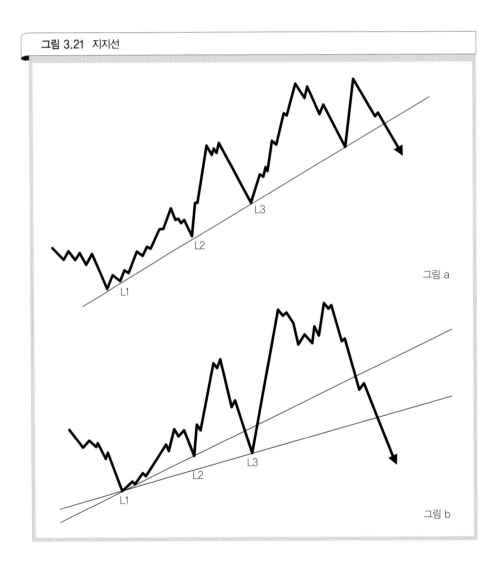

그림 3.21 지지선

개 선이 나오는 대로 그려도 무관하다. 어차피 저점들을 연결한 선으로 전체적인 추세를 살펴볼 수 있기 때문이다.

[그림 3.21]의 a는 저점 L1과 L2, L3을 연결한 것이다. 그림 b는 저점 L1과 그 뒤의 저점 L2, L3를 연결한 것이다. 어느 것이나 저점 L1을 기점으로 하고 있다.

지지선에서는 주가가 이 선을 돌파했을 때 의미가 있다. 이는 주가가 상승을 멈추고 하락으로 전환될 가능성이 높아졌다는 신호이다.

이 시점에서의 거래량과 봉차트의 모양 등을 분석하여 그 신뢰도를 검증한다. 거래량이 급감하거나 윗수염이 긴 봉차트가 나왔다면 주가가 하락세로 반전될 가능성은 아주 높다.

3) 상승채널

저항선과 지지선을 조금 응용한 것 중의 하나가 상승채널이다. 상승채널은 인기가 높은 주식에서 잘 나타난다. 상승채널은 저항선과 지지선이 평행한 상태에서 위로 상승하는 모양이다.

[그림 3.22]에서 보듯이 L3, L4, L5의 지지선과 H2, H3, H4의 저항선이 거의 평행한 상태로 상승하고 있다. 이러한 모양은 주가가 상승하면 이익 실현 매물이 꾸준히 출회되고, 주가가 떨어졌다 싶으면 매수세가 꾸준히 유입되는 패턴이 반복되는 것을 보여준다.

여기서 주가가 저항선을 돌파하면서 거래량이 급증한다면 이 주식은 곧장 크게 상승할 가능성이 있다. 한 번에 인기를 모으며 상한가 행진을 할 수도 있다는 말이다. 주의해서 볼 만한 재미있는 패턴이다.

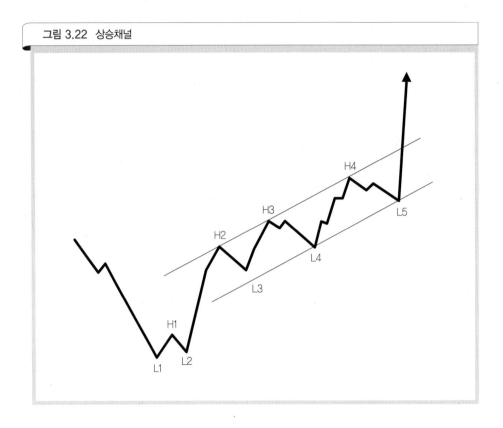

그림 3.22 상승채널

4) 박스형

박스형은 상승채널의 변형된 형태이다. 상승채널에서는 저항선과 지지선이 위로 평행하게 상승하지만 박스형에서는 수평하다. 즉, 고점과 저점이 한정된 폭에서 움직이고 있다.

국면으로 본다면 바닥권에서 나타나는 모양이다. 물론 천장권이나 조정 국면에서도 나타나는데 박스형은 기간이 짧다는 특징이 있다.

여기서도 저항선을 뚫고 주가가 상승할 때는 상승 에너지를 축적한 상태에서 올라가기 때문에 상승세로의 반전을 예상할 수 있다. 물론 반대의 경우 지지선을 뚫고 하락한다면 매수세가 소진되어 하락 반전을 예상할 수 있을 것이다.

어쨌든 바닥권의 박스 장세에서 주가가 박스권을 벗어나 상승을 시도한다면

그림 3.23 박스권 돌파

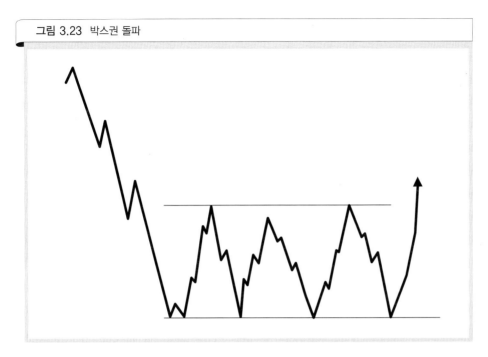

그림 3.24 박스권 돌파의 예

최저 : 140,500원(10/02/12, ＋44.48%)

최고 : 212,000원(10/06/18, －4.25%)

이는 매수 신호로 받아들일 수 있다.

[그림 3.24]는 박스권 돌파의 예이다. 주가가 14만 원에서 16만 원 사이를 횡보하다가 강하게 치고 올라가는 모습이다. 사실 박스권에서는 주가가 어디로 방향을 잡을지 아리송하다. 올라갈 듯하다 내려가고 내릴 듯하다가 오르기 때문이다. 그래서 최종적인 방향을 끝까지 지켜봐야 한다. 영원한 박스권은 없으므로 언젠가는 방향을 잡기 마련이다.

이동평균선 분석 6

이동평균선(Moving Average, MA)이란 일정 기간 동안의 주가를 산술평균한 주가이동평균을 연결해 만든 선을 말한다. 즉, 주가의 평균치를 나타내는 지표가 된다. 주식시장에서 주가는 매일매일 변하지만 일정한 기간을 놓고 주가를 평균해서 보면 방향성을 지닌다. 이를 나타나게 한 것이 이동평균선이다. 이동평균은 평균을 내는 기간에 따라 5이동평균(5MA), 20이동평균(20MA), 60이동평균(60MA)선으로 나타낼 수 있다.

어떤 날의 5일 이동평균을 계산하려면 해당 날짜를 포함한 최근 5일간의 종가를 합산한 뒤 5로 나누면 된다. 이렇게 나온 매일의 5일 평균값을 하나의 선으로 연결해 나타낸 것이 바로 5일 주가이동평균선이 된다.

일봉차트에서 5이동평균선(5MA)은 5일 이동평균선이며 주봉차트의 경우에 5MA는 5주 이동평균선을 나타낸다.

일반적으로 주가가 상승할 때는 이동평균선의 위치가 제일 위에 5일 이동평균선, 그다음에 20일, 그리고 제일 밑에 60일 이동평균선의 순서로 움직인다. 이런 배열을 정배열이라고 한다.

반면에 주가가 하락할 때는 제일 위에 60일 이동평균선, 그다음에 20일, 그리고 제일 밑에 5일 이동평균선의 순서로 움직인다. 이런 배열을 역배열이라고 한다.

따라서 단기, 중기, 장기의 이동평균선들의 배열 순서를 파악하면 현재의 흐름이 상승인지 하락인지를 대략적으로 짐작할 수 있다.

주가이동평균선은 해당 시점에서 시장의 전반적인 주가 흐름을 판단하고 향후 주가 추이를 전망하는 데 이용되는 주식시장의 대표적인 기술 지표이다.

이동평균선 분석의 핵심은 이동평균선의 방향과 주가의 위치이다. 결국 이 두 가지를 분석함으로써 주가의 방향을 예상할 수 있는 것이다. 이동평균선의 방향이란 이동평균선이 상승하느냐 하락하느냐 혹은 수평으로 움직이느냐 하는 것이고, 주가의 위치란 주가가 이동평균선의 위에 있느냐 밑에 있느냐를 의미한다.

1) 매수 패턴의 네 가지

① 이동평균선이 하강한 후 수평으로 움직이거나 상승을 하고 거기에 주가가 이동평균선을 상향 돌파할 경우이다. 좋은 매수 신호이다.

② 이동평균선이 상승을 계속하고 있는 상황에서 주가가 잠시 이동평균선 아래로 떨어졌다 다시 상승하여 이동평균선을 상향 돌파할 경우이다.

③ 주가가 이동평균선의 위에 있으면서 이동평균선을 향해 하락하다 이동평균선과 부딪친 후 재차 상승할 경우이다.

④ 주가의 하락이 너무 급격하게 이루어졌고 더구나 이동평균선과의 거리가 심하게 벌어진 경우, 이동평균선을 향한 단기적 반발 상승을 기대할 수 있다. 일반적으로 여기서 주가가 이동평균선을 상향한다면 훌륭한 매수 시기이다.

2) 매도 패턴의 네 가지

① 이동평균선이 상승한 후 수평으로 움직이거나 하강을 하고, 거기에 주가가 이동평균선을 하향 돌파할 경우이다. 이는 좋은 매도 신호로 볼 수 있다.

② 이동평균선이 하강을 계속하고 있는 상황에서 주가가 잠시 이동평균선 위로 올라갔다 다시 하락하여 이동평균선을 하향 돌파할 경우이다.

③ 주가가 이동평균선의 아래에 있으면서 이동평균선을 향해 상승하다 이동평균선과 부딪친 후 재차 하락하는 경우이다. 이는 이동평균선이 강한 저항선 역할을 하고 있다는 것을 의미한다.

④ 주가의 상승이 너무 급격하게 이루어졌고, 더구나 이동평균선과의 거리가 심하게 벌어진 경우에는 이동평균선을 향한 단기적 하락을 기대할 수 있다. 일반적으로 여기서 주가가 이동평균선을 하향 돌파한다면 매도 시기이다.

그림 3.25 매수 포인트

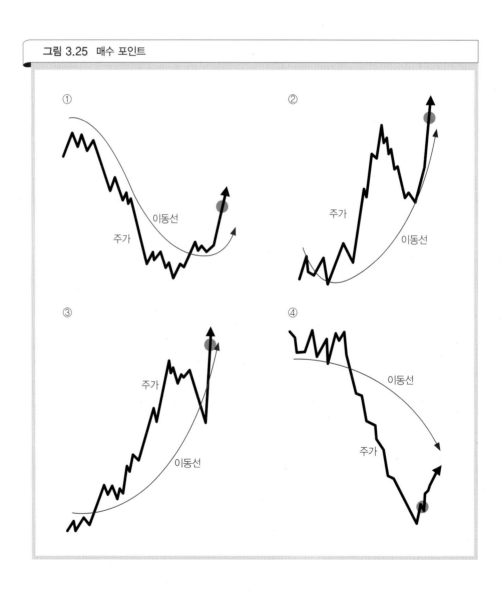

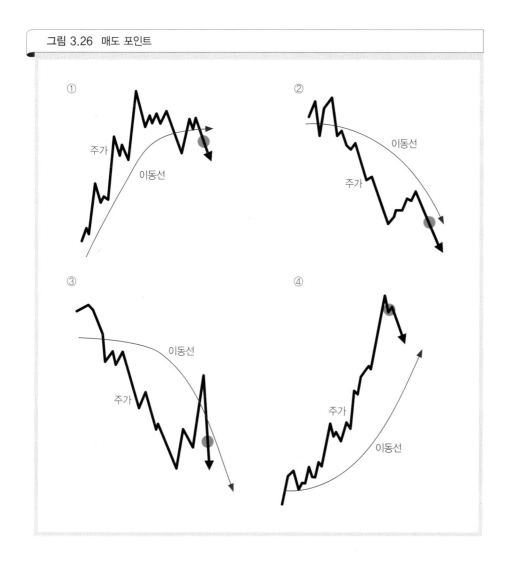

그림 3.26 매도 포인트

3) 플러스 괴리

괴리라는 것은 주가와 이동평균선의 떨어진 정도를 말한다. 플러스 괴리라는 것은 주가가 이동평균선의 위에 위치한다는 것을 의미한다. 괴리도를 계산하는 식은 다음과 같다.

$$(주가 \div 이동평균선 - 1) \times 100\%$$

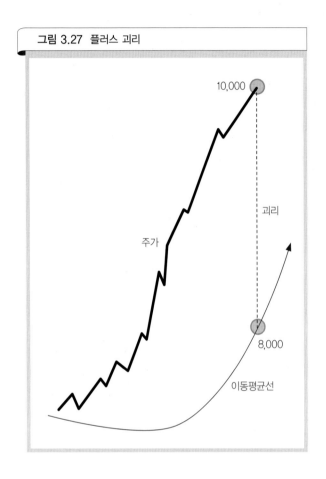

그림 3.27 플러스 괴리

예를 들어 주가가 10,000원이고 이동평균선상의 값이 8,000원일 경우, 괴리도를 계산해 보면 다음과 같다.

$$(10,000 \div 8,000 - 1) \times 100 = +25\%$$이다.

즉, 주가는 이동평균선의 25% 위에 있다는 것을 의미한다.

괴리도 측정은 주가가 이동평균선에서 지나치게 떨어져 있는 경우 언젠가 다시 이동평균선 값으로 돌아오는 성질이 있다는 것을 전제로 하는 분석 방법이다. 이러한 평균으로 회귀하려는 경향은 주가뿐만 아니라 여러 현상에서 볼 수 있는 특성이다. 따라서 주가 분석에도 중요한 분석의 틀이다.

플러스 괴리는 종목의 자본금 크기에 따라 척도가 달라지는데, 대체로 대형주의 경우 30%, 중형주의 경우 40%, 소형주의 경우 50%이다. 이 정도 수준에 달하면 주가는 이동평균선에서 상당히 멀리 떨어져 과열권에 진입했다고 볼 수 있으며 매도를 고려해야 할 시점이다. 플러스 괴리의 상태에서 새로운 매수는 위험하다.

4) 마이너스 괴리

마이너스 괴리란 주가가 이동평균선의 아래에 있는 것을 말한다. 예를 들어 주가가 8,000원, 이동평균값이 10,000원이라 하면 주가와 이동평균선과의 괴리도는 $(8,000 \div 10,000 - 1) \times 100 = -20\%$이다. 즉, 주가는 이동평균선의 20% 밑에 있는

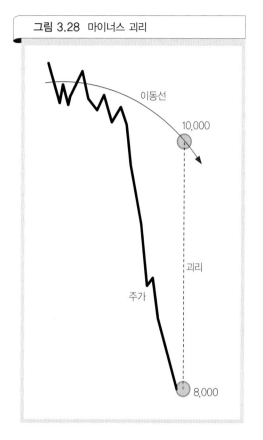

것을 의미한다.

이 마이너스 괴리도 역시 종목의 자본금 크기에 따라 척도가 달라지지만 플러스 괴리처럼 편차가 크지는 않다. 일반적으로 마이너스 괴리의 척도는 −20% 정도이다. 우량 종목이라면 마이너스 괴리 20%에서부터 매수해 들어가는 것도 재미있는 투자 방법일 것이다. 단, 재료성 종목에는 적용되지 않는다는 점을 유의할 필요가 있다.

그림 3.28 마이너스 괴리

5) 골든크로스와 데드크로스

크로스란 기간이 긴 장기 이동평균선과 기간이 짧은 단기 이동평균선이 교차하는 것을 말한다. 이러한 크로스에는 ① 골든크로스 ② 데드크로스의 두 가지가 있다. 일반적으로 기간이 짧은 이동평균선으로는 5일선, 기간이 긴 이동평균선으로는 20일선, 60일선, 120일선 등이 있다. 주(週)를 기준으로 하면 5주선과 20주선 등이 해당된다. 단기적으로는 일봉차트의 5일선과 20일선을 많이 본다.

(1) 골든크로스

상승하는 단기 이동평균선이 장기 이동평균선을 밑에서 위로 뚫고 올라가는 경우를 말한다. 골든크로스가 나타난 이후 주가가 상승할 가능성이 높기 때문에 중요한 강세장의 신호로 본다.

일반적으로 5이동평균선이 20이동평균선을 돌파하면 골든크로스라고 이야기한다.

그림 3.29 골든크로스와 데드크로스

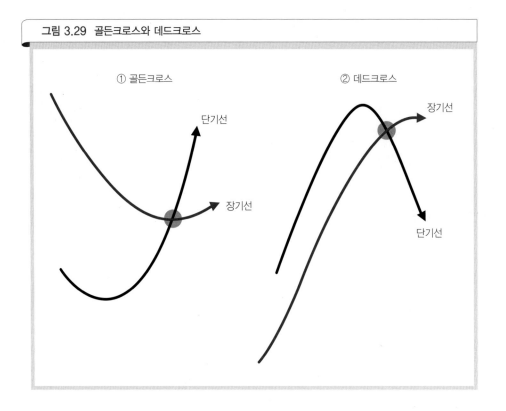

(2) 데드크로스

하강하는 단기 이동평균선이 장기 이동평균선을 위에서 밑으로 뚫고 내려오는 경우를 말한다. 데드크로스가 나타난 이후 주가가 하락할 가능성이 높기 때문에 하락을 암시하는 신호로 여겨진다.

골든크로스와 데드크로스는 이동평균선을 통한 분석 방법 중 상당히 의미 있는 분석 방법이다. 실전매매에서도 골든크로스와 데드크로스는 추세 전환을 알리는 신뢰성 있는 신호로 이용되고 있다.

하지만 여기서 주의해야 할 점이 있는데, 신호의 진정성 여부이다. 신호가 진정한 참신호냐, 아니면 잠깐의 눈속임이냐 하는 점이다. 나타난 골든크로스가 진(眞)골든크로스인지 속임수 골든크로스인지를 분간해야 한다. 실제로 차트를

그림 3.30 선물 1분봉 차트

보면, 특히 일봉차트에서 골든크로스와 데드크로스가 자주 나타나는데 그 중에서 정말로 추세전환을 나타내주는 것은 일부분이다. 나머지는 추세 중에서 한 번씩 나타나는 속임수형이 대부분이다.

그렇다면 진골든크로스와 진데드크로스를 어떻게 구별해야 할까? 우선 단기 이동평균선이 장기 이동평균선을 돌파하는 당시의 봉의 크기로 확인할 수 있다. 당연한 이야기지만 큰 봉으로 돌파했을 때가 그렇지 않을 때보다 진짜일 경우가 많다.

위의 차트를 살펴보자. 선물 1분봉 차트인데 골든크로스와 데드크로스가 번갈아 가면서 나타나고 있다. A의 골든크로스는 제법 큰 양봉을 보이면서 나타나고 있다. 이는 돌파의 힘이 강한 것으로 진골든크로스이다. 그리고 B의 데드크로스 역시 몸통이 큰 음봉으로 나타나고 있다. 역시 진데드크로스이다. 반면에 C와 D의 경우는 5이동평균선이 20이동평균선을 돌파했다는 의미에서는 골든크로스이고 데드크로스이기는 하지만 추세 전환은 동반되지 않고 있다. 한마디로 속임수이다.

그리고 한 번의 속임수 골든크로스가 나타나고 두 번째 골든크로스가 또 나타난다면 그것은 진골든크로스일 확률이 높다. 속임수는 연속해서 두 번은 잘 나오지 않기 때문이다. 데드크로스의 경우도 마찬가지이므로 주의해야 할 사항이다.

6) 이동평균선으로 본 장세의 순환

지금까지 이동평균선에 관하여 살펴보았다. 이동평균선과 주가의 위치, 주가의 이동평균선 돌파, 그리고 단기, 중기, 장기의 이동평균선 크로스 등이 중요한 내용들이다.

[그림 3.31]은 장세의 순환을 추상적으로 그린 것이다. 편의상 하나의 이동평균선만 넣었다. 이 그림을 보면 주가의 변동과 이동평균선에 의한 매매 타이밍이 어느 정도 이해가 될 것이다. 이동평균선에 관해서는 언제나 이 그림을 염두에 두고

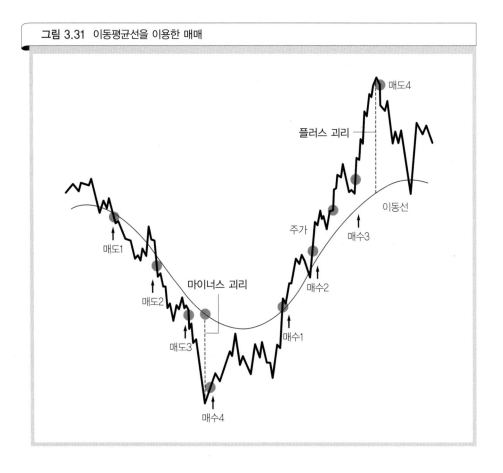

그림 3.31 이동평균선을 이용한 매매

차트를 분석한다면 매매 시 많은 도움이 될 것이다.

7) 이동평균선을 이용한 매매

(1) 5일 이동평균선과 20일 이동평균선

이동평균선 중에서 20일 이동평균선은 상당히 중요한 선이다. 20일이라는 기간 동안에 평균적으로 형성되는 흐름을 나타내기 때문에 상당히 신뢰성이 있으며 단기적 파동을 거르고 난 지표이므로 시장의 좀 더 큰 흐름을 파악할 수 있기 때문이다.

20일 이동평균선은 5일 이동평균선과의 조합을 통해 중요한 매매 시점을 알려주기도 하는데 이는 기술적 분석을 이용한 매매에서 상당히 중요한 부분이다. 5일 이동평균선은 20일 이동평균선보다 단기적인 움직임을 나타내며 향후 방향을 탐색하고 있다. 그리고 20일 이동평균선은 그동안의 주가 흐름의 발자취로 현재까지의 추세를 나타내주고 있다.

또한, 기술적 분석에서는 5일 이동평균선이 20일 이동평균선을 상향으로 돌파하느냐 하향으로 돌파하느냐를 중요하게 보고 있다. 이른바 골든크로스냐 데드크로스냐를 판단하는 기준이 되기도 한다.

상향 돌파는 향후 주가가 상승할 것이라는 신호로 여겨지며 하향 돌파는 주가가 하락할 신호로 받아들여진다. 상당히 신뢰도가 높은 신호로 기술적 분석의 중요한 비중을 차지하고 있다.

실전에서도 다른 지표는 다 무시하고 순전히 5일 이동평균선과 20일 이동평균선만 가지고 매매를 해도 높은 확률로 수익을 낼 수 있다. 그 정도로 신뢰성이 높은 지표이다. 여러 지표를 가지고 우왕좌왕하는 것보다 신빙성 있는 지표 하나를 기본으로 대응하는 것이 훨씬 현명한 매매 방법이 될 수 있다.

그러면 이동평균선을 이용한 매매에 관하여 살펴보자. 하락을 예상할 수 있는 상황을 중심으로 점검해보기로 하자.

(2) 결국에는 뚫어버린 20일 이동평균선

다음의 그림을 보면 5일 이동평균선이 처음에는 20일 이동평균선까지 밀렸다가 20일 이동평균선의 지지를 받고 다시 오른다. 그러다가 결국 20일 이동평균선을 하향 돌파하고 있다.

이는 확실한 데드크로스로 봐야 한다. 5일 이동평균선이 20일 이동평균선을 그냥 잠깐 뚫었다면 다시 상향 돌파할 가능성이 있으나 처음 20일 이동평균선을 뚫을 듯이 보이다가 뚫지 않고 다시 오르다 다음에 뚫고 내려왔다. 이것은 매도세가 더욱 강화되었다는 의미로 주가는 당분간 하락할 가능성이 높다.

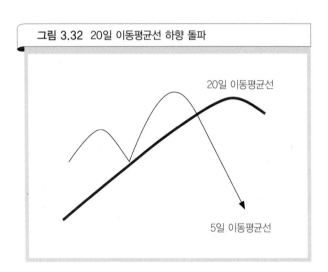

그림 3.32 20일 이동평균선 하향 돌파

20일 이동평균선

5일 이동평균선

이는 매도세가 점차 하락에 대한 확신을 가지고 매물을 던지는 상황이라 볼 수 있는데 처음에는 20일 이동평균선에 대한 망설임이 있었으나 다음에는 개의치 않고 매도하고 있다. 이는 20일 이동평균선이 지지선으로서의 의미를 상실했다는 뜻이다. 이렇게 되면 그동안의 잠재적 매물들이 추가적으로 더 쏟아져나오게 되며 본격적인 매수세가 상황을 역전시키기 전까지는 주가의 하락을 예상할 수 있다.

[그림 3.33]은 종합주가지수 일봉이다. 20일 이동평균선을 지지하여 상승하는 듯하더니 다시 하락하면서 20일 이동평균선을 위에서 아래로 뚫고 내려왔다. 데드크로스의 모습이다. 이때의 데드크로스는 확실한 데드크로스이다. 그 전의 지지대를 무너뜨렸다는 것은 그만큼 강력한 힘이 동반되었다는 의미로 해석할 수 있으며 이때의 하락은 제법 크다.

그림 3.33 종합주가지수 일봉차트

(3) 어제의 지지선은 오늘의 저항선

한 번 밑으로 뚫린 20일 이동평균선이 저항선으로 변하여 상승을 억누르기도 하
는데 이는 지지선이 저항선으로 바뀐 상황이다.

   [그림 3.34]를 보면, 일단 20일 이동평균선을 하향 돌파한 5일 이동평균선이 20
일 이동평균선으로 재차 상승 시도를 해보지만 그 힘이 미약하다. 20일 이동평균

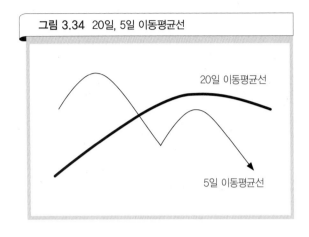

그림 3.34 20일, 5일 이동평균선

20일 이동평균선

5일 이동평균선

선에는 주가가 올라오면 팔겠다는 매물들이 대기하고 있는 것이다. 그야말로 강력한 저항선이 형성되어버린 상황이다. 이런 상황에서 주가는 다시 20일 이동평균선을 뚫고 올라가기가 쉽지 않다. 엄청난 매수세가 없는 한, 반짝했던 주가는 다시 밀리게 되는데 이렇게 되면 하락의 매도 압력은 더욱 강해지고 당분간 하락세는 이어진다. 실제로 많이 접하게 되는 패턴 중 하나이다.

주가가 20일 이동평균선의 위에 있을 때 20일 이동평균선은 지지선으로서의 역할을 하지만 이미 주가가 20일 이동평균선을 뚫고 내려왔을 때는 뚫기 힘든 하나의 장벽이 되어버릴 수 있다. 이렇게 되면 20일 이동평균선은 가격이 오르면 팔겠다는 강력한 매물이 포진해 있는 저항선으로 작용해 주가의 상승을 제한시킨다.

이럴 경우 향후 움직임은 매수세의 도전 정신(?)에 달려 있다고 해도 과언이 아니다. 20일 이동평균선의 저항에 부딪혀 다시 밀리더라도 어느 정도의 시점에서 재차 도전을 하는 등, 꾸준한 돌파 시도가 이어지면 다시 골든크로스를 형성하며 상승추세를 실현할 수도 있으나 매수 세력의 적극적 매수가 여의치 못한 상황에서는 하락이 깊어질 수도 있다.

저항선이 뚫리면 지지선이 되고 지지선이 뚫리면 저항선이 되는 것이 기술적 분석의 일반적인 상식이다.

[그림 3.35]는 현대자동차 일봉차트이다. 7월 중순에 20일 이동평균선을 하향 돌파한 후 7월 말에 다시 상향 돌파를 시도했으나 여의치 않았다. 그리고는 곧장 강한 음봉을 보이며 하락하고 있는 모습이다. 이제 20일 이동평균선은 저항선이 된 것이다.

그림 3.35 현대자동차 일봉

20일 이동평균선

5일 이동평균선

(4) 무서운 데드크로스

5일 이동평균선이 20일 이동평균선을 하향 돌파하는 것을 데드크로스라고 하는데 일반적으로 하락을 암시하는 하나의 시그널이다. 그러한 데드크로스 중에서도 아주 의미 있는 것이 다음의 [그림 3.36]처럼 60일 이동평균선도 함께 뚫어버리는 데드크로스이다.

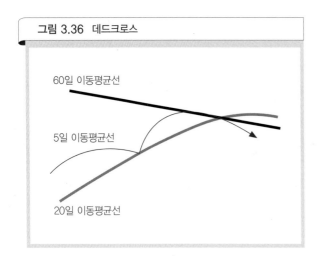

그림 3.36 데드크로스

60일 이동평균선

5일 이동평균선

20일 이동평균선

여러 개의 이동평균선들이 어느 한 지점으로 수렴하는 상황은 아주 큰 변화를 예고하는 상황이다. 한마디로 향후 장세의 방향을 결정짓는 중요한 순간이 다가오는 시점이라고 할 수 있다. 한 지점에 모였던 이동평균선 중 그림과 같이 5일 이동평균선이 다른 이동평균선을 하향 돌파했다는 것은 향후 장세가 하락으로 기운다는 강력한 신호이다. 이제부터는 무게중심이 아래로 쏠리는 것이다. 이런 모양이 나타나서 주가가 일단 하락하기 시작하면 하락하는 기간은 좀 길어지는 경향이 있다. 신규 매수는 자제해야 하며 보유하고 있다면 서둘러 처분하는 것이 좋다.

이동평균선 몇 개가 한 점으로 수렴하는 때가 중요한 시점이다. 단기, 중기, 장기의 이동평균선들이 모이고 있다는 것은 주가가 서서히 그간의 방향 모색을 끝내고 어느 쪽으로든 결론을 냈다는 뜻이다. 주의 깊게 지켜봐야 할 시점이다.

[그림 3.37]은 SK이노베이션의 일봉인데 5일, 20일, 60일, 120일 이동평균선들이 한 지점에 모이다가 5일 이동평균선이 이 모든 이동평균선들을 뚫고 하락하는 모습을 나타내고 있다. 그것도 상당히 큰 음봉을 그리면서 말이다. 이는 강력한 하락 신호이며 당분간 주가의 하락을 예상할 수 있다.

8) 매수, 매도 신호 비교

그동안 살펴본 매수, 매도 신호를 비교, 정리했다. 꼭 이와 같은 차트 모양이 실제의 장에서 자주 출현한다고는 말할 수 없다. 그러나 중요한 장의 반등 시점에서는 거의 확실히 등장한다. 따라서 이러한 매수, 매도 신호가 나타날 때는 놓치지 말아야 한다. 그런 의미에서 매수, 매도 신호의 파악이 중요하다.

그림 3.37 SK이노베이션 일봉차트

기본적으로 파악해야 할 사항은 다음과 같다.

(1) 주가와 이동평균선

- 주가가 이동평균선 아래에 있는지 위에 있는지를 확인한다.
- 이동평균선의 움직임과 주가의 움직임을 비교한다.
- 이동평균선이 지지선의 역할을 하는지 저항선의 역할을 하는지를 파악한다.

- 주가와 이동평균선의 괴리를 측정한다.

(2) 이동평균선의 진행 방향

- 단기, 중기, 장기 이동평균선들의 배열 상태를 확인한다.
- 골든크로스, 데드크로스 발생 여부를 확인한다.

(3) 변곡점에서 봉의 크기

- 충분한 상승이 이루어진 후 천장권에서 나타나는 거대 음봉
- 충분한 하락이 이루어진 후 바닥권에서 나타나는 거대 양봉

위의 사항들을 살펴볼 때 우선은 일봉을 확인해 단기적 방향을 살피고, 다음으로 주봉을 확인하여 중기적 흐름을 살피는 것이 좋다.

그림 3.38 매수 · 매도 신호 1

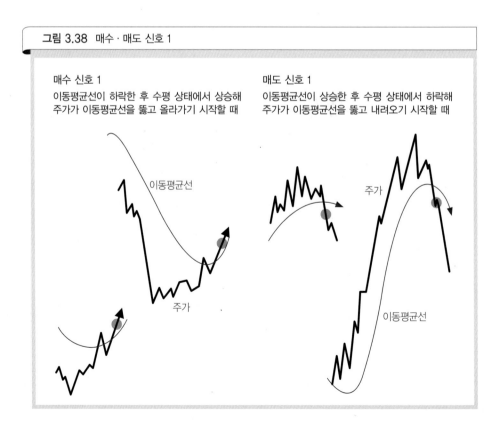

매수 신호 1
이동평균선이 하락한 후 수평 상태에서 상승해 주가가 이동평균선을 뚫고 올라가기 시작할 때

매도 신호 1
이동평균선이 상승한 후 수평 상태에서 하락해 주가가 이동평균선을 뚫고 내려오기 시작할 때

그림 3.39 매수 · 매도 신호 2

매수 신호 2
이동평균선이 상승하는데 주가가 이동평균선
밑으로 내려갔다가 곧장 상승하여 이동평균선
을 뚫고 올라갈 때

매도 신호 2
이동평균선이 하락하는데 주가가 이동평균선
위로 올라갔다 곧장 하락해 이동평균선을 뚫고
내려갈 때

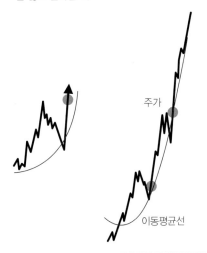

그림 3.40 매수 · 매도 신호 3

매수 신호 3
주가가 이동평균선의 위에 있고, 이동평균선을
향해 하락하나 이동평균선 밑으로 가지는 않고
다시 상승할 때

매도 신호 3
주가가 이동평균선 밑에 있고, 이동평균선을 향
해 상승하나 이동평균선을 상향 돌파하지 못하
고 다시 하락할 때

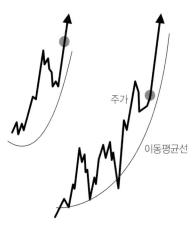
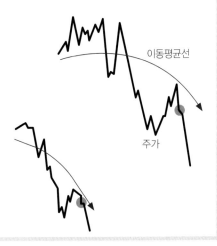

그림 3.41 매수 · 매도 신호 4

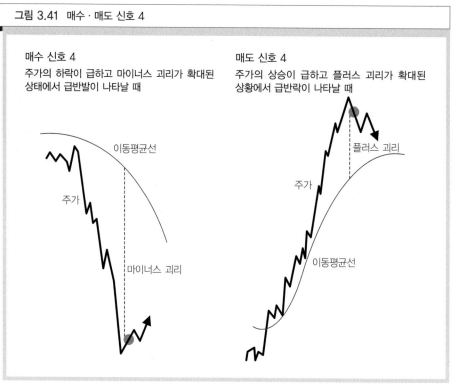

매수 신호 4

주가의 하락이 급하고 마이너스 괴리가 확대된
상태에서 급반발이 나타날 때

이동평균선

주가

마이너스 괴리

매도 신호 4

주가의 상승이 급하고 플러스 괴리가 확대된
상황에서 급반락이 나타날 때

플러스 괴리

주가

이동평균선

그림 3.42 매수 · 매도 신호 5

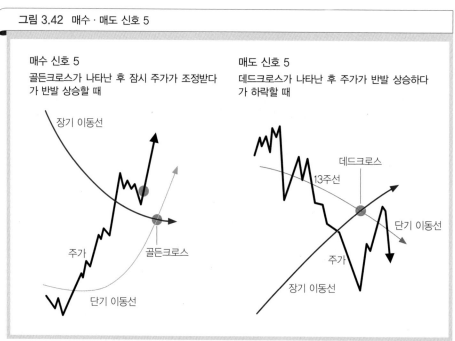

매수 신호 5

골든크로스가 나타난 후 잠시 주가가 조정받다
가 반발 상승할 때

장기 이동선

주가

골든크로스

단기 이동선

매도 신호 5

데드크로스가 나타난 후 주가가 반발 상승하다
가 하락할 때

데드크로스

13주선

단기 이동선

주가

장기 이동선

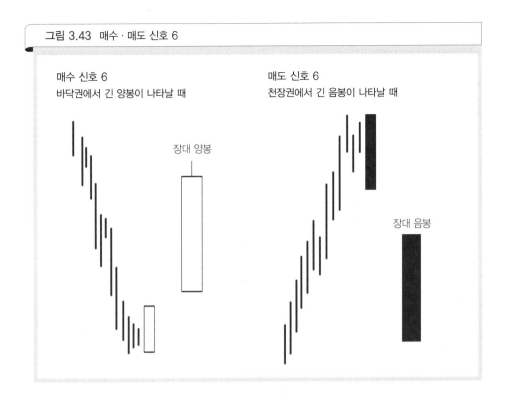

그림 3.43 매수·매도 신호 6

매수 신호 6
바닥권에서 긴 양봉이 나타날 때

장대 양봉

매도 신호 6
천장권에서 긴 음봉이 나타날 때

장대 음봉

보조지표 분석

7

기술적 분석의 방법에는 기본적인 봉차트나 이동평균선 이외에도 다양한 지표들이 있다. MACD, RSI, 스토캐스틱, Parabolic SAR, DMI, Bollinger Band, OBV, SONAR, 일목균형표 등 너무 다양해 일일이 다 살펴보기 힘들 정도로 많은 지표들이 개발되어 사용되고 있다.

차트 분석에 있어 봉차트와 이동평균선 분석이 가장 일반적이고 중요한 분석 방법임에는 의심의 여지가 없다. 중요한 분석 방법이기는 하지만 왠지 다른 것은 더 없을까 하는 것이 사람의 심리이다. 그래서 아마 여러 지표들이 개발되었을 것이다. 그만큼 주가 예측을 위해 많은 노력을 하고 있다는 이야기이기도 하다. 이것은 또한 기술적 분석에 절대적 기법은 없다는 것을 암시한다.

다양한 보조지표들 모두 나름대로 설득력이 있다. 따라서 예측의 신뢰도를 높이고 매매의 확신을 얻기 위해서는 봉차트뿐만 아니라 기타 지표를 사용하는 것도 중요하다. 특히 이동평균선의 후행성을 보완하기 위해서는 더욱 그러하다.

그러나 실전에서 지나치게 많은 보조지표들을 고려하다 보면 트레이더의 판단에 혼란을 주는 경우가 생긴다. 따라서 보조지표는 말 그대로 보조적인 성격의 지표로 사용해야 한다.

여기서는 대표적인 보조지표 몇 가지를 소개하고자 한다.

1) RSI

대표적인 과매수, 과매도의 지표이다. RSI(Relative Strength Index)는 하루 동안의 상승 폭이 상대적으로 얼마나 강한가를 나타낸다. 즉, 주가가 오를 때 얼마나 강하게 오르고 내릴 때 얼마나 강하게 내리느냐를 나타낸다. 따라서 매매 타이밍을 잡는 데 사용하기보다는 추세를 살필 때 사용하는 것이 바람직하다. RSI를 구하는 식은 다음과 같다.

$$RSI = \frac{n\text{일간의 상승 폭 합계}}{n\text{일간의 상승 폭 합계} + n\text{일간의 하락 폭 합계}}$$

RSI가 100에 근접해 있으면 시장이 과열되어 위험 수준에 있음을 알게 해주고, RSI가 0에 근접해 있으면 시장은 바닥권에서 침체된 상태임을 말하며 곧 반등할 것임을 암시한다. 일반적으로는 다음과 같이 판단한다.

RSI가 70 초과 → 과도 매수 상태 → 매도 신호
RSI가 30 이하 → 과도 매도 상태 → 매수 신호

　RSI는 0과 100 사이에서만 변화한다. 극단적으로 말해 주가가 n일 동안 매일 상승했다면 RSI는 100이 되며, 하락했다면 RSI는 0이 된다. 과도한 것은 다시 정상으로 돌아온다는 원리를 기본 전제로 하고 있다.

　RSI는 전체적인 흐름과 현 주가가 어떤 상태인지 파악하는 데 많은 도움을 준다. 특히 주가가 상승추세에서 전고점을 갱신하며 상승함에도 불구하고 RSI가 점차 고점을 낮추어 하락하는 경우에는 하락형 추세 역전이 발생하는데 이는 주가의 상승세가 곧 꺾이고 하락할 것임을 예고한다.

　[그림 3.44]는 남양유업의 일봉인데 봉차트 밑에 나와 있는 것이 RSI의 움직임이다. 70이 넘은 부분에서 과매수되었음을 나타내는데 주가의 고점을 나타내고 있다. 그리고 30 아래가 과매도 상태임을 나타낸다. 즉, 주가의 저점을 나타내는 것이다. [그림 3.45]에서도 같은 것을 확인할 수 있다.

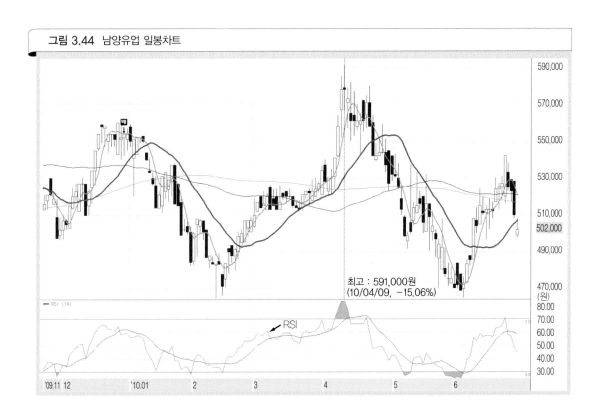

그림 3.44　남양유업 일봉차트

그림 3.45 삼성화재 일봉차트

2) MACD

이 지표는 이동평균선의 교차를 기본으로 한 지표이다. 장기 이동평균선과 단기 이동평균선이 주가의 변화에 따라 언젠가는 만나며(convergence) 다시 서로 벌어진다(divergence)는 원리에 근거하고 있다.

따라서 장·단기 이동평균선이 가장 벌어진 시점을 찾으려는 것이 MACD (Moving Average Convergence & Divergence)의 기본 원리이다. 즉, 장·단기 이동평균선의 괴리가 가장 큰 시점을 주가 전환의 시점이라 본 것이다.

MACD곡선 : 단기 이동평균－장기 이동평균

signal곡선 : n일의 MACD 이동평균

그림 3.46 삼성증권 일봉차트

최고 : 72,600원(10/01/11, −24.79%)

MACD곡선 → ← signal곡선

즉, 장 · 단기 이동평균선의 괴리가 최대가 될 때 MACD와 signal이 교차하며 이 시점을 추세 반전의 시점으로 본다.

MACD곡선이 signal곡선을 상향 돌파 → 매수 신호
MACD곡선이 signal곡선을 하향 돌파 → 매도 신호

위의 [그림 3.46]은 삼성증권의 일봉이다. 봉차트의 아래의 곡선이 MACD선과 Signal선이다. MACD선이 Signal선을 하향으로 돌파할 때 주가 하락의 신호로 볼 수 있고 반대로 상향 돌파할 때 상승의 신호로 볼 수 있다.

MACD를 이용할 때 한 가지 주의해야 할 점이 있는데, MACD는 대표적인 후행성 지표이기 때문에 매매 타이밍을 잡기에는 무리가 따른다. 따라서 장기적인 흐름을 볼 때나 참고해야 한다.

3) 스토캐스틱

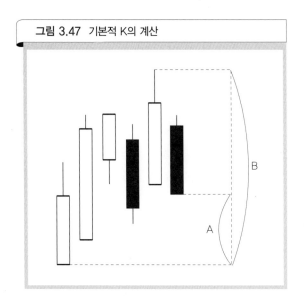

그림 3.47 기본적 K의 계산

상승추세에서는 당일 종가가 최근 기간 중 가격 변동 폭의 최고가에 근접해 있고 하락추세에서는 최근 기간 중 가격 변동 폭의 최저가에 근접해 있다는 것을 전제로 현재의 주가 수준을 파악하는 지표이다.

스토캐스틱(Stochastic)에 사용되는 지표로는 기본적 K와 %K, %D의 세 가지가 있는데 기본적 K는 스토캐스틱의 핵심이 되는 지표로서 현재의 주가 수준을 나타낸다.

기본적 K는 다음과 같이 나타낼 수 있다. n일 동안의 주가의 움직임에서 최저가와 최고가의 가격 폭을 B라고 하고 당일 종가와 n일 동안의 최저가의 가격 차이를 A라고 한다. 기본적 K는 A를 B로 나눈 값에 100을 곱하면 된다.

$$기본적\ K = \frac{A}{B} \times 100$$

결국은 다음과 같이 나타낼 수 있다.

$$기본적\ K = \frac{당일\ 종가 - 최근\ n일\ 동안의\ 최저가}{최근\ n일\ 동안의\ 최고가 - 최근\ n일간의\ 최저가} \times 100$$

%K는 기본적 K를 지수 이동평균한 값이고 %D는 %K를 지수 이동평균한 값이다. 일반적으로 %K가 70% 이상을 나타내면 상승추세라 말하며 30% 이하의 값을 나타내면 하락추세라 말한다. 특히 %D가 80% 이상일 경우 과열권이라 말할 수 있으며 추가적 매수는 위험하다. %D가 20% 이하일 경우 과도 매도 상태이므로 추가적 매도는 자제하는 것이 좋다.

$$\%K = 기본적\ K를\ 지수\ 이동평균한\ 값$$
$$\%D = \%K를\ 지수\ 이동평균한\ 값$$

%D가 20% 이하인 시점에서 %K가 %D를 상향 돌파하면 강력한 매수 신호가 되며 %D가 80% 이상인 시점에서 %K가 %D를 하향 돌파한다면 강력한 매도 신호가 된다.

여기서 주의할 것은 단지 %K와 %D가 교차했다는 사실만으로 매매하는 것은 위험하다는 사실이다. 과열권인지 침체권인지 %D로 확인이 선행되어야 한다.

%D가 20% 이하의 상태에서 %K가 상향 돌파함에 따라 추세가 상승세로 전환된 후 지속적인 상승추세에서 %K가 일시적으로 하락하다가 %D의 지지를 받고 다시 반등할 때는 상승추세가 더욱 강력하게 연장되었음을 의미하므로 2차 매수 시점이 된다.

%K가 %D를 80% 이상 수준에서 하향 돌파하여 하락추세로 반전한 상황에서 %K가 일시적으로 상승하다가 %D의 저항을 받고 재차 하락하는 경우에는 매도세가 매수세를 완전히 압도했음을 의미하므로 하락추세는 계속 이어질 것으로

그림 3.48 현대자동차 주봉차트

예상된다. 2차 매도 시점이다.

[그림 3.48]은 현대자동차 주봉차트이다. 아래에 있는 것이 스토캐스틱의 움직임이다. 스토캐스틱 분석에서 주의할 점은 이 지표는 신호가 상당히 자주 발생한다는 점이다. 따라서 자주 발생하는 신호에 현혹당하다가 큰 시세를 놓치게 되는 우를 범할 수 있다. 그래서 이 지표는 너무 예민하다는 평가를 받기도 한다. 하지만 예민한 만큼 민감한 변화를 사전에 파악할 수 있다는 긍정적인 측면도 있다. 모든 지표들이 다 그렇지만 스토캐스틱 역시 사용자가 어떻게 사용하느냐에 그 성과가 달렸다.

실례를 통한 차트분석   8

여기서는 실제 주가의 차트를 가지고 상승 시와 하락 시의 패턴을 살펴보기로 한다.

1) 상승 전환

우선, 주가가 바닥을 탈출할 때 나타나는 몇 가지 패턴을 검토해보겠다. 이 과정은 주가가 바닥을 확인하는 과정으로서 매물의 소화와 새로운 매수 세력의 진입에 의해 이루어진다.

[그림 3.49]는 국민은행의 주봉차트이다. 2004년 7월 중순경 바닥을 형성한 후 상승세로 반전하는 것을 알 수 있다. 2004년 3월 이후 주가가 상당히 가파르게 하락을 하고 있는데 음봉의 크기나 개수를 보아도 심상치 않은 하락임을 짐작할 수 있다. 물론 5이동평균선이 20이동평균선을 아래로 뚫고 내려오고 있다. 데드크로스의 발생이다. 이는 전형적인 하락추세의 패턴으로 이런 상황에서 매수는 절대 피해야 한다.

그림 3.49 국민은행 주봉차트

20이동평균선과 괴리를 보이며 크게 하락한 5이동평균선은 어느 시점에 오면 반드시 20이동평균선 쪽으로 돌아가려는 강력한 회귀본능이 작용한다. 따라서 5이동평균선과 20이동평균선이 상당히 떨어졌다 싶으면 반전을 염두에 두어야 한다. 2004년 7월 중순에 주가는 제법 큰 양봉 하나를 만들면서 더 이상의 하락을 좀처럼 용납하지 않고 있다. 이 과정에서 매도 세력의 힘은 거의 소진되고 매수의 기회를 노리던 세력들이 본격적으로 개입하게 된다. 매도세가 사라진 상황에서의 매수세의 유입은 주가를 큰 폭으로 상승시키는데 8월에 나타난 거대 양봉이 그러하다. 그 후 주가는 60이동평균선의 저항을 상당 기간 받지만 2005년 1월 들어 재차 한 단계 상승을 시현한다.

그림 3.50 기아차의 주봉차트

[그림 3.50]의 차트 역시 비슷한 양상으로 하락추세를 벗어나며 상승 반전 하고 있음을 알 수 있다. 2004년 8월 거대 양봉이 나타나면서 추세가 전환되었으며 상승하다가 잠시 주춤거리던 주가는 12월 말부터 재차 큰 상승을 보이고 있다. 2004년 11월 이후 잠시 주가가 하락하여 추세가 꺾인 듯 보였으나 8월의 저점까지 빠지지 않고 어느 시점에서 지지를 하면서 곧장 상승 궤도로 복귀하고 있다.

20이동평균선을 두고 5이동평균선이 W자의 모양을 보이며 상승하고 있다. 이러한 모양은 상당히 신뢰도가 높은 패턴이다.

[그림 3.51]의 차트는 바닥에서의 망치 모양을 그리며 바닥을 확인시켜주는 패턴을 나타내고 있다. 2003년 초까지 하락추세가 진행되어 오다가 제법 긴 꼬리를 단 음봉이 나타나며 바닥을 고하고 있다. 그 후 주가는 꾸준히 상승하고 있는데

그림 3.51 삼성화재 주봉차트

20이동평균선을 레일로 하여 그 위를 달리고 있다.

뒤이은 거대 양봉은 상승 전환을 강력히 암시하고 있는데 이렇게 바닥 부분에서 형성된 양봉은 상당히 강한 매수세의 유입을 의미한다. 이러한 매수세는 여간해서는 매도하지 않는 아주 소신 있는 매수세이다. 하락추세에 거대한 매수를 할 수 있을 정도의 자금과 배짱을 가진 세력이라면 나름대로 바닥에 대한 확신이 있으며 상당한 기간 매수를 노리고 있던 세력으로 볼 수 있다. 한마디로 핵심 세력인 셈이다.

추세 전환에 일단 성공한 주가는 20이동평균선을 지지선으로 하여 꾸준히 상

그림 3.52 POSCO 주봉차트

5MA

20MA

3 4 5 6 7 8 9 10 11 12 2005.01 2

승세를 이어간다. 물론 그 와중에 여러 번의 시련은 겪지만 확고한 지지선을 확인하면서 점차 저가를 높여가며 끈기 있게 상승추세를 유지하려고 노력한다. 그 결과 주가는 2004년 1월 이후 한 단계 높은 상승을 시현하는 것이다.

[그림 3.52]의 차트는 주가가 바닥을 다지면서 상승 전환하는 모습을 보여주고 있다. 2004년 5월에서 6월까지 두 달간 주가는 횡보하면서 바닥을 확인하고 있다. 더 이상의 하락은 나타나지 않으며 바닥을 다지고 있는 것이다. 그리고 7월 들어 큰 양봉이 나타났고 이어 주가는 20이동평균선을 돌파하면서 상승추세로 접어들고 있다.

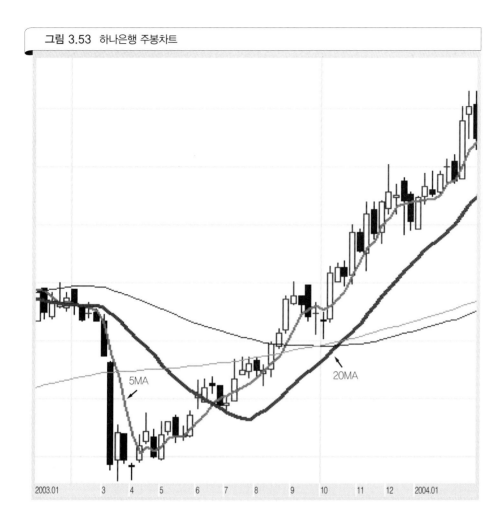

그림 3.53 하나은행 주봉차트

바닥을 확인한다는 것은 이제 더 이상 매도세가 강력하지 않다는 것과 어느 가격선에서든 적극적으로 매수에 임하는 대기 매수 세력의 존재를 확인한다는 것을 의미한다. 비교적 바닥을 오랜 시간에 걸쳐 확실하게 다진 종목이 상승 탄력에 있어서 강한 것이 일반적인데 이는 긴 기간에 걸쳐 매도 물량을 거의 소화했기 때문에 가능한 일이다.

[그림 3.53]의 차트는 거대 음봉으로 하락추세를 마감하고 잠시 바닥을 다진 후 멋있게 상승하는 모습이다. 2003년 3월의 큰 하락은 마지막 매물 정리로 볼 수 있

다. 대부분 이러한 음봉이 출현하면 추가적인 하락을 예상하게 되고 매수를 꺼리는 경향이 있는데 그것은 당연하다. 섣불리 매수에 들어가기는 누가 봐도 무모하기 때문이다.

그러나 매매의 핵심 관건은 그 후의 움직임을 어떻게 받아들이냐 하는 것이다. 엄청난 크기의 음봉이 나타난 이후 누구나 예상했던 추가 하락이 없었다는 것이 여기서의 중요한 포인트가 된다. 따라서 이럴 경우에는 추후의 향방을 주시해야 한다. 실제로 주가는 5월까지 약 3개월에 걸쳐 횡보를 한다. 즉, 바닥 다지기를 하고 있는 것이다. 그 후 6월부터 상승추세로 전환, 20이동평균선 돌파 후 꾸준히 상승한다.

2) 하락 전환

다음으로 주가가 천장을 치고 하락으로 반전할 때 나타나는 모양을 몇 가지 검토해보겠다. 그동안의 상승추세를 마감하고 강력한 매도 물량이 출회되면서 주가는 하락세로 전환하게 되는 것이다.

[그림 3.54]의 차트는 하락 시에 많이 나타나는 패턴으로 천장에서의 거대 음봉이 출현하면서 하락 반전을 알리고 있다. 2003년 12월의 거대 음봉은 지난 몇 주의 상승을 완전히 삼키면서 주가의 대폭락을 보여주고 있다. 그 후 주가는 5이동평균선이 20이동평균선을 뚫고 내려오면서 하락추세로 접어들게 된다.

그 후 잠시 횡보를 하다 2004년 3월 상승 시도를 하지만 이 역시 대형 음봉에 의해 좌절되고 만다. 이런 충격파가 두 번씩이나 나왔다는 것은 당분간 하락추세는 어쩔 수 없다는 강한 암시이다.

주가가 상당 기간 상승해왔을 때 우리는 서서히 하락 반전을 생각해야 한다. 기분이야 주가가 더욱 오를 것도 같고 올랐으면 좋겠지만 현실은 그렇지 않다. 이익 실현을 준비하는 세력들이 분명히 어딘가에 있기 때문이다.

생각해보라. 어떤 외국인 펀드가 주식을 매집해왔다고 하자. 그렇게 주식을 가지고 있기만 하면 어떻게 될까? 그 펀드 회사의 목적은 돈을 맡긴 사람들에게 수

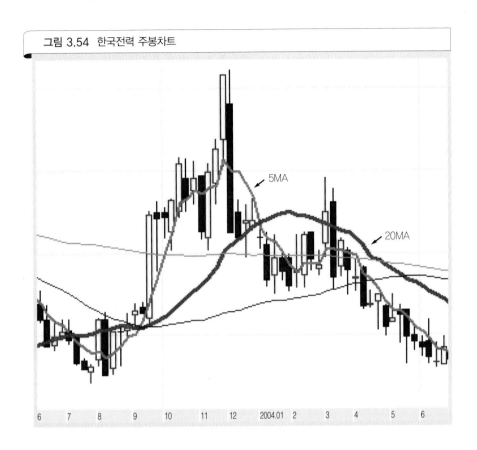

그림 3.54 한국전력 주봉차트

익을 주는 것이지, 그저 주식을 보유하는 것 자체가 목적이 아니다. 어느 시점에
서는 이익을 실현해야만 의미가 있는 것이다. 그래야지 그 돈으로 직원들 월급도
주고 새로운 포트폴리오도 구성할 것이며 배당도 할 수 있는 것이다. 파는 시점은
반드시 오게 되어 있다.

그러한 대량 매도는 고점에서 충격적으로 나타나곤 하는데 음봉의 크기가 그
위력을 말해준다. 주가가 상승추세를 이어온 만큼 그 충격은 더하다.

[그림 3.55]는 천장에서 위로 긴 수염을 만들며 하락하는 패턴이다. 고점에서의
매물 공세로 매수 세력이 밀린 것이다. 이는 매수 세력, 즉 주식을 더욱 사들일 만
한 세력이 존재하지 않는다는 사실을 보여준다.

살 사람이 없는 시장에서 가격이 떨어지는 것은 당연하다. 주가는 밀리기 시작

그림 3.55 현대증권 주봉차트

하며 결국 5이동평균선이 20이동평균선을 아래로 뚫고 내려가고 있다. 이제 그동안의 상승추세는 붕괴된 것이다. 중간 중간에 반등 시도는 보이나 역부족이다. 매도 세력이 언제나 우위를 점하는 모습이다.

실제로 2004년 1월에 주가는 상승 반전하기에 흡족한 바닥 모양을 만들며 상승 시도를 하고 있다. 그러나 매수 세력의 뒷심이 부족했다. 어느 정도 매수를 지속하다가도 위에서 매도 세력이 누르는 힘을 감당하지 못하고 있다. 이러한 상황에서는 매수 세력이 관망하거나 신중해지기 때문에 주가는 더욱 밀리게 된다.

[그림 3.56]의 차트는 상승추세를 이어온 주가가 신고점을 갱신하지 못하고 주춤거리면서 천장을 만드는 모양이다. 주가가 상승을 시도하지만 위로 긴 수염만 만들면서 어느 가격 선에서는 자꾸 밀리고 있다. 대기 매도세가 만만치 않은 것이다.

이런 상황은 트레이더들에게 매도를 하도록 강하게 유혹한다. 갈 듯 갈 듯 안가

그림 3.56 금호전기 주봉차트

면 마음은 조급해지면서 상승에 대한 강한 회의감이 드는 것이다. 그리고 어차피 매도를 준비하고 있던 대형 세력들에게는 미련 없이 처분하겠다는 결심만 굳혀 주는 계기가 된다. 결국 이렇게 매도의 확신을 갖는 대형 매물이 출회되기 시작하면서 그렇지 않아도 버틸 힘이 없어 버둥거리던 주가는 큰 폭으로 하락하게 된다. 추세는 하락추세로 반전되며 이제 또 얼마간은 매도 세력의 세상이 된다.

[그림 3.57]의 차트는 선물 1분봉을 나타낸 것이다. 상승이나 하락에 시사해주는 것이 많다. 우선 A부분을 보자. 아주 일반적으로 자주 나타나는 상승전환의 모양이다. 일단 데드크로스하에서 주가가 더 이상의 하락을 거부하며 지지하다가 몇 개의 양봉을 연속적으로 만들며 골든크로스를 실현하고 있다. 중요한 것은 양봉이 연속되면서 골든크로스가 실현된다는 사실인데 양봉의 크기도 제법 크다. 상당한 매수세가 이때다 하고 유입되는 모습이다.

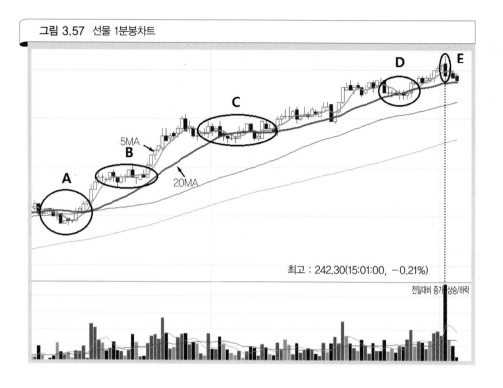

그림 3.57 선물 1분봉차트

B와 C부분에서 눈여겨보아야 할 내용은 하방 경직성, 즉 지지하는 힘의 모습이다. B의 경우는 상승하던 주가가 멈칫하며 더 이상 상승하지 못하고 있는데 하락도 하지 않고 있다. C의 경우도 주가가 일정한 박스권을 형성하며 오르고 내리기를 반복하고 있다. 두 경우 모두 어느 정도의 가격선에서 지지력이 발휘되고 있는 것이다. 이런 경우는 횡보를 하는데 횡보의 마지막이 강한 양봉인지 음봉인지가 중요하다. 위의 차트에서는 모두 강한 양봉이 출현하며 상승으로 방향을 틀고 있다. 지지된 이후의 방향이 중요하므로 잘 살펴야 한다. 지루할 수는 있어도 그 마지막의 방향이 좋은 수익의 기회가 되므로 끝까지 지켜봐야 한다.

D는 앞의 A와 비슷한 경우이다. 일단 하락하는 듯이 움직이다 강한 양봉을 보이며 방향을 위로 트는 경우인데 차이점이 있다면 A의 경우는 일단 데드크로스를 보인 후에 상승을 한데 비해 D의 경우는 데드크로스인 척하다가 곧장 상승한 경우이다.

A, B, C, D 모두 하방 경직성이 나타나고 있는데 지지력이 상당히 강함을 알 수 있다. 이런 경우는 함부로 매도를 해서는 안 되며 상승 전환 시점을 간파하여 매수로 대응하는 것이 좋다.

마지막이 E인데 하락의 전조를 알리는 모습이다. 우선 가격이 상당히 오른 후에 큰 음봉이 나타났다는 것 자체가 불길한 의미이다. 게다가 음봉의 크기도 제법 크다는 점이 매도세가 집결했다는 것을 나타낸다. 특이한 것은 바로 거래량이다. 차트의 하단 부분에 표시된 것이 거래량인데 엄청난 거래량을 보이고 있다. 이런 거래량을 수반하며 거대한 음봉이 출현하였다는 것은 거의 확실한 하락 반전의 신호라 봐도 무방하다.

기술적 분석의 핵심 패턴   9

차트 공부를 좀 신경 써서 한 사람이라면 각 패턴의 여러 유형을 많이 알고 있을 것이다. 그러나 문제는 교과서적 패턴은 실전에서 그리 흔하게 출현하지 않는다는 사실이다. 교과서에 나온 그림처럼 딱 들어맞는 차트가 나온다면 망설임 없이 매매를 할 수 있으련만 현실은 그렇지 못하다. 언제나 헷갈리거나 흐릿한 경우가 대부분이다. 필자 역시 이러한 점 때문에 난감했던 적이 한두 번이 아니었다. 상승 반전의 신호일까? 일시적 반전일까? 하락 반전의 신호일까? 아니면 일시적 조정일까? 아마 거의 모든 투자가들이 고심하는 부분일 것이다.

이번 장에서는 비교적 쉬운 형태로 신호를 알려주는 패턴을 몇 가지 소개할까 한다. 아마 기술적 분석에 사용되는 모든 지표들과 기타 여러 패턴들을 소개하자면 엄청난 분량이 될 것이다. 그런 구체적인 사항들은 실전 차트 등을 보면서 참고하기 바란다.

여기서는 찾아내기 쉽고 납득하기 쉬우면서도 신빙성 있는 패턴 몇 가지에 관하여 살펴보고자 한다. 실전 매매에서 중요한 테크닉이 될 수 있다.

1) 거대한 봉의 출현(거대한 것에는 이유가 있다)

기존의 추세가 그 힘을 다하고 반대 방향으로 틀어서는 확실한 신호 중 하나가 엄청나게 큰 봉의 출현이다. 다시 한 번 말하지만 그 크기가 보통이 아니다. '엄청난' 크기이다. 양봉이든 음봉이든 그 몸통이 상당히 큰 것을 말한다. 몸통이 크면 클수록 그 힘이 강하다는 것은 봉차트 분석에서 상식이다. 몸통이 큰 양봉은 그만큼 강한 매수세를 의미하고 몸통이 큰 음봉은 매도세가 그만큼 강하다는 사실을 말해준다. 따라서 몸통의 크기가 엄청나게 큰 봉이 나타난다면 그 영향력과 여파는 상당하다고 볼 수 있다.

전환점에서 거대한 몸통의 봉이 나타났다는 것은 하나의 충격파를 의미하며 이는 그 여파가 만만치 않음을 예고하기 때문이다. 이러한 사실은 자연현상에서도 나타나는데 규모가 큰 지진일수록 여진이 뒤따르고 상당 기간 지속된다. 시장에서도 거대한 충격파는 여진을 동반한다.

여기서 중요한 것은 이렇게 거대한 봉이 어느 시점에 출현하는가 하는 것이다. 오를 만큼 올랐을 때 나타나는 거대 음봉이라든지 내릴 만큼 내렸을 때 나타나는 거대 양봉이야말로 상황이 달라질 것이라는 확실한 암시를 주는 신호이다. 그렇지 않고 하락 막바지에 나타나는 거대 음봉이나 상승 막바지에 나타나는 거대 양봉 역시 주의하기 바란다.

[그림 3.58]의 차트는 2003년 12월부터 2004년 12월까지의 종합주가지수 주봉차트이다. 2004년이 되면서 착실히 상승하던 주가가 갑자기 4월 들어 대음봉을 그린다. 누가 봐도 거대한 음봉이다. 1주일에 70포인트가 내린 것이다. 상승해오던 흐름에 하나의 충격이 가해진 것이다. 이에 상승 분위기는 급변했고 그 후 지수는 큰 폭으로 하락한다. 이것이 거대 음봉의 무서운 위력이다. 여기서는 매도에 동참하는 것이 무난하다. 워낙 큰 충격파가 밑으로 꽂혔으므로 한동안의 하락은 거의 불을 보듯 확실하기 때문이다.

그러나 이 충격은 서서히 가라앉아 안정의 기미를 보이며 횡보한다. 이 부분에서 우리는 지수의 하방 경직성을 확인할 수 있다. 이러한 하방 경직성은 가격이

그림 3.58 종합주가지수 주봉차트

어느 수준까지 떨어지면 사겠다는 매수세들이 강하게 포진하고 있음을 나타내는 것이다. 그리고 8월, 이제 또 분위기가 역전되었음을 만천하에 고하고 있다. 거대 양봉의 출현이다. 이제 상승 쪽으로 충격파가 가해진 것이다. 여기서는 과감한 매수가 수익을 내준다.

많은 트레이더들이 전까지의 하락 추세에 익숙해져 있어서 상승에 대한 강한 의구심을 갖는데, 거대 양봉이란 그 의구심을 불식시키기 위해 출현하는 법이니 한 번쯤 믿고 베팅해도 무난할 것으로 본다.

[그림 3.59]는 현대백화점의 주봉차트이다. 2004년 1월에 나타난 거대 음봉의 충격은 여지없이 주가를 끌어내린다. 고가 40,000원에서 35,000원대로 내려간다. 그리고 잠시 반등하는 듯 하다가 20이동평균선의 저항을 받고 다시 한차례 하락

그림 3.59 현대백화점 주봉차트

해 26,000원과 29,000원 사이를 횡보한다. 그러다 7월 말경에 나타난 거대 양봉은 이제 상황이 달라짐을 암시한다.

　이처럼 거대 양봉과 거대 음봉은 큰 충격파를 가져오며 추세를 역전시킨다. 여기에서 다시 한 번 강조하지만 이렇게 추세의 역전을 암시하는 거대 봉의 출현은 상승을 지속해오던 때의 거대 음봉, 하락추세에서 나타난 거대 양봉을 의미하는데 국한시키는 것이 좋다. 추세전환이라는 측면에서 기존추세의 끝 무렵에 나타나는 것을 기본으로 한다.

　거대 봉의 출현 시점이 상당히 중요한데 하락 막바지에서도 거대 음봉이 출현하고 상승 막바지에서도 거대 양봉이 출현하곤 하는데 이는 막판 불꽃인 경우가 많다. 즉, 하락세가 지속해오다 끝까지 안 팔고 있던 트레이더들이 더 이상 못 참고 손절하면서 매도 물량이 일시에 나타나 거대 음봉을 만드는 경우인데, 이 경우는 오히려 악성 매물이 다 청산되고 가뿐한 상승을 할 수 있도록 하는 여건을 조성해준다.

마찬가지로 상승 끝에 나타나는 거대 양봉은 끝까지 매수에 동참하지 않던 사람들이 달려들면서 나타나는 가격 폭발인데 이 역시 이제 주식을 사려는 사람은 다 샀으니 떨어질 일만 남았다는 사실을 암시하는 신호이다. 따라서 거대한 봉이 나타나더라도 어느 시점인가를 확인하고 그 성격을 구분할 줄 알아야 한다.

또한 우리가 여기서 추가적으로 생각할 수 있는 것은 하나의 추세가 이어지는 도중에 나타나는 작은 봉들은 그리 큰 의미가 없다는 점이다. 예를 들어 상승추세의 도중에도 잠깐씩 음봉이 출현하기도 하는데 이는 상승추세의 숨 고르기인 조정을 나타내는 것이지 추세 전환을 의미하지는 않는다는 것이다. 그러니까 도중에 잠시 출현하는 작은 몸통의 음봉에는 너무 떨지 않아도 된다. 오히려 매수의 기회로 삼을 수 있다.

하락장에서도 마찬가지이다. 하락추세가 진행되면서 가끔씩 크고 작은 용감한 양봉들이 나오곤 하는데 이것은 하락에 반발하는 도발적인 매수세가 잠시 유입된 것이지 본격적인 추세의 반전을 의미하지는 않는다. 즉, 하락이 잠시 쉬어가는 구간이다. 따라서 바닥이 끝난 것이 아니냐고 섣부르게 매수에 나섰다가는 크게 당할 수 있으니 신중하게 대처해야 한다.

다시 한 번 강조하지만 우리가 추세 전환으로서 주의를 기울여야 하는 봉은 거대한 봉이다. 그냥 큰 봉이 아니다. 아주 큰, 거대한 봉을 말한다. 특히 하락이 주춤한 상태에서 나오는 거대 양봉이나 상승이 머뭇거릴 때 나오는 거대 음봉은 이러한 추세 반전의 신뢰성을 더욱 높여주는 신호이다. 명심하라. 이 단순한 사실만 이용하더라도 당신은 큰 수익을 낼 수 있다.

2) 상승 반전의 W자 모양(상승의 보증수표이다)

그림 3.60 쌍바닥 패턴

주가의 바닥을 논하지 말라는 이야기가 있다. 즉, 저점이 어디인지를 예상하는 것이 쉬운 일도 아니고 괜히 엉뚱한 시점을 바닥이라고 생각해 매수에 임했다가 낭패를 보기가 일쑤이기 때문이다.

하지만 비록 우리가 주가의 바닥을 정확히 예측할 수는 없어도 주가가 바닥을 탈출하여 상승세에 접어드는 것은 어느 정도 확인할 수 있다. 즉, 저점은 모르지만 주가가 하락의 굴레에서 벗어나려고 노력하고 있는 시점 정도는 짐작할 수 있다. 이를 확인할 수 있는 지표가 바닥에서 나타나는 주가의 움직임인데 대표적인 모습이 W자의 패턴이다. 소위 '쌍바닥'이라는 것이다. [그림 3.60]과 같은 패턴을 보인다. 이는 신뢰성이 아주 높은 상승반전 신호이다.

쌍바닥이 나타난 다음은 대부분 힘찬 주가 상승으로 이어진다. 실제로 여러 종목들의 주가 차트를 살펴보면 금세 이 사실을 확인할 수 있다. 많은 종목들이 그동안의 하락을 멈추고 바닥에서 W자의 모양을 보이면서 머뭇거리다가 상승세로 반전하고 있다.

물론 정확한 모양의 W자가 나오는 경우보다는 조금 늘어지거나 줄어든, 약간 변형된 형태의 모양이 나오는 경우가 더 많다. 그러나 기본 구조는 W자, 쌍바닥이다. 이는 하락을 지속하던 주가가 그 간의 하락을 멈추고 상승을 위한 워밍업을 한다는 의미로 파악하면 된다. 약간의 저항으로 다시 꺾이는 모습을 보이다가 상승세로 반전한다. 마지막 매물까지 깨끗이 처리한 것이니 이제는 상승할 수밖에 없다.

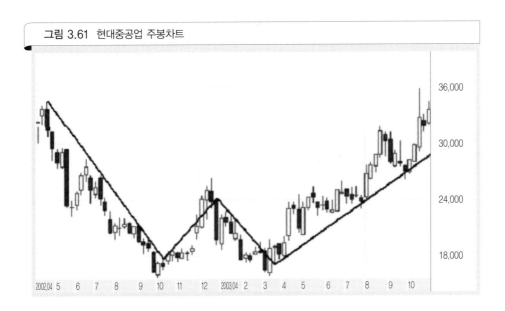

그림 3.61 현대중공업 주봉차트

[그림 3.61]은 현대중공업의 주봉차트이다. 비교적 뚜렷한 W자형의 패턴을 보이고 있다. 2002년 10월까지 18,000원 선 밑으로 떨어졌던 주가가 12월에는 24,000원을 돌파한다. 그 후 다시 떨어지는 주가는 다시 18,000원 밑으로 밀리면서 바닥을 확인한다. 그리고 곧장 상승하여 36,000원대로 올라 두 배 정도 상승세를 시현한다.

3) N자 패턴의 상승 지속형(상승은 계속된다)

상승세를 이어가던 주가가 잠시 하락을 보이는 경우가 종종 있다. 하루 이틀 떨어지는 것이야 잠시 쉬어가는 과정이라 볼 수도 있지만 그렇지 않고 일주일 이상 하락세를 나타내며 주가가 떨어지면 서서히 불안해진다.

기본적으로 주가는 상승을 하는 와중에도 하락압력을 받는다. 즉, 올랐다 떨어지곤 하는 것이다. 문제는 언제까지 떨어지느냐 하는 것이다. 어느 적정 시점에서 다시 반등을 시도하면 이는 일시적 조정이고 반등이 시원찮거나 계속 밀리면 이는 추세가 완전히 하방으로 꺾인 것이다.

그림 3.62 상승 N자 패턴

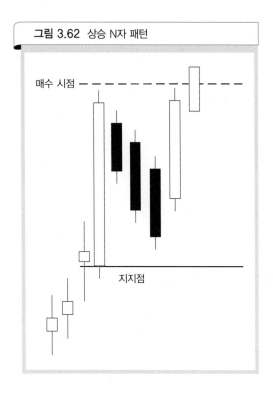

매수 시점

지지점

그림 3.63 금강고려 주봉차트

150,000

130,000

20MA

110,000

8   9   10   11   12   2005.01

이 경우 확인해야 할 것은 N자가 나오느냐 안 나오느냐 하는 점이다. 그냥 하락하는 것인지 아니면 재상승을 할 것인지는 이 N자 모양이 나오느냐 안 나오느냐에 달려 있다.

이를 간단한 그림으로 나타내면 [그림 3.62]와 같다. [그림 3.62]는 N자 패턴의 지지선과 매수시점을 표시한 것이다.

주가가 크게 오른 후 하락을 하지만 어느 선을 넘지는 않는다. 그리고 다시 반등을 하는데 이 모양이 N자와 흡사하다. 그래서 전 고점을 뚫으면 이는 상승추세의 지속이라 판단하고 매수 시점이라고 보는 것이다.

N자 모양이 나타나는 대부분의 경우 20이동평균선의 지지를 받으며 재상승을 하고 있다. 단기 이동평균선인 5이동평균선이 20이동평균선 근처에서 다시 올라가며 N자를 그리는 것이다. 이렇게 N자형을 그리며 상승하는 주가는 그 후 상당히 강하게 상승하는 경향이 있다. 매물을 추가로 털어냈기 때문인데 이러한 N자 모양을 확인하고 매수하는 것도 안전하게 매수에 동참하는 전략이 될 것이다.

[그림 3.63]은 금강고려의 주봉이다. 20이동평균선을 뚫고 상승하던 주가가 잠시 내려왔으나 20이동평균선의 지지를 받고 다시 상승한다. 전형적인 N자 모양의 상승이다.

4) 판단의 기준은 20이동평균선(그래도 믿을 것은 20이동평균선이다)

차트분석에 빠지지 않고 등장하는 것이 이동평균선이다. 이동평균선은 보통 5이동평균선(5MA), 20이동평균선(20MA), 60이동평균선(60MA)이 일반적으로 쓰인다. 5이동평균선은 단기적인 추세의 변화를 나타내고 20이동평균선은 중기적인 추세를, 그리고 60이동평균선은 좀 더 장기적인 흐름을 나타낸다.

상승추세라고 해서 주가가 매일 계속해서 오르는 것은 아니다. 내렸다 올랐다를 반복하면서 전체적으로 상승하는 것이다. 즉 상승, 하락은 반복될지언정 오른 폭이 하락 폭을 압도하면서 서서히 추세를 위로 향하게 되는 것이다. 따라서 하루하루의 주가만 살펴보면 오르는 날도 있고 내리는 날도 있으므로 추세를 파악하기 어렵다. 이때 나온 것이 이동평균이다. 하루하루의 잔파동보다 좀 더 긴 기간의 상승이냐 하락이냐를 보는 방법이다.

상식적인 이야기이지만, 5일 이동평균선보다는 20일 이동평균선의 흐름이 좀 더 추세적인 흐름을 나타낸다. 그리고 일봉보다는 주봉이 더욱더 큰 흐름을 나타내주고 있다. 아무래도 닷새 동안의 주가의 흐름을 평균한 움직임보다 20일 동안의 움직임을 나타낸 것이 추세를 설명하기에 더 적절할 것이고 5주의 움직임보다는 20주의 움직임이 추세를 말하기에 더욱 설득력이 있을 것이다.

어느 차트를 봐도 상승추세에서는 20이동평균선이 뜨고 있고 하락추세에서는 지고 있다. 상승추세에서는 20이동평균선을 레일로 하여 그 위를 5이동평균선이 달리며, 하락추세에서는 반대로 20이동평균선이 지붕이 되어 그 밑으로 5이동평균선이 내려온다. 우리가 자주 듣는 골든크로스니 데드크로스니 하는 것들 역시 5이동평균선이 20이동평균선을 상향 돌파하느냐 하향 돌파하느냐에 따라 정해지는 것이다.

흔히들 20이동평균선을 생명선이라고 하며 상당히 강조하는데 그만큼 중요하기 때문이다. 따라서 주가의 추세를 이야기할 때 20이동평균선은 그 기준이 된다. 필자 역시 20이동평균선이라는 지표는 아무리 강조해도 지나치지 않을 만큼 중요하다고 본다. 그만큼 공신력 있는 신호이다.

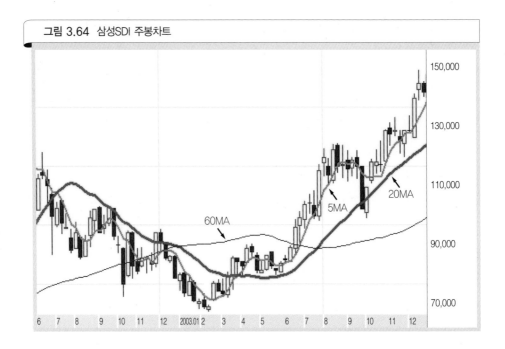

그림 3.64 삼성SDI 주봉차트

위의 [그림 3.64]는 삼성SDI 주봉의 모습이다. 굵은 선이 20이동평균선이다. 2003년 초까지 하락하는 과정에서 20주 이동평균선 역시 하향의 모습을 보이고 있다. 2003년 3월 이후부터 상승하는데 20주 이동평균선이 바닥을 다지고 있는 모습이다. 그리고 20주 이동평균선이 확실하게 위쪽으로 고개를 들면서 주가도 상승 흐름을 이어간다. 중간 중간에 음봉들이 나타나기도 했으나 20주 이동평균선이 위로 향한 상황에서 좀처럼 추세 역전은 나오지 않았다.

또 한 가지 20이동평균선에 관하여 알아두어야 할 것은 20이동평균선은 상당히 알기 쉬운 지지선과 저항선의 역할을 한다는 사실이다. 삼성SDI의 차트에서도 알 수 있듯이, 하락추세에서 20이동평균선은 강력한 저항선의 모습을 보여주고 있으며 상승추세에 있어서는 든든한 지지선의 모습을 보여준다. 즉, 주가가 오르다가 떨어지더라도 20이동평균선에서는 더 이상 떨어지지 않고 다시 오르기 시작한다는 것인데 이는 그만큼 20이동평균선의 가격대 부근에 강한 대기 매수세가 기다리고 있다는 사실이다. 반대로 하락하다가 상승하던 주가가 20이동평균선의

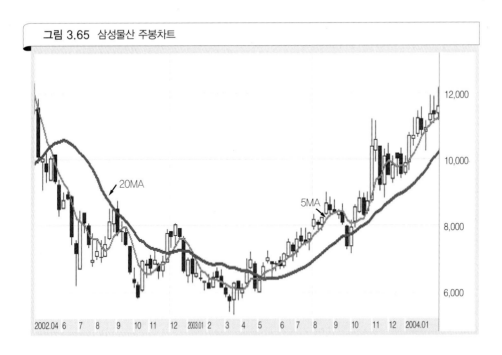

그림 3.65 삼성물산 주봉차트

벽에 부딪쳐 다시 꺾이기도 하는데 이는 20이동평균선 부근에 대기 매도 물량이 존재하기 때문이다.

[그림 3.65]의 차트는 삼성물산의 주봉인데 기술적 분석에 있어 대표적인 패턴들을 나타내주고 있다. 우선 20이동평균선이 완만하게 움직이고 있고 5이동평균선이 파동을 일으키며 20이동평균선의 모양을 선도하고 있다. 2002년 초부터 하락하던 주가는 20이동평균선 밑에서 떨어져 내려오고 있다. 중간에 상승 시도를 하나 20이동평균선의 저항에 부딪쳐 실패한다. 그래도 상승을 향한 시도는 계속해서 나타난다.

2002년 말에도 상승 시도를 보이다 좌절하지만 그 과정에서 바닥을 다진다. 그리고 2003년 3월에 들어서면서 더 이상의 하락은 없다는 것을 확인한 후 힘차게 올라간다. 여기서 확인할 수 있는 것이 W자 상승이다. 부단한 노력과 좌절, 바닥의 확인 그리고 힘찬 비상이다. 그 후 꾸준히 상승하던 주가는 2003년 가을 잠시 하락한다. 그러나 20이동평균선의 지지를 받으며 재상승한다. 전형적인 N자형 상승이다. 이러한 과정에서 확실한 지지선 역할을 하는 것이 20이동평균선이다.

결과적으로 일봉에서나 주봉에서 20이동평균선은 추세를 설명하는 확실한 지표이자 저항선과 지지선을 가늠해볼 수 있는 역할을 한다. 매매 초보자라도 20이동평균선이라는 지표는 비교적 쉬운 지표이므로 이에 기초한 매매를 하는 것은 그리 어렵지 않을 것이다.

20이동평균선, 이 불확실한 세계에서 그래도 믿음을 주는 듬직한 녀석이라 할 수 있다. 이런 녀석이라도 있기에 그래도 방향감을 잡을 수 있는 것이다. 중장기 추세를 알고 싶을 때 이 이상 보기 쉽고 믿음을 주는 지표도 드물다.

참고문헌

경제통계연보, 한국은행, 2011.

기업의 미래가 보이는 대한민국 산업분석, 이민주, 부크홀릭, 2010.

알기쉬운 경제지표해설, 한국은행, 2006.

우리나라의 금융시장, 한국은행, 2009.

주식매매의 원칙, 서병학, 두남, 2006.

증권투자상담사 I, 증권연수원, 2006.

찾아보기

서병학

고려대학교 경제학과 졸업(학사)
동경대학교 대학원 경제학과 졸업(석, 박사)
한국산업은행
고려대학교 정책대학원 강사
강남투자클럽 대표(www.k-invest.com)
강남대학교 경제학과 교수(현)

저서 『주식매매의 원칙』(2006, 두남)